JN215550

MINERVA
人文・社会科学叢書
228

後退する民主主義、強化される権威主義

—最良の政治制度とは何か—

川中 豪 編著

ミネルヴァ書房

後退する民主主義、強化される権威主義
—— 最良の政治制度とは何か ——

目　次

本書で取り上げる国々

民主主義の後退
—— 発展途上国における政治危機 ——

川　中　　豪

新興民主主義に何が起こっているのか

現代において，民主主義を政治体制として選択することが国際的に大きな潮流となっていることに，あまり疑問は呈されないだろう。それは，1970年代後半以降の民主化の「第三の波」（Huntington 1991）という形で，多くの民主主義国が誕生したことに如実に表われている。世界各国の民主主義の程度を測定したデータセット，ポリティⅣによると[1]，2014年時点で，世界166カ国のうち民主主義のスコア（ポリティ2）が民主主義のレベルに達している国は95カ国にのぼり，全体の57.2％を占める[2]。国際社会では，すでに多数派は民主主義国といってよい。そして，数のうえで民主主義国が増加したことは，思想的にも民主主義が他の政治体制と比べて優位な立場に立つという見方をも後押しすることになっている（Fukuyama 1992）。

もっとも，民主主義が最終的に国民にとって本当に望ましい結果をもたらすかどうかについて明確に答えることは，実はかなり難しい。たとえば，経験的にみて，民主主義だからといって必ずしもその国の経済成長が保障されているわけではない。また，かりに経済が成長したとしても，それが個々人のそれぞ

---

(1)　http://www.systemicpeace.org/polity/polity4.htm でデータは公開されている。
(2)　ポリティ2のスコアは−10から10まであり，−6以下が独裁体制，−5以上5以下が中間体制，6以上が民主主義体制と分類されている（http://www.systemicpeace.org/polityproject.html）。

れの生活向上に結びつくにはいくつかの段階を踏まなければならない。民主主義においても，社会経済的な格差の問題は発生している。それでも民主主義が多くの国で採用されるのは，権威主義体制，独裁体制も民主主義と同様に，あるいはそれ以上に，人々にとって望ましい結果をもたらさない見込みが高いからである。民主主義が理想的な結果を生み出すわけではないとしても，政治的な自由を保障し，権力者をチェックし，必要であればその権力者を交代させることのできる制度的な枠組みがあることは，権力者による収奪を防ぐ効果を持ち，少なくとも最悪の結果を回避することができると見込まれている。完全な制度でないとしても，より好ましい統治の仕組みとして，民主主義制度を用いて統治を進めていくことが，多くの国において合意されている。

　もし，民主主義がそれぞれの国にもたらされることが，その国の長い政治の歴史における帰結であり，抑圧から解放された人々の歓喜ですべての物語が完結するのであれば，何も悩む必要はない。しかしながら，現実には，物語は民主化の後にも続いている。そして，実際のところ，多くの民主主義国は何かしらの問題を抱えている。とくに，そのほとんどが発展途上国で占められる「第三の波」で民主化した国々（これを新興民主主義国と呼ぶ）のなかに，民主主義制度が安定的に機能していない事例を探すのはたやすい。

　こうした新興民主主義国では，民主主義制度によって決定された権力の配分や政策に対し，民主主義制度にのっとらない形で変更を強いようとする行動を見いだすことができる。たとえば，選挙で負けた勢力が選挙結果を受け入れず，街頭行動を起こして勝者の政権を崩壊させようとする行為をニュースで目にすることは珍しくない。あるいは，民主主義制度を活用しているように見えて，国民に対してさまざまな制約を課したうえで，権力者が一方的に政策を決定する行動である場合もある。権力者が司法やメディアに強い圧力をかけ，人々の政治的自由を制限したなかで統治を進めることも，しばしば報道されるところである。こうした現象は「民主主義の後退」（democratic recession）と呼ばれ，これが2000年代に入って国際的な潮流となっているという主張が近年注目され

てきている[3]（Diamond 2015）。

　民主主義制度の役割は，自由で公正な選挙と権力者への監視を通じて社会に存在するさまざまな集団の利益を調整し，政策を決定していくことにほかならない。しかし，民主主義制度が多くの調整を必要とするがゆえに，なかなか決定を下せないという不満が高まったり，数の論理がふりかざされて特定の社会集団の利益が政策決定から排除されたり，といったことが起こると，民主主義に対する挑戦が生まれてくる。迅速な決定の実現を掲げた権力者が，自らを監視する仕組みを弱体化させて民主主義のチェック機能を侵食する，あるいは，多数決によって排除された社会集団が，力による権力闘争を仕掛けるなどの行動が往々にして起こるのである。これはとりもなおさず，民主主義制度の機能不全である。

　実は，こうした民主主義の機能不全の問題は，新興民主主義国に限定されたものではない。存在するのが当たり前だと思っていた民主主義が壊れてしまったり，気づかぬうちに徐々に侵食されたり，あるいは，非民主的な要素と民主的な制度が相互補完的に存在していたり，ということはどこにでも起こりうる。新興民主主義国を見ることによって得られる知見は，長い民主主義の歴史を持つ国にも多くの示唆を与える。

　こうした問題意識をもって，本書は，いくつかの新興民主主義国（とくに政治的，経済的に国際的な影響の大きい国々）に発生している民主主義の崩壊や浸食などを取り上げ，民主主義が抱える機能不全の問題について考えていく。特に，民主主義が機能不全になる状態がどの程度みられ，それがどのような因果メカニズムによって引き起こされているのかを探りたい。

---

(3)　"What's Gone Wrong with Democracy," *The Economist*, 1 March 2014 も同様の議論を提示している。

民主主義を考える

新興民主主義の抱える問題をみていくときに，本書が採用する民主主義の定義を明らかにしておく必要があるだろう。ここでは，ミニマリストの定義を基本としたい。すなわち，民主主義は自由で競争的な選挙によって権力者を決定するシステムであるとする手続き的定義である（Schumpeter 1976; Przeworski 1999）。手続き的定義と対極にある定義は実質的定義であるが，これは人々の選好が政策に反映されることまでも民主主義の要件として求める。しかし，実質まで踏み込むと実際に適用していくうえでいくつかの難しさを抱えることになる。まず，人々の選好を確定するのは難しく，また，選挙において多数派の選好にもっとも合致する政策が公約として提示されるとは限らない（Riker 1982）。くわえて，政策にはさまざまなイシューが存在し，イシューそれぞれに対する政党の立場はすべてを包括的にパッケージ化された政党の公約として提示されるため，人々はすべての政策において自らの選好を反映させるように政党を選択することができない。こうしたことから，とくに実証主義的な比較政治学のなかでは，実質的定義よりも手続き的定義が広く使われている。そこで，本書も手続き的定義を採用する。

ただし，民主主義をミニマリストの定義でくくったとしても，現代においては，その民主主義のなかでの相違が注目されていることにも気を配らなければならない。いくつかある民主主義の多様性の議論のなかでも，本書と密接な関係を持つ相違の基準は，民主主義の質の問題である。その中心的な論点は，選挙で選出された権力者が権力掌握後，主権者である有権者の利益を損なっても自らの利益を尊重しようとする裏切り行為の存在（もっとも典型的な例は汚職であろう）である。それをいかに防止できるかが民主主義の質に関わってくる。

権力者は選挙を通じて国民の利益のために働くことを付託されている存在だが，それでも国民の利益から離れて自らの利益を拡大するインセンティブを持つ。こうした行為を有効に防ぐことが民主主義の本質的な意義を実現すること，そして，質を保つことになる。ここで重要なのは，権力の暴走を防ぐための制

度的な枠組みであり，具体的には議会や司法などによる権力の監視・統制である。これは「水平的アカウンタビリティ」と呼ばれる（O'Donnell 1994）。くわえてメディアの報道の自由も，情報を国民が共有することで，権力者の暴走を監視・統制するのに不可欠である。本書では，ミニマリストの定義に依拠して民主主義を考えながら，権力者の暴走を抑制する制度的枠組み，とくに司法の機能とメディアの自由の保障についても民主主義の質を左右する重要な要素として注目する。

　こうした民主主義の定義とその質に関する視点をもとに民主主義が機能不全となるメカニズムを考える際，留意すべきことが3点ほどある。ひとつは，民主主義が機能しなくなっていると思われる重要な事例がいくつか存在するとしても，そのことは，必ずしも，民主主義が全体として国際的に後退するような潮流にあることを意味するわけではないという点である。民主主義国の数や各国の民主主義の度合いの変化については本書の第1章および第8章で検討されるが，民主主義の国の数は減少しているわけではないし，権威主義の国の数が急増しているわけでもない。これは，権威主義体制の数が顕著に増加していった1960年代の状況とは明らかに異なる。1960年代の権威主義体制の増加は，新興独立国が近代化していく過程で民主主義制度を十分機能させることができず，社会の不満と混乱が大きくなることで生まれた現象と考えられている[4]。民主主義制度がうまく機能しないという現象は類似しているが，2000年代においてそうした現象が1960年代のように広範に見られるわけではない。

　ただし，傾向として民主主義の崩壊や収縮が広まっているわけではないとしても，民主主義が後退していく過程，侵食されている過程が，一定程度の人口・経済規模を持ち，各地域で比較的大きい影響力を持つ国々で見られること

---

(4)　古くは，社会からの要求と政治制度（とくに民主主義の制度）の能力の乖離が民主主義の崩壊の原因と考える政治的退行論（Huntington 1968），政権の正統性，パフォーマンスから考える民主主義の崩壊の議論（Linz, Stepan, and Valenzuela 1978），政府の形態の違いに原因を求める議論（Linz and Valenzuela 1991）などがある。

は，決して些細な問題であるとはいえない。本書で取り上げる国々は，それぞれの地域における存在の大きさから考えても国際的に重要な位置を占めており，その政治体制の変動，政治制度の機能の仕方が周辺国に少なからず影響を与える国々である。

　もうひとつの留意すべき点は，一般に「民主主義の後退」とみなされている事例すべてが，必ずしも「民主主義」の後退，あるいは，民主主義の「後退」とはかぎらないことである。そもそも民主主義と見られていた政治体制が実は民主主義ではなく，後退と見られる現象は実は弱っていた権威主義体制が強化されただけだった場合がある。あるいは，民主化の動きが遅れていると見られていたものは，実は民主主義と権威主義が1つの国のなかで相互補完的な関係で均衡し，共存していた，といったことがある。こうした現象の背景には，そもそも民主化の「第三の波」に対する評価が過大だったという事情がある。民主化が世界の進んでいく将来だろうという，理論的にはそれほど根拠のない信念のもとに，権威主義的な政権の崩壊と多元的な競争の出現がそのまま民主化と評価され，本来，民主主義が実現していないものまでも民主化に含まれてしまった。

　3つめに，かりに民主主義が実際に後退しているとしても，それが単一の因果メカニズムによって引き起こされているわけではないということである。既存の民主主義の定着あるいは民主主義の崩壊をめぐる研究は，民主主義の定着や崩壊がひとつの共通のメカニズムにもとづいて進行するとの前提に立ち，そのメカニズムを説明する包括的な単一理論を構築しようと試みてきた[5]。しかし，民主主義が侵食されていく，あるいは崩壊していく過程は一様ではない。実際に，単一のメカニズムを前提とした場合，それにそぐわない事例を見いだすことは難しくはない。これが「民主主義の後退」をめぐる因果関係を探るうえで

---

[5]　たとえば，Linz and Stepan（1996）がそうしたものの先駆的かつ代表的なものである。

6

の関門となってきた。[6]ゆえに，理論の射程は狭まるものの，表面的に同様の現象でも本質的な性格の異なるものについては類型化を行ない，それぞれの因果メカニズムを探っていくことで，より堅実で説明力の高い理論構築に進むことができる。

　そこで，本書は「民主主義の後退」と思われている具体的な事例（実際には「民主主義の後退」ではない擬似的な事例を含む）の質的な検証を進めていき，それがどのようなパターンの政治体制の変化や状態なのかを丁寧に解きほぐすとともに，そうした変化や状態がどのように発生したのかについて明らかにしていく。本来ならば大量の観察をもとに計量の手法をつかって，「民主主義の後退」の原因，条件を特定していくのが科学的と考えられるだろう。しかし，第1章と第8章で触れられるように，いわゆる「民主主義の後退」現象は，国際的に波のように押し寄せる動きではなく，限られた国において見られる現象である。その意味で，量的な検証にはなかなかそぐわない。また，その内実をつぶさに観察すると，すでに触れたように，実際には民主主義が後退しているとするのが正確ではない場合もある。こうした点を考慮し，ここでは重要な事例を観察して，質的な情報を中心にきめ細かな分析をして，そこに発生している因果メカニズムに迫っていきたい。もちろん，個別の事例の単なる記述にとどまらず，比較の視点をもって個々の事例の学術的位置づけとその事例が持つ示

---

(6)　単一の理論による政治変動の説明を試みるという点では，実は「民主主義の後退」とは逆の政治体制の変動，つまり，民主化の研究も同様の問題を抱えてきた。民主化についてはさまざまな異なる理論が提起されていて，それぞれがどれだけ民主化を説明できるのか競ってきたが，こうした状況についてゲッデスは，民主化とひと括りにされているもののなかにいくつかの異なるパターンがあり，そこには異なる因果メカニズムがあることを強調する（Geddes 2007）。異なるパターンを丁寧に分類し，それぞれの因果メカニズムを明らかにすることが建設的であるとするその主張は，「民主主義の後退」についても当てはまるだろう。「民主主義の後退」と呼ばれるものでも，そもそもその民主主義の成り立ち方の違いによって，そこで発生する後退のメカニズムは異なることが推測される。

唆を明確化することにも心がける必要がある。

　民主主義を採用する発展途上国において，民主主義の安定性は効率的で効果的な政策の策定・実施の前提条件である。民主主義制度の機能不全，侵食，崩壊の因果メカニズムを理解することで，安定的な民主主義制度の構築の条件，さらには，望ましい政策の策定，実施の条件を明らかできると思われる。それはとりもなおさず，こうした国々との政治的・経済的な関係を安定的に維持していくためにも重要な情報となろう。

４つのパターンと本書の構成

　「民主主義の後退」の因果メカニズム解明に向かって分析を進めていくうえで，まず，この現象を類型化することが有効な方法と思われる。異なる因果メカニズムが存在すると見込まれるパターンを分けていくことで，より厳密な議論を提示することが可能になると期待されるからである。そこで，本書は，「民主主義の後退」と呼ばれる現象を４つのパターンに分類する。そこには，そもそも民主化していなかったものや民主主義と権威主義が相互依存の関係にあるものも含まれている。４つのパターンのうち，最初の２つが実際に民主主義の後退に該当し，後の２つは擬似的な民主主義の後退である。それぞれの特徴は以下のとおりである。

　まず，第一のパターンは民主主義制度が崩壊してしまうものである。これは軍事クーデタや大衆行動など民主主義の制度から逸脱した方法によって権力者が交代する，あるいは，権力者自身が民主的な制度を廃止し，権威主義的な統治を確立するパターンである。民主主義制度がないがしろにされ，力による権力をめぐる競争が発生するため，民主主義の崩壊が明確に認識される。

　第二のパターンは，権力者が民主的に選出されたにもかかわらず，その権力が徐々に強化されるものである。これは民主主義の侵食と呼ぶことができる。選挙の定期的な実施など民主主義の大きな枠組みは維持されながらも，権力者の裁量を拡大させ，権力者が人々の利益よりも自らの利益を優先するような行

動を取るタイプである。これは多くの場合，水平的なアカウンタビリティが弱められることによって発生するという特徴を持っている。

第三のパターンは，民主化したと見られていた状態が，実は権威主義体制が一時的に弱まっただけだったという場合である。外生的あるいは国内の事情の変化で，弱まっていた国家がその統治能力を回復させると，政治的な競争性が低下し，権威主義が強化されることになる。一見，多元的な民主主義が後退したように見えながらも，実は，中央の権力者の権力が強化されて，そもそも民主的に選ばれたわけでない競争相手たち（たとえば地方権力者など）を制するようになったパターンである。

第四のパターンは，民主主義と権威主義が共存するタイプである。新興民主主義では，そもそも十分に民主主義が確立されていないと見られる場合がある。その代表的なものとして，国政レベルでは自由で競争的な選挙が実施されているにもかかわらず，地方レベルでは権威主義的な地方政治家が選挙を統制し，自由で競争的な状況が存在しないというサブナショナル権威主義を挙げることができる。そこでは，国政レベルの競争が地方レベルの権威主義に支えられており，また，地方レベルの権威主義が国政レベルの競争によって維持されている，という共存の関係が認められる。

こうした類型を基本として，本書は以下のような構成をとる。まず，第1章で「民主主義の後退」をめぐる議論を整理し，そのうえで上記の4つのパターンを説明し，その因果メカニズムについての見込みを提示する。そのうえで，4つのパターンにそった事例を各章で検討する。

まず，第一のパターンである民主主義の崩壊の事例として第2章でタイの事例が示され，完全に崩壊したわけではないが，民主主義の制度からの逸脱行動が認められる事例として第3章でバングラデシュが提示される。

タイでは，都市中間層と農村・都市低所得者層がそれぞれ別の形で政治参加を経験し，それが異なる民主主義観を2つの社会階層に持たせることになった。これがまず社会の亀裂を深化させた。さらに，権力者が大きな権力を掌握する

多数決型の政治制度を採用したため，多数派と少数派の利益調整も難しくなった。こうした条件によって，そもそも合意形成を図る制度がどのような形態であるべきかについて社会の諸集団が合意することができず，街頭行動が頻発し，混乱が深まる状況が発生した。それが軍部の介入を招き，民主主義の崩壊が発生した。

　一方，バングラデシュでは，軍が政治から退場した直後には，選挙を公正に実施するために選挙の際に中立的な選挙管理内閣を設立する合意ができていた。しかし，こうした合意は結局，反故にされ，権力者を決定する手続きとして選挙制度が十分に遵守されない状況が生まれている。それは政権の座につくことによって得られる利益が大きく，その利益が，選挙に関わるルールを遵守しないことで被る不利益を大きく上回っていることに起因している。すなわち，民主主義制度に従って利益調整を図ることへのインセンティブが存在していない。

　つづいて，第二のパターンである民主主義の侵食の事例として第4章のトルコの事例が提示される。トルコは徐々に水平的なアカウンタビリティが低下した典型的な例として捉えられる。そもそもトルコには，EUへの加盟を目指したがゆえに，EUから政治の自由化の圧力があり，また，財政支援を背景とした IMF からの経済自由化，安定化の圧力があった。当初は，そうした外生的な要因によって民主主義的な枠組みが拡大していった。これがイスラーム主義政党である公正発展党（AKP）の急速な勢力拡大のきっかけとなった。その過程で，従来から権力を担っていた軍部と上級裁判所の力がかなり縮小されていった。経済改革の成功で経済的な利益が国民によって享受されるようになったことも，その成長期に政権を掌握していた AKP にとって追い風となった。こうしたなかで，国内エリートや国際機関からの AKP 政権に対する政治的な圧力が低下した。政権はそうした動きのなかで水平的なアカウンタビリティを一層縮小させ，権力者への権限集中を強化する動きを進めている。

　一方，関連する事例として第5章で南アフリカを取り上げる。南アフリカはアフリカにおいて民主主義が安定的に確立された事例として知られる。ここで

は定期的に自由で公正な選挙が実施されている。しかし一方で，1994年のアパルトヘイト廃止から20年以上にわたって継続して政権を掌握しているアフリカ民族会議（ANC）の一党優位の状況は，汚職・腐敗といった問題を深刻化させ，また，所得格差も大きいままとなっている。こうした問題は人々の不満を増加させており，暴力的な抗議行動も散発的に発生し，民主主義制度への信頼が揺らいでいる。

　第三のパターン，すなわち，権威主義体制の強化の事例として，第6章でロシアを取り上げる。1990年代のロシアの政治体制の状況は，民主化を果たして自由な競争が生まれたというよりは，国家の統治能力が低下し，その影響で自律性を高めた地方エリートが競争を強化していったと考える方が適切である。すなわち，連邦政府のコントロールが効かなくなったことで，地方権力者が連邦政府へのさまざまな権限移譲の要求をするようになり，これが競争的に見えたにすぎないということである。地方では依然として権威主義的な政治が進められていた。こうした状況が大きく転換したのが，1999年の議会選挙である。この選挙がロシア国内での権力構造を変えるきっかけとなった。この選挙で連邦政府主導の政党「統一」が大きく勢力を伸ばし，これによって地方権力者たちは連邦政府に対抗するのではなく，追従するという戦略の転換を行なった。この転換において表面的には競争性が低下したため，「民主主義が後退した」と見られてきたのである。しかし，その権威主義的な本質は一貫して継続してきた。その後，天然資源の中央の管理の効果や政権によるナショナリズムへの訴えかけが中央の統治を強化することになった。

　第四のパターンである民主主義と権威主義の共存として，第7章でメキシコの事例が提示される。メキシコでは，国政レベルにおいて自由で競争的な選挙が実施され，民主主義としての要件を備えている。しかし，一部の地方では地方有力者による独裁的な統治が継続している。こうした民主主義体制と非民主的な体制の共存は，国家のさまざまな資源を地方権力者が独占的に統制することによって生まれている。ここには地方権力者が利用する資源の違いによって

２つのサブタイプがある。この２つのサブタイプの権力維持のメカニズムには相違が見られる。ひとつは地方権力者自身がさまざまな資源を有していて，自らの支配を維持することのできる「自己再生産」型，もうひとつは中央政府との連合に依存して資源の調達と統治の継続を図る「上からの維持」型となる。

　第８章では，新興民主主義の状況について，CGV 指標と V-Dem 指標を中心に，主に定量的な記述を行ない，世界的な傾向を示す。これによって，第２章以下の事例の位置づけをあらためて明らかにする。ここで示されるのは，民主主義の後退自体は明確な形で生まれてはいないものの，表現の自由と水平的アカウンタビリティの後退が顕著な現象として認められること，そして，地方レベルでの選挙の公正さに問題が認められることである。

　最後に，終章では本書全体の議論の整理と要約を行ない，今後の研究の展望について示す。政府の行使できる権力の大きさ，社会の亀裂，国家の統治能力の３つの変数が，民主主義の安定に重要な意味を持つことを指摘する。

参考文献

Diamond, Larry (2015) "Facing Up to the Democratic Recession," *Journal of Democracy*, 26(1): 141-155.

Fukuyama, Francis (1992) *The End of History and the Last Man*, New York: The Free Press（フランシス・フクヤマ／渡部昇一訳・特別解説『歴史の終わり』上・下，新装新版，三笠書房，2005年）.

Geddes, Barbara (2007) "What Causes Democratization?" in C. Boix and S. C. Stokes, eds., *The Oxford Handbook of Comparative Politics*, New York: Oxford University Press.

Huntington, Samuel P. (1968) *Political Order in Changing Societies*, New Haven: Yale University Press（サミュエル・ハンチントン／内山秀夫訳『変革期社会の政治秩序』上・下，サイマル出版会，1972年）.

——— (1991) *The Third Wave: Democratization in the Late Twentieth Century*, Norman, Oklahoma: University of Oklahoma Press（サミュエル・ハンチントン／坪郷実・中道寿一・藪野祐三訳『第三の波——20世紀後半の民主化』三嶺書房，1995年）.

Linz, Juan J. and Alfred Stepan (1996) *Problems of Democratic Transition and*

Consolidation: Southern Europe, South America, and Post-Communist Europe, Baltimore: Johns Hopkins University.

Linz, Juan J., Alfred Stepan, and Arturo Valenzuela (1978) *The Breakdown of Democratic Regimes*, Baltimore: Johns Hoplins University Press.

Linz, Juan J. and Arturo Valenzuela (1991) *The Failure of Presidential Democracy*, Baltimore: Johns Hopkins University Press (J. リンス・A. バレンズエラ／中道寿一訳『大統領制民主主義の失敗　理論編——その比較研究』南窓社，2004年).

O'Donnell, Guillermo A. (1994) "Delegative Democracy," *Journal of Democracy*, 5(1): 55-69.

Przeworski, Adam (1999) "Minimalist Conception of Democracy: A Defense," in I. Shapiro and C. Hacker-Cordon, eds., *Democracy's Value*, New York: Cambridge University Press.

Riker, William H. (1982) *Liberalism against Populism: A Confrontation between the Theory of Democracy and the Theory of Social Choice*, Illinois: Waveland Press, Inc. (ウィリアム・ライカー／森脇俊雅訳『民主的決定の政治学——リベラリズムとポピュリズム』芦書房，1991年).

Schumpeter, Joseph A. (1976) *Capitalism, Socialism and Democracy*, London: George Allen & Unwin LTD. (ヨーゼフ・シュンペーター／大野一訳『資本主義・社会主義・民主主義』Ⅰ・Ⅱ，日経 BP 社，2016年).

第1章

「民主主義の後退」をめぐる理論

川中　豪

　国際社会における民主主義の現況をめぐって2つの対立する見方がある。ひとつは，2000年代に入って国際的に民主主義が大きな危機に直面していると主張し，この状況を「民主主義の後退」と呼ぶ見方である（Diamond 2015）。たしかに，新興民主主義が安定的とならない事例を示すのは難しくない。民主主義制度の手続きによらずに暴動によって権力の交代や政策の変更を求める動きは珍しくないし，権力者の強権的な締めつけが強化されている国を挙げるのも容易である。また，民主化が常に成功するわけではないことは，「アラブの春」が中東各地に民主主義をもたらさなかったことによって示されている。

　もうひとつは，現在進行しているのは「民主主義の後退」ではなく，そもそも弱かった権威主義が強化されているにすぎないという主張である（Levitsky and Way 2015）。民主主義の度合いを測る指標で[1]，国際的に民主主義のレベルが低下しているという「民主主義の後退」論に対し，評価の低下は権威主義がより権威主義的になったことを示しているだけだと，この批判的な論者たちは考える。

　本書は，こうした2つの見方を参照しながら，しかし，国際社会がひとつの方向に向かっているという理解から少し離れ，個々の重要な事例に注目し，そこから民主主義制度が機能するための条件について理論的な示唆を得ようと考

---

(1)　傾向としてフリーダムハウスの指標が多い。

える。

　現在の状況は，1950年代，1960年代のように多くの権威主義体制が成立して
いった状況とは異なる。国際的に民主主義が後退する波が押し寄せているとは
いえない。しかし，新興民主主義国のなかでもとくに人口規模，経済規模も大
きく，国際的に影響力の大きい国々において，民主主義が揺らぐ状況が発生し
ていることは重要だと考える。

　本章は，この問題を扱うために「民主主義の後退」の議論を整理し，その問
題点を明らかにする。そのうえで，序章で触れた「民主主義の後退」として括
られる事象の4つのパターンの特徴を示し，それぞれのパターンにおいて「民
主主義の後退」が生まれる因果メカニズムを探る。こうした類型の整理によっ
て，第2章以下の事例研究の位置づけを明確にするのが本章の主な役割である。

1　民主主義は後退しているのか

民主主義の状態

　「民主主義の後退」をめぐる論争をみる前に，まず，実際に「民主主義の後
退」の国際的な傾向について確認しておきたい。なお，本章では，序章で示し
たとおり，民主主義を自由で競争的な選挙によって権力者を決定するシステム
とする手続き的定義を採用する。ただし，民主主義の定義の厳密さを強く求め
ることによって実証的な議論の生産性が損なわれる懸念があるため，手続き的
定義の枠を大きく外れることがない限りにおいて，一定程度の幅を持たせて民
主主義を捉えることとする。とくに序章でも触れたように，司法の独立性やメ
ディアの自由の保障など，水平的アカウンタビリティと呼ばれる権力監視・統
制の仕組みは，民主主義の内容，質を決める要素であるため，「民主主義の後
退」の度合いを考えるうえで重要な指標として扱う。

　「民主主義の後退」を主張する論者たちが主に使用するのが，フリーダムハ
ウスの指標である。これは，民主主義の度合いを測る指標ではなく，政治的な

表1-1　フリーダムハウスの指標

政治的権利（Political Rights）の指標	項目数
選挙プロセス（Electoral Process）	3
政治的多元性と参加（Political Pluralism and Participation）	4
政府の機能（Functioning of Government）	3
市民的自由（Civil Liberties）の指標	項目数
表現と信条の自由（Freedom of Expression and Belief）	4
結社の権利（Associational and Organizational Rights）	3
法の支配（Rule of Law）	4
個人の自律性と権利（Personal Autonomy and Individual Rights）	4

出所：Freedom House（2015）より筆者作成。

自由度を測るものであるが，政治的な自由が民主主義を支える重要な要素であることから，代替的に使用されている。フリーダムハウスのスコアは主に2つの指標によって構成されている。ひとつは政治的権利，もうひとつは市民的自由である。双方とも関連する複数の項目の評価にポイントを与え，それを足しあげ，そのポイント数によってそれぞれ1から7までのスコア（1がもっとも自由度が高く，7がもっとも自由度が低い）がつけられる。それが合成されて各国の自由度のスコアとなっている（Freedom House 2015）。

このスコアで，2006年から現在に至るまで全体的に下降傾向にあることが，「民主主義の後退」の論拠となっている（Diamond 2015）。自由度の傾向を如実に表わすのが，それが上昇した国の数よりも下降した国の数のほうが多いという事実である。

たしかに図1-1のグラフを見ると，「民主主義の後退」が起こっているようにみえる。しかし，気をつけなければならない点がある。それは，このグラフが自由と認定された国に限定して作られたものではなく，部分的に自由な国や自由でない国も含めてスコアの増減を表わしたものだということである。

---

(2)　政治的権利は合計で0から40までの間，市民的自由は合計で0から60までの間でポイントがつけられる。

(3)　同様に"What's Gone Wrong with Democracy," *The Economist*, 1 March 2014参照。

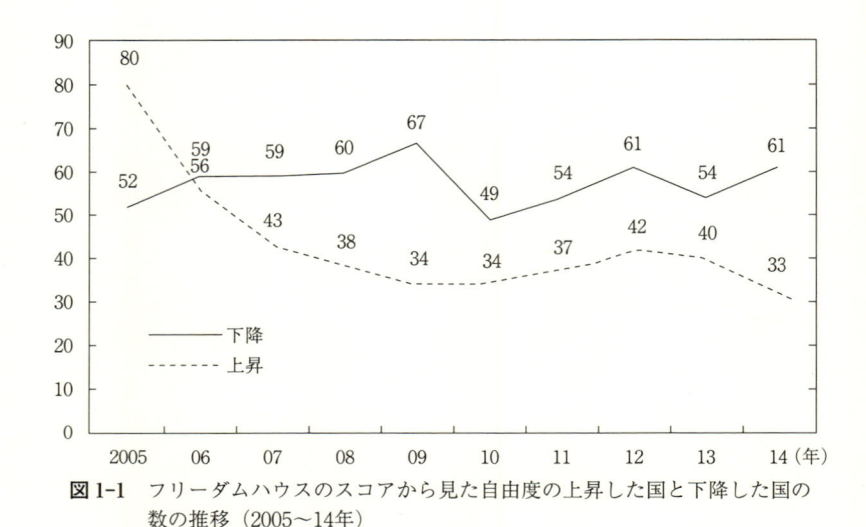

図1-1 フリーダムハウスのスコアから見た自由度の上昇した国と下降した国の
数の推移（2005〜14年）

出所：Puddington（2015）のデータより筆者が再作成。

　そこで，同じフリーダムハウスのスコアをもとに1973年から2015年まで自由
度に関する図1-2を作成してみた。フリーダムハウスは，自由度のスコアにも
とづいて3つのグループへの分類を行なっている。それは，「自由」「部分的自
由」「自由でない」である。また，これとは別に，公正で競争的な選挙が実施
されているか否かをみる「選挙民主主義」という分類がある。自由な競争に焦

---

(4)　分類の詳細と各項目のポイントとスコアの関係については，Freedom House（2015）
　参照。なお，スコアが1.0から2.5が「自由」，3.0から5.0が「部分的自由」，5.5から
　7.0が「自由でない」に該当する。

(5)　選挙民主主義として分類されるための条件は，第一に競争的な多党システムがある
　こと，第二に成人普通選挙が保障されていること，第三に公正で秘密投票の保障され
　た定期的な選挙が実施され，主要政党がメディアや選挙運動を通じて有権者に情報提
　供できることである。フリーダムハウスの項目別スコアのうち，選挙プロセスに関わ
　るスコアと政治的権利全体のスコアが一定以上（前者が7以上，後者が20以上）であ
　ることも必要とされる。それゆえ，市民的自由を含む自由度の基準と選挙民主主義の
　基準が必ずしも合致するわけではなく，「部分的自由」に含まれる国であっても，選挙
　民主主義に含まれる国がある（Freedom House 2015）。

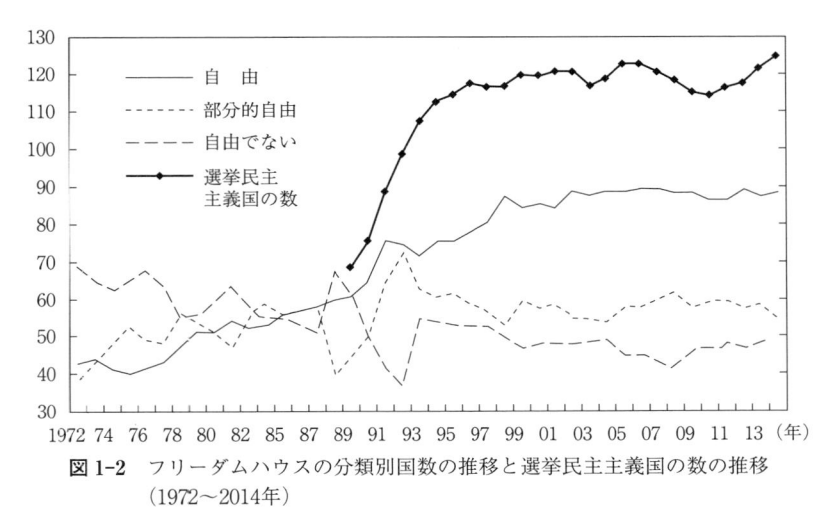

図 1-2 フリーダムハウスの分類別国数の推移と選挙民主主義国の数の推移
（1972〜2014年）

出所：Freedom House のデータより筆者作成（https://freedomhouse.org/report-types/freedom-world）。

点を当てたこの「選挙民主主義」の分類は，本章の民主主義の定義（手続き的定義）により合致している。

　この２つの基準でみると，まず「自由」に分類された国の数が1970年代から2000年代初頭まで一貫して増加していることが見てとれる。いうまでもなく民主化の「第三の波」と合致した傾向である。2000年代半ばに入ってその数は安定的に横ばいとなり，2011年前後で減少したものの，ふたたびもとのレベルに戻っている。[6]「部分的自由」に分類された国の数は1990年代初頭に急増したものの，その後減少し，2006年以降増加したが，2009年以降にはふたたび若干の減少傾向を見せている。その一方で，「自由でない」国の数は「部分的自由」な国の傾向と反対の傾向を常に示し，2009年以降は少し増えている。[7]「自由」

---

(6)　2009年が最多で90カ国，2015年は89カ国。

(7)　「部分的自由」に該当する国々の数は，2009年の62カ国が2000年以降では最多であり，2015年では55カ国に減少している。一方，「自由でない」国の数は，2009年に2000年以降で最少の42カ国となったが，2015年には最多の51カ国に増加している。

な国から「自由でない」国に大きく変化した国はないので，ここからみると，とくに2000年代に入ってから見られる自由度の全体的な減少傾向は，「自由」な国が減少したということより，むしろ「部分的自由」な国が減少し「自由でない」国が増加したことによる結果とみることができる。

　一方，「選挙民主主義」の数は2006年以降減少傾向を見せている。ただし，2010年を底にしてふたたび増加している[8]。ダイアモンドは，主にこの「選挙民主主義」から脱落した国々に注目し，2000年代に入ってから主要な国々において民主主義が崩壊した事例が25件存在するとして，「民主主義の後退」が起こっているとした（Diamond 2015）[9]。先述のように「選挙民主主義」は，比較政治学において標準的な手続き的定義に近いこともあり，その傾向を民主主義の傾向と考えるのは広く受け入れられやすいであろう。ゆえに「選挙民主主義」のなかで問題の発生した事例を詳細に見ると，「民主主義の後退」が主張される論拠として意味があるようにも思われる。

　フリーダムハウスと並んで，各国の民主主義の度合いを測るスコアを提供しているのが，ポリティⅣのデータセットである。ポリティⅣの指標は，各国で制度化された民主主義の度合いを測る指標で得られたポイントから独裁制の度合いを測る指標で得られたポイントを差し引いて求められたものである（Marshall, Gurr, and Jaggers 2014）。民主主義の度合い（制度化された民主主義指標，DEMOC）と独裁制の度合い（制度化された独裁指標，AUTOC）は，執政権者の選び方についての競争性と開放性，執政の長の権力への制約，政治参加の競争性の評価など同じ項目によって測られるが，それぞれ別の基準で0から10

---

(8)　2006年で123カ国だったのが2010年には115カ国に減少。その後，2014年には125カ国に増加している。

(9)　ここで挙げられた国々は，フィジー，ロシア，中央アフリカ共和国，ギニア・ビサウ（2回），ネパール，ベネズエラ，タイ（2回），ソロモン群島，バングラデシュ（2回），フィリピン，ケニヤ，ジョージア，ホンジュラス，マダガスカル，ニジェール，ブルンジ，スリランカ，モルジブ，マリ，ニカラグア，ウクライナ，トルコ。

表 1-2　ポリティⅣの指標

制度化された民主主義指標（DEMOC）と独裁指標（AUTOC）を構成する 6 変数
執政権者の選択
1　執政権者の決定に関するルールの設定（XRREG）
2　執政権者の決定の競争性（XRCOMP）
3　執政権者の決定の開放性（XROPRN）
4　執政権者の権力に対する制約（XCONST）
政治参加と異議申し立て
5　政治参加に関するルールの設定（PARREG）
6　政治参加の競争性（PARCOMP）

注：制度化された民主主義指標（DEMOC）も制度化された独裁指標（AUTOC）も同じ基
　　準を用いているが，それぞれスコアのつけ方は異なり，ひとつの国を対象としても
　　DEMOC と AUTOC のスコアは独立してつけられることになる。DEMOC，AUTOC
　　双方とも 0 から10までの間の値を取る。よって DEMOC から AUTOC を差し引いたポ
　　リティスコアは-10から10の間の値を取ることになる。
出所：Marshall, Gurr and Jaggers（2014）より筆者作成。

の間のスコアがつけられる（表 1-2）。

　ポリティⅣのスコアは権力をめぐる制度に焦点を当てた基準で測られるため，実質的な自由度を重視したフリーダムハウスとの違いが認められる。スコアは-10から10の間で設定されていて，－10から－6までが独裁（autocracy），-5から5までが中間政体（anocracy），6 から10までが民主主義（democracy）と分類されている。[10]

　ポリティⅣによって分類された政治体制ごとの国の数を1950年から2014年までグラフにしたものが，図 1-3 である。このグラフでも1980年代から急激に民主主義体制が増加し，独裁制が大幅に減少していて，民主化の「第三の波」が見てとれる。あわせて，中間政体がこの民主化の波の時期に増加している点も「第三の波」の特徴を考えるうえで重要な意味を持つ。この点については，後述する競争的権威主義の議論と関係している。

---

(10)　Center for Systemic Peace, "About Polity," http://www.systemicpeace.org/polity
　　project.html.

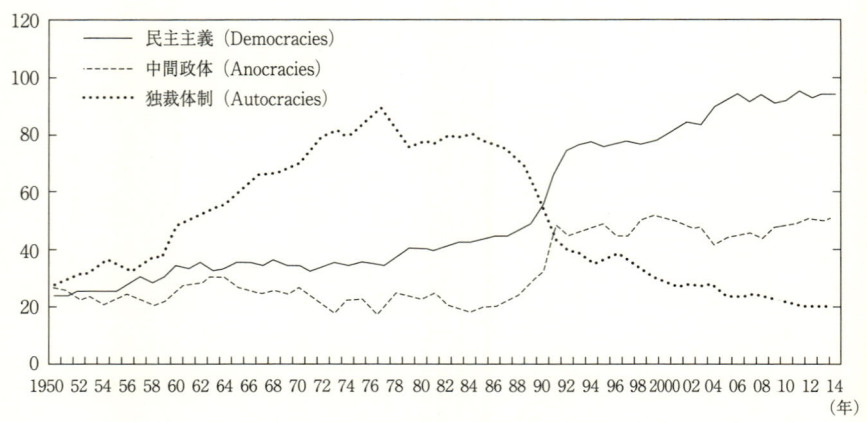

図1-3 ポリティのスコアによる政治体制分類別国数の推移（1950〜2014年）
出所：Polity IV のデータより筆者作成（http://www.systemicpeace.org/inscrdata.html）。

2000年以降に注目してみると，全体的にみれば，独裁体制は一貫して減少傾向を示しており，2011年から横ばいになっている。また，中間政体は多少の増減があるものの，一定の水準を維持している。本章の主要な関心である民主主義体制の動向は，2005年ぐらいまで上昇傾向を示していたが，その後，ほぼ横ばいとなっている（2005年以降，92から96カ国の間におさまっている）。こうした安定的な傾向は，ポリティスコアが制度的側面に評価の重きを置いているがゆえに生み出されたものと思われる。ポリティスコアでは，1950〜70年代に独裁体制が大きく増加し民主主義体制を数のうえで上回ったのと比べれば民主主義が後退しているとはいえないが，民主化という政治体制の変化傾向が停滞しているということは認められる。

「民主主義の後退」対「権威主義の定着」

必ずしもフリーダムハウスとポリティⅣのスコアだけで民主主義体制の国際的な状況を表わすことはできないが，以上のような傾向が示されていることは重要な情報となる。そして，政治的自由度や民主主義の傾向の解釈をめぐって，これを「民主主義が後退している」と考える立場と「弱かった権威主義が強化

されているにすぎない」と考える立場の2つが現われている。前者の代表がダイアモンドであり（Diamond 2011, 2015），後者の代表がレヴィツキーとウェイである（Levitsky and Way 2015）。

　ダイアモンドは，2006年から世界的に民主主義のゆるやかな後退局面に入っていると主張する。その議論の柱は以下の4つに整理される。ひとつは，民主主義の崩壊率が高まっていること。2つめに，規模が大きく戦略的に重要な新興国で民主主義の質と安定性の低下が見られること。3つめに，規模が大きく戦略的に重要な権威主義国で権威主義体制が強化されていること。そして最後に，確立された民主主義国のパフォーマンスが悪く自信を失っていることである。ダイアモンドはフリーダムハウスの指標にもとづき，世界的な自由度の低下とそれに関連した2000年以降に発生した民主主義の崩壊事例25件を「民主主義の後退」の証左としている。「民主主義の後退」の具体的内容として，権力者（政権与党）の権力濫用の結果，選挙の公正性や政治的多様性が低下していること，また，市民が異議を申し立てる機会が縮小していることが示される（Diamond 2015）。

　ダイアモンドは，権力が崩壊する3つのパターンを提示する。第一に軍事クーデタ（タイなど），第二に民主的に選出された権力者の非民主的な勢力による追放（ネパール，マダガスカル），第三に民主的に選出された権力者の権力濫用（バングラデシュ，ロシア，トルコなど）である。このなかでとくに事例の数が多く，その重要性が強調されるのが，権力者の権力濫用である。また，民主主義が崩壊しないまでも，民主主義の基礎となる自由や法の支配が時間をかけて低下していく現象も「民主主義の後退」として認識されている（南アフリカが例として挙げられている）。原因として指摘されるのが，統治の質の悪さである。それは汚職，統制の欠如，法の支配の低下などによって構成される。フリーダムハウスのスコアが国際的に低下している主要な原因として，とくに法の支配のスコアが低下していることが触れられている。

　「民主主義の後退」について，ダイアモンドの指摘するもうひとつの重要な

特徴は，新興国でこうした後退が発生していることである。経済的に斗進的で，政治的にも「第三の波」以降民主化した国々のグループのなかで，主要な国々が「民主主義の後退」を経験しているとされる。また，権威主義体制の強化と先進民主主義国の自信喪失も「民主主義の後退」の原因として触れられている。これは経済的側面における中国の隆盛と先進民主主義国の低迷に影響を受けていると見られている。

　上記のような「民主主義の後退」が発生しているという評価に対し，レヴィツキーとウェイは正面から異議を唱える。彼らは，少なくとも2000年代は民主主義にとって安定した時代であると主張する。民主主義の安定を主張する根拠として民主主義の状態を測った4つの指標・データセットを取り上げ（Freedom House, Polity IV, Economic Intelligence Unit, Bertelsmann Index），どの指標をとっても民主主義の度合いの平均値に変化がないこと，民主主義国と認定される国の数に変化がないことを示した。そのうえで現在の国際的な政治体制に関する動きとして彼らが指摘するのは，民主主義の後退ではなく権威主義の強化である（Levitsky and Way 2015）。

　これ自体はダイアモンドも国際的な傾向のひとつとして指摘しているが，レヴィツキーとウェイは，これこそが2000年代の政治体制の特徴だと主張する。彼らは，1990年代に冷戦の終結で財政問題や国家の統治能力に苦しんでいた権威主義体制の多くが，2000年代に入って状況改善を経験し（財政改善，国家機構の整備，寛容な国際環境といった条件が整ったため），弱かった権威主義体制が強い権威主義体制に転換したとみる。これまで「第三の波」の民主化と見られてきたもののなかに単なる権威主義の弱体化が含まれており，それが国際的な環境の変化などのなかでふたたび強化されたというのが主張の柱となっている。彼らよれば，本当の意味で民主主義が後退したのはタイ，ベネズエラ，ハンガリーのみとなる。権威主義の弱体化について，彼らは別の著作のなかで競争的権威主義という概念を提示しており，民主主義制度をもった権威主義体制という類型を打ち立てている（Levitsky and Way 2010）。

　レヴィツキーとウェイは，民主主義が後退したとされる事例についても個々に評価を示している。フリーダムハウスなどの指標の変化の大きかった国々はいずれも権威主義体制であること，フリーダムハウスの「自由」の分類から逸脱した7カ国（ボリビア，エクアドル，ホンジュラス，マリ，フィリピン，タイ，ベネズエラ）のうち民主主義が崩壊したのはベネズエラとタイのみであること，不完全な民主主義を含めるとニカラグア，スリランカ，トルコなども後退組に入ると見られるが，こうした国々はそもそも権威主義的な傾向を持つことなどが議論されている。また，「民主主義の後退」の代表と見られているロシアについても，後退前とされるエリツィン時代は，統治能力が低かったために多元的競争があったように見えたのであって，これは民主主義的な競争とは異なると考えている。

　くわえて，彼らは「2000年代に入って民主化が鈍化した」という評価についても問題があると主張する。そもそも民主化が継続的に進行していくという期待には理論的な根拠がなく，すでに民主化しそうな国はほとんど民主化しているという。[11] また，実際のところ民主主義は予想されたよりも強靭であり，崩壊したとされる事列よりはむしろ民主主義が継続した事例の方が多く，さらには民主主義が強化された事例も珍しくないことも指摘している。[12]

---

(11)　例外として言及されているのが，マレーシア，シンガポール，タイ，トルコ，ベネズエラである。

(12)　南アメリカや中央ヨーロッパの民主主義国は経済危機や経済改革などでも民主主義を維持し，また，クロアチア，ガーナ，インドネシア，メキシコ，セルビア，スロバキア，南アフリカ，台湾で民主化が進んだことが示され，社会の亀裂が深いところでも民主主義が進行することが主張されている。さらにアルゼンチン，ブラジル，チリ，コロンビア，クロアチア，インド，インドネシア，メキシコ，ポーランド，セルビア，南アフリカのような中進国に加え，ベナン，ドミニカ共和国，エルサルバドル，ガーナ，ガイアナのように，社会経済的に民主化に適さないと思われている国々でも民主主義が継続していることや，ブラジル，チリ，クロアチア，ガーナ，メキシコ，台湾などで民主主義が強化されていることが示されている。

重要な事例を見る

　民主主義が後退しているのか否かについての論争を，どのように理解すべき
だろうか。「民主主義の後退」を主張する側，否定する側いずれも興味深い議
論を提起しているものの，双方ともにいくつかの問題点を指摘することができ
る。

　ひとつは，民主化の進展や後退といった民主主義の状態に関する動きが個々
の国のレベルを超えて，国際的に同調する形で存在することを前提に議論して
いることである。それは各国が影響しあうなかで大きな波が国際社会全体に関
わる現象として存在する，という捉え方である。たしかに，1980年代以降の民
主化の「第三の波」は，いくつもの国（とくに近隣において）の民主化が同時
代的に発生する民主化の雪だるま現象ともいうべき様相を呈しており，冷戦の
崩壊もあって，国際的に共通した現象としての民主化とみることは妥当である。
しかし，その後の政治体制の変化が国際的に共通した現象として起こる必然性
はない。これは「民主主義の後退」を主張する側，否定する側ともに関わる問
題である。

　さらに，国際的な同調傾向があることを前提にそれを指標によって示そうと
している点にも，注意しなければならない。たとえば，プディントンにフリー
ダムハウスの自由度のスコアが国際的に低下している点を強調し，自由度の上
がった国の数と下がった国の数の大小を比較する（Puddington 2015）。しかし，
先述のとおり，これは自由な国だけを対象としたものではなく，自由でなかっ
た国がさらにその自由度を落としたものまでも数えられている。集約された国
の数の変化をもって「民主主義の後退」傾向があると主張するのは適切ではな
い。

　レヴィツキーとウェイの議論も，実は同様の問題を抱えている。国際的に使
われている4つのデータセットのスコアを使っているものの，それぞれのスコ
アの平均をとってその数値が変化していないことをもって民主主義は安定して
いるとするのは早計である。平均の変化がないことと各国の状況に動きがない

ことは，同じではない。民主主義の度合いが低くなった国が存在しても権威主義の度合いが緩んだ国があれば，数値としては相殺されて平均値は変わらない。もっとも，レヴィツキーとウェイは相殺効果について言及しながら，この相殺効果があることで国際的な民主主義のレベルは安定していると主張する（Levitsky and Way 2015 48）。

　もうひとつの問題は，「民主主義の後退」がどのような概念であるのか，それがどのように定義されるのかについて必ずしも明確にされていないことである。たとえば，「民主主義の後退」論者はフリーダムハウスの自由度のスコアを使うが，このスコアは，表1-1で示したように，政府の機能や法の支配など民主主義そのものとは異なる基準も含まれる形で作られている。プディントンやダイアモンドはガバナンスの悪さを「民主主義の後退」と関連づけて議論しているが，そもそも民主主義と統治の問題は別次元の概念である。相互に影響しあうことを想定することは十分可能であるが，その場合は相互の関係はどのようなものなのかについて明確にする必要があろう。[13]一方で，レヴィツキーとウェイのように，民主主義が完全に崩壊してしまった事例だけを「民主主義の後退」として考えるのも生産的でないように思われる。民主主義制度が運用されながらもその中身が侵食される状況があるとすれば，それは検討に値する重要な研究課題である。

　なお，国際的な傾向を議論する一方で，ダイアモンドと，レヴィツキーとウェイが個々の事例にも言及しながら議論を進めている点は好ましい。結局のところ，国際的な傾向を確定することよりも政治体制のあり方に重要な示唆を与える事例に焦点を絞って，民主主義の安定性や権威主義と民主主義の線引きの仕方について議論を積み重ねていくことが意味のある作業ではないだろうか。理論的な議論を進めていくうえで学術的に興味深い事例となっているものや，

---

[13]　フランシス・フクヤマは一連の著作のなかで，国家の統治能力と民主主義制度の関係について，その区別と2つが確立される順番の重要性を指摘している（Fukuyama 2011, 2014, 2015）。

対象国自体の現実的な国際的影響が大きい事例など重要な事例に注目し，多くの国をまとめて集約されたデータでは汲み取れない民主主義をめぐる問題を理解していくことが重要である。そして，こうした作業が新しい仮説，そして理論を生み出していく土台となる。国際的な全体の傾向から個別の事例に目を向けて，その動きをきめ細やかにみることが意味を持つ。

2　4つのパターン

　民主主義が後退したり，問題をはらんでいたりする事例に焦点を当てて，新興民主主義が直面する問題を把握し，それが生み出される因果メカニズムについて考えるために，そうした事例の類似性や相違点をみて，いくつかのパターンに類型化することが必要である。

　これまで民主化や民主主義の崩壊に関する研究は，そうした現象が共通の因果メカニズムによって引き起こされるとの前提に立って，包括的な理論を構築しようと試みてきた。しかし，異なるパターン，異なるメカニズムをひとつの枠に押し込めようとしたため，有効な理論の構築がうまくできてこなかった。一般に「民主主義の後退」と見られているような事象には，必ずしも実際に「民主主義」が後退したものでも，民主主義が「後退」したものでもないものが含まれている。また，実施に「民主主義」が「後退」した事例については，異なるパターンに異なる因果メカニズムが存在していることも推察され，包括的なひとつの理論による説明を求めることは現実的ではない。そこで，本書ではまずいわゆる「民主主義の後退」を分類し，その性質を吟味するとともに，そこからそれぞれの因果メカニズムを考えていくこととする。

　まず，分類の基準の大きな柱は，実際に「民主主義の後退」であったのか，それとも擬似的な「民主主義の後退」であったのか，である。

　さらに，前者には2つのパターンが存在する。ひとつには，いったん，民主主義の条件を整えたのにもかかわらず，民主主義制度から離脱する勢力が登場

し，自由で公正な選挙ではなく，力によって権力を奪取する行動が発生する場合である。もうひとつには，民主主義の制度に従って権力を獲得した勢力が，民主主義制度の枠組みを一定程度維持させながら，権力を縛る制約を徐々に解除し，社会への統制を強めていく場合である。

これに対して，一見「民主主義の後退」と捉えられているものの，本質的に異なるものは以下の2つである。ひとつは，民主主義が崩壊した，あるいは侵食したのではなく，弱かった権威主義が強い権威主義に転換したものである。このパターンはレヴィツキーとウェイの議論に沿ったものである。これは，本質的には民主主義の問題ではない。もうひとつは，民主主義と権威主義が共存関係をつくり，均衡が生まれているものである。こちらは，民主主義の問題ではあるものの，後退という変化とは異なる。

こうした分類は具体的な事例の存在を抜きにしては成り立たない。本章では，ダイアモンドが民主主義の後退した国として挙げている国々について，ポリティスコアの変動やフリーダムハウスの国別レポート，関連する研究論文などから事例を検討し，パターン類型化の基礎とした[14]（Diamond 2015）。

民主主義制度からの離脱 —— 崩壊パターン

民主主義が崩壊するもっとも明確なタイプの変化が，民主主義制度から離脱するパターンである。典型的な例は軍事クーデタにより民主主義制度が停止されるもので，これには権力者を追放するための軍事クーデタとともに，権力者が自らの独裁的立場を確立するための軍事クーデタ（autogolpe）も含まれる。2000年代でこの代表的な事例は，2006年と2014年のタイで起こったクーデタである。ほかにも，民主主義体制と評価されている体制（ポリティスコアで6以上）が軍事クーデタによって崩壊した事例として2006年のフィジー，2012年の

---

[14] 国別のポリティスコアの変動は，http://www.systemicpeace.org/polity/polity4.htm を参照。フリーダムハウスの年別・国別レポートは，https://freedomhouse.org/regions を参照。

ギニア・ビサウ，2012年のマリなどを挙げることができる。また，権力者の権力強化に積極的に軍が関与して民主主義が崩壊した事例としては，2002年のネパールの事例がある。

　クーデタや軍の介入といった形をとらないまでも，選挙によって権力者を決定する手続きがうまく機能しない，あるいはそうした手続きから離脱して街頭行動など直接的な行動によって権力者を決定しようとする行動がある場合，それも明示的に民主主義の制度から離脱する状況が生まれているので，民主主義が成り立っていないと考えてよいだろう。2007年，2014年の総選挙に際して当時の野党勢力の街頭行動とボイコット運動が激化し，混乱状態に陥ったバングラデシュはその代表的な事例である[15]。

　軍の介入や主要勢力の直接行動などによって民主主義体制が崩壊するのは，それが発生する前提条件として，複数の政治勢力間の競争が激化する状況があり，選挙といった民主主義的な手続きではその競争の調整を行なえないためである。そこでは，権力を掌握するために，制度で保障された手段以外の手段を用いるインセンティブが強く効いていることが考えられる。

民主主義における権力者の権力強化 ── 民主主義の侵食

　民主主義が機能しなくなるもうひとつのパターンは，民主主義体制において権力者が徐々にその権力を強化し，野党を弾圧していくというものである。民主主義の制度的枠組みを大枠で保持しながらも権力者の裁量を拡大させることで，民主主義の本質的な性質が損なわれることになる。権力者の権限強化は程度の問題でもあり，どの程度裁量権が拡大したら民主主義でなくなるのかという線引きは難しい。しかしながら，権力者に対し制約がまったくなくなった状態が自由で公平な競争を阻害し，民主主義の崩壊となることには議論の余地は

---

[15]　2007年では野党アワミ連盟（AL）からの与党バングラデシュ民族主義党（BNP）への抵抗，2014年は攻守交替で野党 BNP による与党 AL への抵抗。

ないだろう。

　こうしたパターンが第一のパターンと異なるのは，複数の主要な政治勢力の対立が激化して制度からの離脱が発生するというのではなく，特定の政治勢力の優位性が確立している点，そして，その優位な勢力によって漸進的に民主主義が侵食されるという過程をとる点である。これは民主主義制度の枠組みが一気に壊されるのではなく，枠組みの継続性が一定程度あるなかで，侵食が進んでいく現象である。

　こうした侵食がもっともはっきりわかる形で進んだのがベネズエラの事例である。1998年に大統領に選出されたウゴ・チャベスは，大統領に対する憲法上の制約をはずし，反対派に対してもかなり厳しい弾圧をしかけた。その傾向は2000年代半ばに強化され，フリーダムハウスでも選挙民主主義からはずされ，ポリティⅣの評価も民主主義のグループからはずれている。

　ベネズエラほど明確に民主主義が侵食された事例は珍しいが，同様の傾向を示すものとして，ハンガリー，トルコ，ポーランドなどを挙げることができる。こうした国々は2000年以降一貫してポリティのスコアでは民主主義体制に分類されているものの，それぞれの国の政治状況をみてみると，そうした評価に反映されていない問題が存在していることに気づかされる。ハンガリーでは，ジュルチャーニ・フェレンツ首相の政権下で，財政赤字，経済低迷と経済実績に関する数値の粉飾によって大きな政治不安が発生し，その効果で2010年に政権を獲得したフィデス・ハンガリー市民連盟（Fidesz）率いる与党連合が議会の3分の2以上の議席を保持することになった。その圧倒的多数を背景にヴィクトル・オルバーン政権は憲法改正を行ない，執政権強化，選挙法の改正などによって権力基盤を固めた（Dezso Czigler and Takacs 2012a, 2012b）。近年では，政府によるメディアへの圧力や選挙の公正性の欠如などで，欧州安全保障機構（OSCE）の選挙監視グループから問題を指摘されるようになっている。トルコでは，2000年，2001年と深刻な財政危機，経済危機を経験し，2002年に世俗派の連立政権を退け公正発展党（AKP）が議会多数派を獲得して政権をとった。

その後，AKP の指導者レジェップ・タイイップ・エルドアン（2003年に首相，2014年に大統領就任）は強権的な支配を行なうようになり，知識人やジャーナリストの投獄，市民団体への圧力などが進んでいる。

　ハンガリーやトルコほど明確な支配強化があるわけではないが，類似の現象を指摘されるのが南アフリカである。南アフリカではアパルトヘイト廃止後，一貫してアフリカ民族会議（ANC）が議会の多数を占めて政権を保持してきた。選挙は公正に行なわれているものの，政権の汚職疑惑をめぐって司法・検察やメディアへの圧力が問題とされている。また，労働争議という形で噴出している社会的な不満が流血につながっていることも，民主主義の制度による利益調整機能の不全を反映しているとする議論がある（von Holdt 2013）。

権威主義における権力者の権力強化 —— 権威主義の強化

　民主主義が侵食されるパターンと現象としてはよく似ているものの，異なる因果メカニズムが想定されるのが，多元的な特徴をもつ権威主義において権力者が権力を強め，権威主義体制が強化されるというパターンである。いくつかの権威主義体制の国々では，冷戦の終結とともに野党が憲法上の手続きを通じて政治的競争に参加できるようになった。しかし，こうした政治体制のなかには多元的な特徴を持ちながらも民主主義の核となる要素を欠いていたものがあった。自由な選挙，市民的自由の広範な保護，もしくは競争の公平性のうち，いくつかの要素を欠いたこのような政治体制は競争的権威主義と呼ばれる（Levitsky and Way 2010）。

　レヴィツキーとウェイが1990〜1995年と2008年の時点で競争的権威主義と分類した国で，政治的な競争性を2000年代に大きく低下させた国は，アルメニア，ジョージア，ハイチ，ケニヤ，マダガスカル，モザンビーク，ニカラグア，ロシアとなる（Levitsky and Way 2010）。このなかでも権威主義が強化された事例として典型的なのはロシアであろう。ボリス・エリツィン政権のもとでは国家と与党の統治能力が弱く，政権が不安定であった。しかし，2000年に大統領

に就任したウラジーミル・プーチン大統領は，国家と与党の統治能力を強化し，社会に対する統制を強めた。メディアへの統制，野党勢力への弾圧，地方首長任命制導入，議会選挙への野党参加の実質的制限などを実行した。フリーダムハウスでは2004年から「自由でない」国となり，ポリティⅣにおいても2000～2006年にはスコアが6だったのが，2007年からスコアが4に落ちている。

　ロシアよりさらに国家と与党の統治能力が低かったジョージアでは，独立直後のズヴィアド・ガムサフルディア政権が独裁的な傾向を見せながらもクーデタによって追放され，続くエドアルド・シェワルナゼ大統領もメディアへの統制，選挙不正などの批判を受け，2003年の「バラ革命」と呼ばれる政変で権力の座から下ろされた。権威主義的傾向を持ちながら，統治能力が弱かったことが明白である。その後，2004年に政権をとったミヘイル・サアカシュヴィリ大統領は，弱かった2人の前任者たちの統治とは異なり，国家の統治能力を強め，より強権的なメディア統制により反対派弾圧を進めるようになった。こうした状況を反映して，2008年以降はフリーダムハウスの評価でもジョージアは選挙民主主義からはずされるようになった。

民主主義と権威主義の共存── サブナショナル権威主義

　「民主主義の後退」の議論は，「後退」という変化を捉える議論であるところが重要な特徴のひとつである。しかし，新興民主主義ではその民主主義体制のなかに権威主義の領域が存在する場合があり，それが民主主義的要素を侵食する大きな問題となっている。具体的には，国政レベルの政治が多元的で自由な選挙によって支えられている民主主義であったとしても，地方レベルの政治が特定の権力者によって強権的に支配された，いわばサブナショナル権威主義となっている状態である。

　ひとつの政治システムのなかで民主主義と権威主義が存在するこうした状況の特徴は，国政上の民主主義と地方の権威主義が多くの場合相互依存の共存関係になっていることである。とくに政策を軸とした政党システムが制度化され

ていない場合，国政レベルの選挙では，主要な政党が地方有力者の政治マシーンに依存して票を獲得することになる。そこでは票の獲得と利益の供与の交換が発生し，地方有力者は特定の地域において規制権限や財政資源を独占することが認められ，反対勢力の弾圧，選挙の公正性の阻害などが発生する。民主化は常に前進していくと捉える立場からは，サブナショナル権威主義は民主化の鈍化と認識されるだろう。しかし，サブナショナル権威主義の本質は，国政レベルの民主主義と不可分であり，それはいわば均衡として成り立っているとみるほうがより正確である。

　サブナショナル権威主義体制の存在がしばしば取り上げられるのが，メキシコとアルゼンチンである。メキシコでは2000年に制度的革命党（PRI）による権威主義体制が終了して以降，国政レベルでは競争的で自由な選挙が行なわれ，民主主義が確立している。2012年に PRI が選挙で政権を奪還して以降も，その評価は変わらない。しかし，地方権力者による暴力，汚職などが深刻な問題となっており，犯罪シンジケートとの関係も無視できない。地方権力者が関与した2014年の学生虐殺事件は記憶に新しい。国政レベルでの民主主義の確立とは裏腹に，地方における権威主義的な支配構造は強化されている。アルゼンチンも同様である。1983年の民主化以降，問題はありつつも国政レベルで安定的な民主主義体制を確立してきたが，権威主義的傾向を持つ地方権力者の存在はいくつもの研究によって指摘されている。

⒃　政党システムが制度化されているとは，政党が社会の諸集団と密接に関係を持ち，そうした集団の利益を政治の場に表出させる機能を持つ，そして，カリスマ的な政治指導者のリーダーシップや特定の資金提供者に依存するのではなく，政党内部の組織的な構成を安定的に確保することを意味する（Levitsky 1998）。さらに政党間の競争が安定したパターンを示すこと，たとえば，選挙における投票の変動率の低さまでも含めて制度化と考える（Mainwaring and Scully 1995; Mainwaring and Torcal 2006; Hicken and Kuhonta 2011）。

⒄　メキシコ，アルゼンチンを対象とした研究として Gibson（2005, 2012），Giraudy（2010），Gervasoni（2010），Behrend（2011）などが挙げられる。

ラテンアメリカ以外でも，フィリピンでは地方権力者が強固な支配を確立している地方が多く，一族で政治権力を独占していることが多くの研究者によって指摘されている（McCoy 1993; Sidel 1999）。2009年にミンダナオ島で地方権力者一族によって政敵の関係者57人が殺害された事件は，地方における権威主義の存在を象徴する事件であった。また，インドでも，治安問題への対処として中央政府が北東部でサブナショナル権威主義を維持しているという報告がある（Lacina 2009）。[18]

3　どのような因果メカニズムがあるのか

民主主義の崩壊や侵食といった現象について，前節では4つのパターンに分類した。こうしたパターンの違いに即して，民主主義の崩壊や侵食が発生する原因，因果メカニズムは以下のように考えることができるだろう。ただし，ここで示したものは理論的に純化させて考えたいわば理念型のようなものであり，多くの政治学における事例研究がそうであるように，本書で取り上げる個別の事例では，実際には複数の要因が組み合わさっている場合が多い。

第一のパターンは，ひとつには権力者の権力が大きく，権力を掌握することによって得られる利益が大きいことと密接に関わっている。くわえて，民主主義制度から離脱して権力を暴力的に奪取することによって課されるコストが低ければ，民主主義制度から離脱するインセンティブは高くなる。

第二のパターンは，大衆からの大きな支持を背景に，「強い指導者」が支持され，権力者が行使できる裁量が拡大する過程そのものである。そして，権力者は，権力をめぐる競争が発生しないようにその裁量を最大限利用し，社会を統制しようとする。

第三と第四のパターンは，擬似的な「民主主義の後退」（あるいは「民主化の停滞」）であるが，双方とも国家の統治能力の変化がカギとなっている。

　因果メカニズムを考えるうえでカギとなるのが，それぞれのパターンにどのような均衡が成り立っているのかである。第一のパターンは，民主主義制度が均衡とならず，そこから離脱して新たな均衡（暴力的な競争）が生まれることを意味する。第二のパターンは，民主主義制度が均衡として成立していたが，徐々に権力者の利得を増大する形になっても支配される側にそこから離脱するインセンティブが十分に育たないものである。つまり，侵食された状態に均衡が移っていると考えられる。第三のパターンは，国家の能力（あるいは国家の能力を支える資源など）が増大したため，権力者が多元的な権威主義体制という均衡から離脱するインセンティブを持ち，権力者が統制を強化した状態でも均衡が維持される，ということである。そして第四のパターンは，民主主義制度と権威主義制度の相互補完が両者を強化するという均衡が成立していると理解することができる。

権力がもたらす権益の大きさと反乱コストの低さ

　第一のパターン，すなわち軍事クーデタや暴力的な行動によって民主主義の制度による利益調整が破綻してしまうパターンは，突き詰めて考えると，選挙によって権力者を決定することに同意しない勢力によって選挙が停止させられることだとみることができる。そうした状況が生まれる条件として考えられるのは，①権力を掌握することによって得られる利得が高く，②暴力的な手段による権力奪取のコストが低い，という2つである。こうした条件が整った場合，選挙にコストをかけて参加し，敗北するリスクを取るというインセンティブは低くなる。ただし，この2つの条件が存在していても，選挙を実施しても十分勝つ見込みが高い勢力は選挙から離脱するインセンティブは低い。そうした条件では，選挙の勝者が固定的（多数派が安定して存在）で，選挙に勝利する見込みが低い勢力が暴力的な手段を行使できる資源を持てば，暴力的行為の見込

みが高まる。あるいは，競合する勢力同士の力が拮抗していてもお互いに相手方が不正・暴力に訴えるだろうという見込みが高まれば，暴力的行動を取るインセンティブは高まる。

　こうした条件を決定する要因として，社会的な要因と政治制度の要因の２つを考えることができる。

　社会的な要因としては社会の亀裂のあり方が重要である。亀裂が固定的であり，かつ少数派が軍事力や財力などの政治資源を持っていることが上記の条件を生み出す。他方，政治制度の面では，勝者総取りの政治制度となっていて，選挙の勝者が一元的に強い権力を掌握するような構造となっている場合，権力をめぐる競争を激化させると考えられる。これは，主要な政治勢力が民主主義制度に従うことがお互いにとって望ましい選択となると民主主義が安定するとした，プシェヴォルスキの「均衡としての民主主義制度」の議論において，均衡を支える条件がなくなった場合と言い換えることができる（Przeworski 1991）。[19]

　タイのクーデタは，こうした要因が明確に存在した事例である。社会の亀裂としては首都バンコクに居住する都市中間層と主に東北部の農民層の対立があり，数のうえでは少数派の都市中間層と軍部が首都圏を制圧する手段を持っていたことが実力行使という行動の基礎をつくっていた。さらに，1997年憲法によって権力の集中がいっそう高まっていたために，そもそも権力を獲得することの意味が大きかった。

多数派形成と権力強化

　少数派による民主主義制度の停止が軍事クーデタを典型とする民主主義の崩壊だとすると，多数派が支配を強化させていく過程が第二の民主主義が侵食さ

---

[19]　こうした議論を数理モデルによって厳密に提示した研究として，Acemoglu and Robinson（2006）がある。

れるパターンである。ここには３つの要因を認めることができる。ひとつは，傾向として，とくにそれまで政治から排除されてきた人々によって多数派が形成されること，２つめに多数派が形成されやすい制度的枠組み，そして最後に，権力強化を志向する指導者の存在である。

　多数派が支配を強化させていく場合，多数派の成立する条件がまず重要である。いくつかの事例が示すのは，政党の枠組みなどに対する制約が緩み，それまで受け皿のなかった社会の多数派の選好を受け止める政党が出現することが，多数派成立の契機になっていることである。トルコでは宗教政党に対する制約が徐々に緩み，EU 加盟を目指すなかで軍の政治介入も弱められたことで，AKP の台頭が準備された。ハンガリーの Fidesz は，共産主義体制で認められていなかった反共産主義系の団体を前身として，ハンガリーの民主化以降に政党として成長してきた政党である。こうした多数派が政権を獲得するのは，それまでの政権に対する不満がかなり高くなったことによる[20]。

　そして，政治制度が「勝者総取り」の多数決型であることがもうひとつ重要な点である。トルコやハンガリーでは選挙制度が比例性の低いものであり，多数決型の政治制度の特徴を持っていた。これは，圧倒的な支持で政権を獲得した権力者たちに対し，権力を制約する制度が不足することにもつながっている。

　オドンネルは「委任型民主主義」（delegative democracy）という類型を提起して民主主義の質の問題を問うた（O'Donnell 1994）。そこでの中心的な概念はアカウンタビリティである。権力者の行動を監視し統制する制度をアカウンタビリティと考えると，そこには垂直的アカウンタビリティと水平的アカウンタビリティが存在するとされる[21]。民主主義の侵食で問題とされるのは，とくに後者の水平的アカウンタビリティである。垂直的アカウンタビリティは選挙に関わるもので，多数派に支えられた権力者は選挙の洗礼を受けているため，自由

---

(20)　トルコやハンガリーでは経済危機の影響が大きい。なお，パッパスは，Fidesz の台頭もポピュリズム的性格によるものであると指摘している（Pappas 2014）。

(21)　邦語での本格的なアカウンタビリティ研究として，高橋編（2015）を参照。

で公正な選挙が実施されている限り，これはそれほど問題とはならない。一方，水平的アカウンタビリティとは主に議会や司法（その他，さまざまな監視機関）によって担われるもので，これが弱体化すると，権力者がいったん権力の座につけば，権力を制約する機能が低下したなかで，権力者の恣意的な行動が可能になる。こうした傾向が強化されたときに，民主主義の侵食が進行するのである。

　最後に，システム的な分析から外れてしまうが，権力強化を志向する政治指導者の存在を指摘したい。多数派の権力強化には，チャベス，エルドアン，オルバーンという指導者たちの選好を無視することはできない。

経済回復と国家建設

　第三のパターンである弱い権威主義が強化されていく過程については，3つの要因を考えることができる。ひとつは，経済的な業績が上向いて（資源の開発など），政府の財政を支えることが可能になること，2つめは，これと関連していて，国家の統治能力の強化が成功すること，そして3つめに，国際的な環境が変化して他の民主主義国への依存を低下させることが可能となることである（Levitsky and Way 2015）。これは，権威主義体制が弱くなった原因の裏返しともいえる。1990年代に権威主義体制が民主主義的制度を導入したり，多元的な競争が出現したりした背景には，冷戦終結後，権威主義体制が経済的な停滞に陥り，民主主義陣営からの圧力に弱くなったからと考えられている（Levitsky and Way 2010）。こうした条件が2000年代に入って変化した。石油ガスの価格上昇に支えられて，ロシアが財政基盤を強化し，国家の統治能力を高め，メディアや反対勢力への圧力を高めることができたのは，その典型的な事例とみられる。

　ジョージアにしても経済的な問題を背景に国家の統治能力がとても低く，冷戦終結後に強固な権威主義体制を作ることができていなかった。バラ革命後に政権を担ったサアカシュヴィリ大統領は，国家の統治能力を高めることを最優

先課題として，徴税改革，汚職取締り，軍・警察の強化などの諸改革に優先的に取り組んだ。これが財政再建を可能にし，また，経済自由化のもとで外国投資を引き込むことにも成功した。ただし。ジョージアの事例は西ヨーロッパとの関係を強固にしていく傾向を持っている点で，国際環境の影響のあり方は異なる[22]。

地方権力への権力集中と社会における資源の希少性

最後に民主主義と権威主義が共存するタイプ，とくに国政レベルの民主主義と地方レベルの権威主義が相互依存の関係を持つ民主主義の侵食のパターンである。これは選挙によって権力者を決定するという民主主義の機能の確立とともに，中央政府あるいは政党中央のコントロールを支えるはずの諸制度の弱さによって引き起こされるものと考えられる[23]。このような状況は，歴史的な経緯によって規定されている。そして，こうした構図のなかで，地方において資源を独占的に地方権力者が統制できる制度的な枠組みが重要である。こうした資源の独占が意味を持つ前提として，地方権力が握る国家から派生する資源（規制権限，財政など）に対抗しうる資源が社会の側に存在しないことが挙げられる。産業が十分育っておらず，民間の資本が弱い，あるいは，民間の資本も国の規制権限に依存していると，人々が地方権力者からの資源の分配に依存する構造が生まれる。

そうしたなかで，中央から地方権力者への統制が弱い場合，地方の権力者がその地方において権力を独占的なものとし強化していくことを中央政府が阻むことができない。むしろ，地方権力と協調していくなかで統治を進める必要がでてくる。これに民主主義が結びつくと，国政における政治的競争が激しくな

---

(22) 詳細は，Cheterian（2008），Mitchell（2009），Lazarus（2013）などを参照。

(23) フランシス・フクヤマは国家の統治能力が欠如したまま民主主義制度が確立した場合，クライエンタリズムや家産制的な傾向が生まれると主張する（Fukuyama 2011, 2014, 2015）。

ればなるほど，国政レベルの指導者たちは地方権力者の集票に依存せざるをえなくなる。そこにはお互いに協力する関係が生まれることになる。

　なお，地方権力による資源の独占は 2 つの領域に分けることができる。ひとつは地方権力者が国政と地方の関係を独占的に統制することができること，もうひとつは地方の領域において権力を独占することが可能な構造ができあがっていることである。たとえばギブソンは，領域統制（boundary control）という戦略がサブナショナル権威主義体制を支えるとし，その主要な要素として，①地方領域において権力独占を可能にする制度的枠組み，②国政レベルに影響を与える足掛かり，③国政と地方の関係を独占することを挙げた（Gibson 2005, 2012）。ヘルバソーニは，国政レベルのレンティア国家を地方に適用し，中央からの資源配分に依存し，それを地方権力が独占することが重要だと主張した（Gervasoni 2010）。ベーレンドは地方における権力独占の構造を重視し，これを「閉じられたゲーム」（closed games）と表現している（Behrend 2011）。フィリピンの地方権力を対象として分析したサイデルも，地方における資源の独占を可能とする制度的な枠組みの重要性を主張している（Sidel 1999）。

定性的アプローチによる研究

　民主主義体制が世界各地で問題に直面している事象を日々目の当たりにしているなかでは，「民主主義の後退」の議論は，一見，現代国際社会の進む方向性を指し示しているかのように思われる。中国やロシアのように民主主義体制に含まれない国々が国際的に影響力を拡大していることもこうした議論を後押ししている。しかし，国際社会において民主化の「第三の波」に対する揺り戻しが起こっているというのは正確ではない。民主化の動きがひと段落したところで，民主化への熱狂が醒め，それまで気がつかなかった問題が目につくようになっている部分も大きい。

　ただし，民主主義に問題が発生している重要な事例が存在していることは間違いない。こうした状況を冷静に認識し，民主主義がうまく機能しなくなった

事例，民主化の認定に見誤りがあった事例，民主主義のなかに権威主義の領域が温存される事例などを見ることで，新興民主主義に安定をもたらす条件が見えてくるだろう。

　本書では，こうした狙いを持って，第2章以下で個別の事例を検証していく。なお，各章の事例は必ずしも本章が提示した4つのパターンに完全に分類されるわけではない。それは，各国の政治体制の変動や継続には，それぞれの国の固有の事情や外生的な要因が影響を与えているからである。そもそも事例検証は要因と目される独立変数が増えてしまう問題を常に抱えている。しかし，事例は複雑な因果関係によって生み出される現実の政治現象の奥行きの深さを教えてくれる。本章の提示した4つのパターンを基本的な類型として想定し，その類型との関係を意識しながら事例を検証していくことが，事例の位置づけを明確にし，単なる事例の記述ではなく比較の視点から因果メカニズムを考えることを可能にすると考える。

参考文献
日本語文献
高橋百合子編（2015）『アカウンタビリティ改革の政治学』有斐閣。

外国語文献
Acemoglu, Daron and James A. Robinson（2006）*Economic Origins of Dictatorship and Democracy*, New York: Cambridge University Press.

Behrend, Jacqueline（2011）"The Unevenness of Democracy at the Subnational Level: Provincial Closed Games in Argentina," *Latin American Research Review*, 46(1): 150-176.

Cheterian, Vicken（2008）"Georgia's Rose Revolution: Change or Repetition? Tension between State-Building and Modernization Projects," *Nationalities Papers*, 36(4): 689-712.

Dezso Czigler, Tamas and Izolda Takacs（2012a）"Hungary is Now a Distorted Democracy," in *LSE European Politics and Policy (EUROPP) Blog*.

──────（2012b）"With the Ruling Party's Legislative Tsunami, Hungary May Now be

Sleepwalking into an Authoritarian State," in *LSE European Politics and Policy (EUROPP)* Blog.

Diamond, Larry (2011) "The Democratic Recession: Before and After the Financial Crisis," in N. Birdsall and F. Fukuyama, eds., *New Ideas on Development after the Financial Crisis*, Baltimore: Johns Hopkins University Press.

———— (2015) "Facing Up to the Democratic Recession," *Journal of Democracy*, 26 (1): 141-155.

Freedom House (2015) "Freedom in the World 2015 Methodology."

Fukuyama, Francis (2011) *The Origins of Political Order: From Prehuman Times to the French Revolution*, New York: Farrar, Straus, and Giroux (フランシス・フクヤマ／会田弘継訳『政治の起源——人類以前からフランス革命まで』上・下，講談社，2013年).

———— (2014) *Political Order and Political Decay: From the Industrial Revolution to the Globalization of Democracy*, New York: Farrar, Straus and Giroux.

———— (2015) "Why Is Democracy Performing So Poorly?" *Journal of Democracy*, 26 (1): 11-20.

Gel'man, Vladimir and Cameron Ross, eds. (2010) *The Politics of Sub-National Authoritarianism in Russia*, Burlington, VT: Ashgate.

Gervasoni, Carlos (2010) "A Rentier Theory of Subnational Regimes: Fiscal Federalism, Democracy, and Authoritarianism in the Argentine Provinces," *World Politics*, 62(2): 302-340.

Gibson, Edward L. (2005) "Boundary Control: Subnational Authoritarianism in Democratic Countries," *World Politics*, 58(1): 101-132.

———— (2012) *Boundary Control: Subnational Authoritarianism in Federal Democracies*, New York: Cambridge University Press.

Giraudy, Agustina (2010) "The Politics of Subnational Undemocratic Regime Reproduction in Argentina and Mexico," *Journal of Politics in Latin America*, 2(2): 53-84.

Hicken, Allen and Erik Martinez Kuhonta (2011) "Shadows from the Past: Party System Institutionalization in Asia," *Comparative Political Studies*, 44(5): 572-597.

Lacina, Bethany (2009) "The Problem of Political Stability in Northeast India: Local Ethnic Autocracy and the Rule of Law," *Asian Survey*, 49(6): 998-1020.

Lazarus, Joel (2013) "Democracy or Good Governance? Globalization, Transnational Capital, and Georgia's Neo-liberal Revolution," *Journal of Intervention and*

Statebuilding, 7(3): 259-286.

Levitsky, Steven (1998) "Institutionalization and Peronism," *Party Politics*, 4(1): 77-92.

Levitsky, Steven and Lucan A. Way (2010) *Competitive Authoritarianism: Hybrid Regime After the Cold War*, New York: Cambridge University Press.

───── (2015) "The Myth of Democratic Recession," *Journal of Democracy*, 26(1): 45-58.

Mainwaring, Scott and Timothy R. Scully (1995) "Introduction," in S. Mainwaring and T. R. Scully, eds., *Building Democratic Institutions: Party Systems in Latin America*, Stanford: Stanford University Press.

Mainwaring, Scott and Mariano Torcal (2006) "Party System Institutionalization and Party System Theory after the Third Wave of Democratization," in R. S. Katz and W. Crotty, eds., *Handbook of Party Politics*, London: Sage Publications.

Marshall, Monty G., Ted Robert Gurr and Keith Jaggers (2014) "Polity IV Project: Political Regime Characteristics and Transitions, 1800-2013 Dataset Users' Manual," Vienna, VA: Center for Systemic Peace.

McCoy, Alfred W., ed. (1993) *An Anarchy of Families: State and Family in the Philippines*, Wisconsin: Center for Southeast Asian Studies, University of Wisconsin-Madison.

Mitchell, Lincoln A. (2009) "Compromising Democracy: State Building in Saakashvili's Georgia," *Central Asian Survey*, 28(2): 171-183.

O'Donnell, Guillermo A. (1994) "Delegative Democracy," *Journal of Democracy*, 5(1): 55-69.

Pappas, Takis S. (2014) "Populist Democracies: Post-Authoritarian Greece and Post-Communist Hungary," *Government and Opposition*, 49(01): 1-23.

Przeworski, Adam (1991) *Democracy and the Market: Political and Economic Reforms in Eastern Europe and Latin America*, New York: Cambridge University Press.

Puddington, Arch (2015) "Discarding Democracy: Return to the Iron Fist," *Freedom in the World 2015*, Washington, DC: Freedom House.

Sidel, John T. (1999) *Capital, Coercion and Crime: Bossism in the Philippines*, Stanford, CA: Stanford University Press.

von Holdt, Karl (2013) "South Africa: the Transition to Violent Democracy," *Review of African Political Economy*, 40(138): 589-604.

▨ 謝辞：本研究は JSPS 科研費 JP15K03307，JP15H01931の助成を受けたものです。

第2章

政治参加の拡大と民主主義の崩壊
—— タイにおける民主化運動の帰結 ——

重 冨 真 一

　2014年 5 月22日，タイ国軍のクーデタによりタイの民主主義政治制度は崩壊
した。憲法は停止され，かわりに国軍・警察首脳によって構成される国家平和
秩序維持評議会から矢継ぎ早に布告が出された。議会はまもなく解散させられ，[1]
政党の活動は内部の会議も含めて禁止された。報道は規制され，クーデタ批判
の示威行為はすべて取り締まりの対象となった。クーデタや軍を公然と批判し
た市民は軍の施設に「ご招待」され，場合によっては何日も拘束された。国政
選挙が行なわれ，議会が復活するのは，早くても2019年前半と見込まれている。

　タイの現代史において，軍のクーデタは珍しいことではない。1932年の絶対
王政を打倒したクーデタ（立憲革命）以降，成功したものだけでも12回にのぼ
る。タイの現代政治史は，クーデタとその後の政治制度再構築の繰り返しであ
った（村嶋 1987）。それでも第二次世界大戦後のタイは，日本など先進諸国の
投資を集めてきた。これまでのクーデタが，多くの場合，政治エリート間の権
力抗争というべきものであり，タイの政治構造や政策を根本的に変えるような
ことがなかったからである。

　しかし，今回のクーデタを過去のそれと同一視すべきではない。まず，権力
をめぐる対立は政治エリートだけではなく，広範な市民を巻き込んだ。市民の
なかにクーデタを厳しく糾弾する勢力があり，それゆえに権力を奪取した国軍

---

(1)　当時，下院は成立していなかったので，実質的に解散させられたのは上院である。

は市民の拘束すら行なわねばならなかった。今回のクーデタは，政治的アクターとしての一般市民を直接的な相手にしているのである。

その一方で，クーデタを歓迎した市民が少なからずいたことも事実である。タイ国民のなかに，代議制民主主義に強い不信感を持つ層が相当な広がりをもって存在している。このことは，クーデタ以前にあった民主主義制度の回復が既定路線ではないということを意味する。クーデタを行なった集団の「力による統治」がこれだけ長く続いているのも，新しい政治体制が準備されねばならないためである。

このように，2014年のクーデタは，タイの民主主義政治制度にとって，これまで以上に深刻なインパクトをもたらすものである。タイ人研究者のなかには，1960年代の開発独裁時代への逆行であるとみるものすらある（Kasian 2015）。

注目すべきは，こうした民主主義の崩壊が，政治の民主化が大きく進んだすえに起きたということである。タイでは，1932年以来，揺り戻しを繰り返しながらも，より広範な社会層が政治に参加するようになってきていた。とりわけ1990年代以降は，政治エリートだけでなく，一般の市民が政治に強い関心を持ち，また彼らの参加を促す制度が作られてきた。政治参加とは，「私人が政府の意思決定に影響力を与えようとする活動」（Huntington and Nelson 1976: 4）であり，「全成人の包括的参加」が民主主義の重要な基準である（ダール 2001：116）ことからすれば，タイの民主主義は間違いなく発展してきたのである。

その民主主義を崩壊に導いたのは，権力の独占意欲を持った一部の政治勢力ではなく，民主主義政治に積極的に参加し，その発展をもたらしてきた市民自身であった。2000年代半ば以降10年ほどの間に，政治に積極的に参加する一般市民の間で対立が激化し，それが軍による政権奪取の機会と口実を与えた。いわばタイの民主主義は「自壊」したのだった。

なぜ，タイにおける民衆の政治参加拡大と参加意識の高まりが，逆に民主主義政治体制の崩壊を招いたのだろうか。この問いに対する答えを探すのが，本章の課題である。以下では，まず2000年代半ば以降の政治混乱から民主主義が

崩壊するまでを描いて，タイ政治の現状を概観する。次にタイの現代政治史を
たどりながら民主主義崩壊の背景を説明したうえで，民主主義崩壊の要因とな
った事象をひとつずつ検討する。そして最後に，これらの事象がどのように関
わりあって民主主義が崩壊したのかをまとめる。

1　政治混乱から民主主義崩壊へ

　2014年の民主主義崩壊は，2006年から始まる政治混乱のすえに起きた。ここ
ではその経緯を紹介する。混乱の始まりはじつに唐突であった。2005年2月の
総選挙で有権者の圧倒的多数から支持を受けたはずのタクシン・チナワット首
相（当時）が，1年もたたないうちに市民の大規模な抗議集会に直面したので
ある。

2006年以降の政治混乱

　2001年に成立したタクシン率いるタイ愛国党政権は，第1期4年の間，高い
人気を維持し，任期満了にともなう2005年総選挙では議席の3分の2を占める
圧勝をした。タクシンは貧困層向けの分配政策を実施して，農村住民や都市下
層の支持を得ていたことに加えて，国営企業の株式公開など経済の自由化政策
をとっていたことや政策の実行力に対する評価もあって，都市住民からも支持
を集めたのである。ところがタクシンに対する都市中間層の評価は，その直後
から劇的に変化する。

　そのきっかけになったのは，2006年初頭のテマセク事件であった。タクシン
が実質的なオーナーであるシンコーポレーションの株式が，シンガポールの国
策会社テマセク社に売却され，しかもタクシン一族がその売却にともなう税の
支払いを巧みに逃れていることが明らかになったのである。シンコーポレーシ
ョンはタイの通信大手であったから，タクシンの批判者は，国の安全保障に関
わる会社を外国に売却したとして，人々のナショナリズム感情に訴えるととも

に，タクシンの不正を糾弾したのである。そして批判者らは民主主義人民連合（PAD）という運動組織を作り，人々を街頭行動に動員した（青木・重冨 2007）。

そうした集合行為が盛り上がりを見せたため，タクシンは選挙で信を問うとして議会を解散したが，野党は選挙をボイコットした。最高裁判所が選挙の無効判決を出したため，新しい政府がつくれない状態に陥った。そして軍が混乱を収拾するという名目でクーデタを決行し，タクシン政権は2006年9月に崩壊したのである。その後まもなく，タクシン支持派はクーデタに反対する運動組織，反独裁民主主義統一戦線（UDD）を作った。UDD の支持基盤は，農村とりわけ北部や東北部農村の住民と都市下層の人々である。

民主主義が正当性の基準になっている現代では，軍は早期の民主主義回復を約束せざるをえない。クーデタから1年ほどたった2007年12月，ふたたび選挙が行なわれると，政権をとったのはタイ愛国党の後継政党，人民の力党であった（相沢・大泉 2008）。タクシンに対する農村住民の支持は変わっていなかったのである。

タクシンは国外に逃れていたため首相になることはできなかったが，タクシンの意を受けた政治家が首相を務めた。しかしまたもや都市中間層は街頭行動に訴え，首相府や国際空港を占拠するなどして，経済や治安を混乱に陥れた。同時に反タクシン派は裁判闘争にも訴えた。そのいくつかが奏功し，タクシン与党の首相が辞任を余儀なくされると，組閣の過程で与党内から離反者が出て，2008年12月，野党であった民主党が政権についた（相沢・重冨 2009）。

自分たちが選挙で選んだ政権を，繰り返し選挙以外の方法で壊されたと感じたタクシン支持派は，UDD のリーダーシップのもとで街頭行動を組織した（今泉 2011）。彼らの要求は，議会を解散し選挙を行なうことであった。彼らの街頭行動は，2010年5月に軍の出動によって鎮圧されたが，その後行なわれた2011年7月の選挙では，ふたたびタクシン系の政党，タイ貢献党が勝利した。

このタクシン系政権が，2013年10月，亡命中のタクシンの恩赦につながる法案を国会に提出すると，都市中間層は大規模な街頭行動を組織し，バンコク中

枢を麻痺状態に陥れた。このとき運動を主導したのは PAD ではなく，人民民主改革委員会（PDRC）を名乗る人々であった。政権側が解散，総選挙に打って出ると，PDRC は選挙を暴力的に妨害した。裁判所が選挙の無効と首相の解任判決を下したため政権は宙に浮き，2014年 5 月，軍が治安の回復を名目にクーデタを起こした（相沢 2014；青木 2015）。

　軍部主導政権による民主主義の抑圧は今後も当面続くと予想される。早晩，選挙が実施され議会制度が復活するであろうが，2016年 8 月の国民投票で承認された憲法案と付帯決議案によって，国会が成立した後の 5 年間は，軍部が首相の選出に強い影響力を確保し続けることになった。⁽²⁾

対立の構図

　このように2006年以降のタイは，反タクシン系の市民が選挙以外の方法でタクシン系政権を追い詰めると，首相罷免判決やクーデタなどで政権が崩壊するが，その後の選挙でふたたびタクシン系が政権を取り戻す，というサイクルが繰り返されている。

　この政治混乱には，2 つの特色が見てとれる。ひとつは，対立が農村住民・都市下層と都市中間層上層という 2 つの階層の間で起きていることである。こうした階層の違いが支持政党の違いにも反映している。

　2 つめは，両者の間に政治の意思決定方法についての合意がないことである。前者は選挙で代表を選ぶことによって（そしてその代表が立法府と執政府での意思決定を行なうことで）政治の意思決定がなされるべきだと主張している。こ

---

(2)　2016年 8 月 7 日の国民投票で承認された憲法案には 5 年間の移行期条項があり，そこで上院議員250人は国家平和秩序維持評議会が選任する者と陸海空軍，国防省，警察局のトップによって構成されることとされた。同時に承認された付帯決議によって，首相はこの上院と下院500人の合同会議で選出されることになった。このように，5 年間は首相の選出に軍の影響力が強く作用する。なおこの憲法案は王室に関わる条項の修正をへて，2017年 4 月 6 日に公布された。

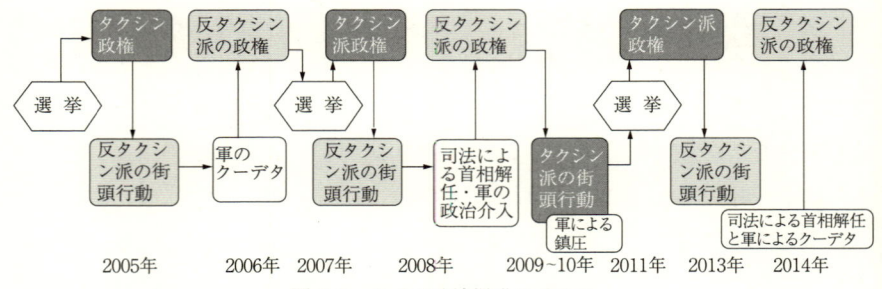

図 2-1　タイの政治混乱サイクル

出所：筆者作成。

の主張は手続き的民主主義を尊重すべきというものである。これに対し，後者
は選挙ではよい政治（つまり正しい意思決定）は実現しないと主張する。たと
えば1990年代の政治民主化運動で思想的リーダーシップをとったプラウェー
ト・ワシーは，間接民主主義への不信感をつぎのように表現している。

> 代議制民主主義は時代遅れである。それはかつて通信や交通が不便で，人々
> が連絡を取りにくかった時代に作られた制度である。現在ではカネのあるも
> のが代議士となる仕組みとなっている。代理人を選ぶ民主主義は本当の民主
> 主義ではない。代議士を選ぶときにはカネの力が弱くなるようにしなければ
> ならない。そして直接民主主義を推し進めねばならない（Prawase 2007: 19-
> 20）。

　実際，反タクシンの運動を支持する中間層上層は，こうしたプラウェートの
見方を共有している。PAD は，選挙で選ばれた政権に対する集合行為を組織
したとき，自らの制度外的行為を正当化するために，「選挙で選ばれた政治家
は政治を悪くしているから，政治家以外の人が政治の中心になるような新しい
政治体制を作らねばならない」と主張した（重冨 2010）。
　このようにタイの政治混乱では，２つの社会階層が政治への参加方法をめぐ
って対立している。政治参加の方法をめぐる対立は，民主主義のあり方をめぐ

る対立であり，政治決定とはどうなされるべきかをめぐる対立である。どうやって決めるかについての合意がない以上，両者が妥協点を見いだすことはきわめて難しい。

2　政治参加の拡大プロセス

　前節で述べたような民衆の政治参加が起きるまでには，タイ政治の長い発展過程があった。そのすえに，今回の民主主義崩壊が起きたのである。本節ではタイ政治史と政治アクターの紹介を兼ねて，民主主義崩壊に至るまでの政治参加者の拡大過程をたどる。

エリート民主主義の形成

　タイは日本とほぼ同時期に欧米列強から「開国」を強要され，近代化，西洋化の道を歩みはじめた。しかし日本と異なり，その後70年ほどの間，開国以前からの政治体制である絶対王政が続いた。この間，国家の意思決定は，国王とその親族など国王に近い人々によってなされていた。当時の閣僚は，そのほとんどが国王の親族であった（Wright and Breakspear 1908: 93）。

　この政治体制が大きく変わったのが，1932年である。西欧に留学して彼の地の「民主主義」を目の当たりにした若手の軍人や官僚が，「人民党」という政治集団を作ってクーデタを決行し，絶対王政の廃止と立憲君主制への移行を国王に認めさせたのである。これによって国王による権力の独占はなくなった。人民党はそのクーデタ宣言文で，絶対王政の終焉によって「この国が民主主義による統治下に入る」ことを高らかに謳った。[3]

　政治の民主化を標榜して絶対王政を打倒した人民党であったが，政権奪取後

---

(3)　人民党がクーデタ時に配布した宣言文「人民党宣言」（Prakat khana ratsadon，1932年6月24日発表）を筆者が翻訳したもの。

に作った政治制度は，「民主的」なものとはいえなかった。議会を作り，選挙を行なうことにはしたが，政党は禁止され，議員の半分は人民党員が任命し，残りの半分は立候補の際に人民党系議員の承認を必要とした（村嶋 1996：161）。いわば人民党員による独裁となったわけだが，まもなく人民党のなかで軍をバックにしたピブーンがクーデタで権力を握った。こうして軍が政治権力を握る時代が始まったのである。ピブーンは1957年の軍によるクーデタで失脚したが，その後も1970年代まで軍が政治を支配する時代が続いた。こうして軍幹部は，軍を国防のための機関というだけでなく，国政の担い手としても認識するようになった（タック 1989：349）。軍部の政権は，ときおり自らの正当化のために選挙を行ない議会を開いたが，政治家が邪魔になると，軍は自らたてた政府にクーデタをしかけて，ふたたび議会や選挙といった間接民主主義の制度を停止した。市民の政治参加はきわめて限られていたのである。

　状況を変えたのが1973年10月の「学生革命」（あるいは「10月14日事件」）と呼ばれる事件である。学生たちは軍による権力独占を糾弾し，数十万人を動員した集合行為によって政府に圧力をかけた。群衆と軍，警察が衝突し争乱状態となるなかで，国王の介入によって政権幹部は国外に退去を強いられた。新たに国王が指名した首相（サンヤー・タマサック。当時，タマサート大学学長）のもと，憲法，選挙，議会といった制度が整えられ，ようやく民衆は間接的に政治に参加する機会を得たのである。

　1970年代は軍政への揺り戻しがあって政治が安定しなかったが，1980年代になると，軍の元トップ（プレーム・ティンスーラーノン）が政党の推薦を受けて議会で首相に選ばれるというパターンができあがった。これをタイでは「半分の民主主義」と呼ぶ。選挙，政党，議会という間接民主主義の制度は整えられているが，首相と閣僚の一部は，軍人出身者が占めている。見方を変えれば，軍は影響力を維持しているものの，民衆が選挙を通して政治に影響力を及ぼすチャネルも確保されるようになったということである。そして1988年，プレームが政界引退を表明すると，選挙で第一党となった政党から首相が選ばれた。

閣僚もすべて政党政治家が務めるようになった。「半分の民主主義」から「全面の民主主義」に移行したのである。こうして1970年代の半ばから数えれば約15年間，タイ国民は選挙を通じて代表を選ぶという政治参加を経験した。この経験から，人々は選挙による民主主義の問題点をつぎのように理解した。

　選挙に立候補する人たちは，選挙で当選するために有権者に金品を渡す。当選して与党に入り権力を握ると，それを利用してカネを得る。そしてそのカネで次の選挙に臨む。このようにして政治家の汚職が起きる。

　実際の汚職が詳らかになることはめったになかったが，人々の政治家に対するイメージはきわめて否定的なものとなった。1988年からの政党政治家による内閣は，「ブッフェ内閣」（つまみ食い内閣）とあだ名されるほど，汚職（つまみ食い）がはびこっていると言われたのだった（Pasuk and Baker 1997）。

　政治家がカネを使って選挙で選ばれるということは，カネで票を売る人たちがいるということである。こうした政治家の多くが，地方や農村部の選挙区から選ばれているわけで，政治家に対する否定的評価には，政治家に票を投じる田舎の人々に対する否定的評価が対になっている。すなわち，「票を売る，貧しく無知な農村住民」というイメージが，とくに都市中間層や上層の間に形成されたのである。

　1991年2月，民選内閣と軍首脳の確執から，軍がクーデタを決行し内閣を倒したとき，軍は政治家による汚職の蔓延をクーデタの第一の理由とした（河森1992）。そして民衆も，当初は「ブッフェ内閣」が倒されたことを歓迎した。しかしまもなくクーデタの首謀者が首相になると，軍による政治支配を恐れた民衆は，その政府を拒否する。NGO や在野の政治活動家がリーダーシップをとった反対運動が盛り上がり，1992年5月にふたたび軍と民衆の衝突が起きて，軍による政府は崩壊した。このときの集合行為に参加した人たちには，学生というよりも，都市の中間層市民が多かったとされる。[4]

参加の時代

1992年の事件で，人々は軍による政治権力の奪還を拒否した。同時に政治家による政治にも，人々は大きな不信感を持っていた。軍政でも政党政治家の汚職政治でもない，別の政治体制を作らねばならない。こうして，「政治改革」が時代の標語となった。

この政治改革の眼目は，市民による直接的政治参加であった。図2-2は，タイの国家経済社会開発5カ年計画の文書中に「参加」という言葉が現われる頻度を示している。頻度の急増する第8次計画は，1990年代半ばに準備されたものである。こうした政府文書に，1990年代という時代の空気が読みとれる。すなわち，1990年代は「参加の時代」であった。

こうした時代意識の形成には，「参加」による政治を理論的，思想的に説明する知識人も重要な役割を果たした。なかでも影響力が大きかったのは，先に紹介したプラウェートである（重冨 2009）。プラウェートはコミュニティの人々が「良き人」（徳があり能力がある人物）を代表として選び，その人々がさらに自分たちのなかから「良き人」を選び，そのようにして国の運営も「良き人」によってなされるような仕組みを構想していた（重冨 2016：20）。この仕組みのなかで，人々は直接的に公共の事柄の意思決定に関わることができるし，それが望ましいというのがプラウェートの考えであった。プラウェートは政治改革の構想を作る委員会の座長も務め，実際の政治改革過程に深くコミットしたので，彼の思想は現実の政治制度形成に強い影響力を持った。

実際，この時期にはいくつか直接的政治参加の制度が作られた。まず1992年5月事件の後に行なわれた選挙では，選挙監視のボランティアが組織され，そこに多くの人々が参加した。政治改革の成果を制度化するために新しい憲法が起草されたが，その起草議会の議員も国会議員ではなく人々の互選によって選

(4) 学生が主体であった1973年10月14日事件に比べて中間層が多かったことは事実だとしても，中間層が集会参加者の大多数であったかどうかは疑問である，とする見解もある（玉田 2009：82-87）。

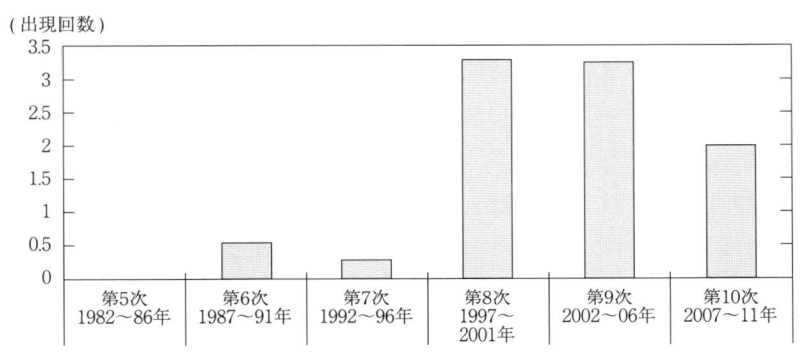

図 2-2　タイの国家経済社会開発 5 カ年計画の文章中に登場する「参加」の回数
　　　　　（1 万文字当たりで比較）

出所：National Economic and Social Development Board（NESDB）ホームページ（http://www.
　　　nesdb.go.th/ 2007年12月20日取得）より筆者作成。

ばれた人たちであった[(5)]（つまり市民が「良き人」を選んだ）。新しい憲法のもと
で作られた国家機関の構成員選出に，同様の方法が用いられる場合もあった。
たとえば国家経済社会諮問委員会（NESAC）という委員会が国家開発計画へ
の助言をするために1997年に作られたが，この NESAC の議員は，やはり多様
な職種の人々の互選によって選ばれた。地方レベルの開発や行政に対して，
人々が影響力を持つことを目指して，県プラチャーコムと名づけられるグルー
プが作られた（Shigetomi 2009）。「プラチャーコム」とは市民社会の意味である。
　市民の直接参加を資金面で支援する制度も作られた。1997年の通貨危機の影
響を和らげるために世界銀行が投入した資金の一部は，社会投資基金（SIF）
として政府の行政機構から独立した組織を通して草の根に流された。その資金
の管理や資金受益者の組織作りを担ったのは，NGO や社会活動家らであった

55

（Shigetomi 2010）。ほかにも，国家の資金を政府の行政機構から独立した機関を通して，NGO や住民組織に供給する仕組みが作られた。[6]

　こうした国政レベルでの政治制度変化の陰で，地方統治・自治のあり方にも重要な変化が起きた。それはタンボン自治体（TAO）という農村レベルの自治体が，1994年の法律によって作られるようになったことである。タンボンとは末端の行政村（1村あたり平均150戸ほど）が10程度集まった行政単位である。タンボンの代表（ガムナン）は住民の直接選挙で選ばれていたが，この行政単位には自治のための制度も資源もほとんど与えられていなかった。1994年の法改正によって，そこに執政官と議会と事務部門が置かれることになったのである。このうち議会と執政は住民の直接選挙によって選ばれる。農村部地域社会の自治に関する意思決定に，地域住民が参加する制度ができたのである。

タクシンの政治と参加者の拡大

　「参加の時代」に作られた1997年憲法による最初の選挙は，小選挙区比例代表並立制のもとで2001年1月に行なわれた。その選挙で第一党になったのはタクシンのタイ愛国党（タイラックライ党）である。タクシンは選挙運動期間中に，農村住民や都市下層民への分配を重視した政策を掲げた。そして政権につくと，ただちにそれらを実行に移した。そのなかには，30バーツ健康保険制度，農民負債の返済猶予，行政村への資金供与，都市雑業層への融資制度などがある。

　このうち農村住民にもっとも高く評価されたのは，30バーツ健康保険制度であった。農民にとって病気やけがは，家庭の存続に関わる重大事である。働き手を失うだけでなく，治療や病院に行くことのコストが，彼らの家計に重くのしかかる。それまで農村住民は，毎年500バーツを払って健康保険証（bat su-khaphap）を購入することでしか家族（5人まで）の病気・けがに備えることが

---

(6)　こうした機関には，タイ健康増進基金（Thaihealth，2001年設立），コミュニティ組織開発機構（CODI，2000年設立）がある。

できなかった。この保険金は払いきりのもので，500バーツというのは2000年当時の東北タイ農村の日雇い賃金4〜5日分に相当するから，けっして安い保険料とはいえない。それがタクシンの政策によって，診療時に30バーツ（約100円）を払うだけで，公的医療施設でのサービスを受けられるようになったのである。

こうした政策のほかに，タ

表2-1　国政選挙の投票率推移

（単位：％）

年月日	バンコク	地方（バンコク以外）
1975年 1 月	33.7	48.6
1976年 4 月	29.0	45.6
1986年 7 月	38.1	64.3
1988年 7 月	37.5	67.0
1992年 3 月	42.6	61.2
1995年 7 月	49.8	63.3
1996年11月	49.0	63.8
2000年 6 月　（上院）	71.7	71.9
2001年 1 月　（選挙区）	66.7	70.3
2005年 2 月　（選挙区）	72.4	72.6
2007年12月　（選挙区）	69.1	75.0
2011年 7 月　（選挙区）	71.8	75.4

出所：内務省地方自治局「選挙結果報告」各年版（DOLA, various years），および選挙管理委員会「選挙結果報告」各年版（EC, various years）より筆者作成。

クシンは政府予算を組み替えて，いわゆる予備費の部分を大きくとった（Suehiro 2014）。地方の住民が要望したプロジェクトに対して，臨機応変に対応できるようにするためである。タクシンが地方に来たときに陳情すれば要望が実現するかもしれない，と人々は期待した。

こうしたタクシンの政策や政治手法によって，農村住民は政治が自分たちの生活を変えるという期待感を持つことができ，政治への関心を急速に高めていった。表2-1は，国政選挙の投票率をバンコクと地方（バンコク以外）に分けてみたものである。1997年憲法により投票が義務化されたので，2000年の上院議員選挙から両エリアとも投票率が跳ね上がるが，その後も上昇するのは地方だけである。投票の義務化による効果以外の要因が，人々の投票を促したとみることができる。

3　民主主義崩壊の要因

前節でみたとおり，1990年代からまず都市中間層が，2000年代に入って農村

住民が，政治への参加意識を高めてきていた。それがなぜ民主主義の崩壊に行き着いてしまったのであろうか。本節では，階層格差と階層意識，政治参加経験，選挙制度，社会運動の4つに注目して検討する。

経済的・社会的な格差と階層意識

すでにみたように，タイの民主主義を崩壊に導くきっかけをつくったのは，都市中間層と農村住民・都市下層の2つの社会階層の激しい対立であった。この2つの階層には，経済的・社会的な属性においてどれほどの違いがあるのだろうか。表2-2は，農民と都市中間層の人口比率，所得，学歴を2004年ごろの数値で比較したものである。農民は就業人口の4割ほどを占め，中間層の2倍であるが，その所得は中間層の半分以下である。学歴（大卒比率）にいたっては，農民と中間層の差は歴然としている。

生活スタイルも，この2つの階層では大きな違いがある。2000年の家計調査（NSO 2000）をもとにバンコク住民と東北タイ農村住民の生活様式を比較してみると，東北タイの農民は雨水を飲み，しみ込み式トイレ[7]を使って，薪炭で食事を作るが，バンコクの人々は蛇口からあるいはペットボトルからの水を飲み，水洗トイレを使って，ガスで料理をする，という違いが浮かび上がる（重富 2016）。こうした違いは農村と都市の生活環境の違いを反映したものでもあって，これがただちに貧富の格差を表わすわけではない。しかし，生活様式の近代化が雨水から水道管へ，しみ込み式トイレから水洗式へ，薪炭からガス・電気へと進むと理解されているために，農村の生活様式は「遅れた」ものとみなされてしまう。

こうして都市住民の間には，農村住民を "ngo chon chep"（馬鹿で貧しく不健康）と見下す意識がつくられる。農民と都市中間層，農村住民と都市住民の

---

(7) しみ込み式トイレとは，地下のタンクに溜まった排泄物が土中にしみ込むようになっているトイレである。用便をしたあとは，便器脇に溜めてある水を手桶ですくって自分の尻を洗い，排泄物も流す。

違いは，日本人のわれわれに
は想像できないほど大きい。

　こうした経済社会格差につ
いての意識は，農村住民の政
治行動に対する都市住民の理
解に反映する。政治学者のス
チットはつぎのように解説す
る。

表 2-2　タイの農民と中間層の違い

	農　民	中間層[1)]
就業人口に占める比率[2)]	38%	18%
年間所得[3)]	約12万バーツ	約32万バーツ
大卒比率[4)]	1 %	53%

注：1 ）所得については，管理職，専門職，事務職，サービス
　　　部門職員を，人口比率，大卒比率については，法律家，
　　　高級官僚，民間管理職，専門職，技術者を，それぞれ
　　　「中間層」としている。
　　2 ）2005年7～9月期（農繁期）の就業人口に占める割合。
　　3 ）2004年の家計調査における月額所得を12倍したもの。
　　4 ）2005年7～9月期（農繁期）における各就業人口のう
　　　ち普通大学，高等技術課程，教員養成課程を卒業した
　　　人口の比率。
出所：人口比率，大卒比率は NSO（2005），所得は NSO
　　　（2004）より筆者作成。

　農村の人たちは政治に関心
があって投票するのではな
く，誰かに動員されて投票しているのである。（中略）都市の人に比べて個
人の意識が低いため，動員されてしまう。政府のパフォーマンスも投票に影
響していない。とくに農村の人は政党よりも個人に投票する傾向がある。自
分の身近でない政策には関心がない。政治的な論争になっていることにも関
心がない（Suchit 1999: 52, 56）。

　はっきりとは書いていないが，ここで言う「動員」のなかには，カネによる
動員（つまり買票）が含まれているだろう。バカで貧しい農村住民が，カネを
もらって一票を投じるために，劣悪な政治家が議員となる，というステレオタ
イプ化された農村住民像が，ここから見てとれる。

　こうした都市住民のまなざしを，都市に出稼ぎに来た農村住民たちが感じな
いわけがない。彼らがバンコクで就労できる職種は建設労働や工場労働，運輸
交通業，雑業的サービス業であろうが，その賃金は社会経済階層のなかでもっ
とも低いレベルにある（井上 2015）。こうした都市住民の農村住民に対する意
識と，それを感じる農村住民の意識が，階層対立の深層にある。

政治参加経験の違い

　前節で述べたように，1990年代は「参加」がキーワードになった時代であった。しかし参加の仕方は，都市中間層と農村住民とでは異なっていた。

　国政についての政治参加は，官僚や国会議員という既存のアクター，チャネルを通してではなく，民衆のなかから「良き人」を選び出したり，「良き人」の自発的参加（ボランティア）に期待したりして実現されるものであった。この方法で実際に参加した人々は，どのような人たちであったろうか。

　表2-3は1992年の選挙監視ボランティアおよび1996〜97年の憲法起草議会について，参加者の属性をみたものである。前者はコーディネーター・レベルのボランティア，後者は各県の代表として選出された人の属性である。この表から明らかなように，こうした直接参加の制度によって実際に参加した人たちの8割近くが，公務員，ビジネスマン，弁護士などの専門職であった。また，筆者が2004年に県プラチャーコムの中心的リーダーの属性を聞き取った限りでも，6割が元公務員や現役公務員で，これにNGOやビジネスマンを加えると8割を超えていた（Shigetomi 2009）。つまり都市中間層が参加者の大半を占めていたのである。

　逆に，農民や労働者の参加は非常に少ない。人口比でいうならば多数を占めるこの階層の人々が，直接参加型のスキームにより参加するのは，きわめて稀ということである。もちろんこれらの数字にカウントされた「参加者」の背後には，たくさんの市民がいて，彼らはこの「参加者」を通じて，自分たちの意思を反映させることができるかもしれない。しかし公務員と近しい人には公務員が多く，ビジネスマンに近しい人はやはりビジネス関係者が多いであろう。そう考えると，こうした間接的「参加者」を含めても都市中間層への偏りは否めない。

　では農村の人々は，同じころ，どういう政治経験をしていたのか。先述のように，1994年にTAOを設置する法律が作られて，1995年から徐々にタンボン（行政区）レベルの自治体が作られるようになった。2000年末までには，93％

表 2-3　1990年代の直接参加型政治活動参加者の属性

	選挙監視ボランティア[1] (1992年9月下院選挙)			憲法起草議会の議員候補 (1995年12月選出)		
	人　数	比率（％）	累計（％）	人　数	比率（％）	累計（％）
公務員[2]，国営企業職員 （退職者を含む）	709	54.4	54.4	148	20.7	20.7
教師，大学教官，研究者	183	14.0	68.5	—	—	—
弁護士，医師，医療関係者	152	11.7	80.1	270	37.8	58.5
ビジネスマン，自営業	75	5.8	85.9	174	24.3	82.8
農　民	140	10.7	96.6	35	4.9	87.7
労働者	44	3.4	100.0	88	12.3	100.0
その他	0	0.0	100.0	0	0.0	100.0
合　計	1,303	100.0		715	100.0	

注：1）コーディネーター役のボランティア。
　　2）教員は含まない。
出所：PollWatch（1992），Thaemsuk（2002: 6）より筆者作成。

程度のタンボンに TAO が作られた。[8] TAO を構成する 3 機関（議会，執政，行政）のうち，はじめに民衆の直接選挙が行なわれたのが議会であった。議員はタンボンを構成する行政村を 1 つの選挙区として，住民のなかから 2 名ずつ無記名秘密投票で選ばれた。

　初年度の選挙（1995年 5 月）では住民の関心があまり高いとはいえず，3 名以上の候補者が立った行政村は選挙のあった行政村の63％であった（DOLA n.d.）。しかし翌年度の選挙（1996年 4 月）になると，この比率は86％に上がっている。また投票率は，1995年の場合51％で，同じ年に行なわれた国政選挙の地方（バンコク以外）の投票率63％に比べてかなり低かった。しかしこれも1996年の選挙では59％になり，国政選挙の投票率に近くなっている。TAO 議会に対する住民の関心は急速に高まっていったといえよう。

　TAO の仕事は当初，地域のインフラ整備に集中していた。そのため議員選挙の立候補者は，選挙区の（つまり自分の村の）インフラ整備推進を公約とし

(8)　タイ地方統治局の2000年12月20日付け資料より算出。

て掲げて票集めをした。議員当選者は，インフラ整備への取り組み状況を有権者（つまり自分の村の隣人たち）に示す必要があった。

　筆者が1989年から観察を続けている東北タイのトン村では，それを含むタンボン（ノーントン行政区）で1996年にTAOが作られた。その最初の議員選挙にトン村から立候補し当選したA氏によると，選挙運動では道路整備に取り組むことを公約としたという。A氏は当選後，もうひとりの村選出議員とともに，村の付近を流れる河川の対岸を結ぶ橋と道路の建設をTAOに提案した。TAO議会で正式なプロジェクトとして承認された後，不足する資金の拠出を政府に求めるべく県選出の国会議員に陳情した。その結果，建設費用を調達することができ，住民はそれまで長い距離を遠回りしていた川向こうの商業中心まで，すぐ行けるようになった。TAOという公的な自治体を代表することによって，陳情もより効果的になったという。

　こうしたインフラ事業は，住民からの苦情・提案をもとに計画されることもあれば，TAO議員が自ら考える場合もある。いずれの場合でも，住民はその進捗状況に関心を持ち，村内で出合えば，「あの件はどうなった？」とTAO議員に聞くという。またTAOの予算が限られているため，村としてどの事業を優先するかを判断しなければならない。そこで村長と協力して村の寄り合いにおいて村人の意見を聴取した。このように，TAO議員は有権者の身近な存在であり，そのパフォーマンスは有権者の生活に直結するため，有権者からのチェックが常日頃から入る状態にある（Woothisan et al. 2007: 100-102）。4年に一度の選挙は，TAO議員としての実績を問われる機会となっている。

　このように，1990年代における民衆の政治参加の機会は，都市中間層と農村住民とで大きく異なっていた。都市中間層は，官僚機構や選挙以外の方法で声を政策に反映させる制度を利用し，農村住民は自ら選んだ代表に自分たちの生活向上を期待した。

選挙制度と政治的有力感

1997年憲法で小選挙区制が導入されるまで，タイの国政選挙は，中選挙区制でたたかわれ，かつ有権者は定数分の候補者に投票できた。それゆえ選挙区に地盤のある有力者は，自分の仲間も当選させることができた。その結果，政党内に派閥ができ，政党が議員を掌握できないという問題につながった。スチットが言うように，農村の有権者にとっては政党の党首よりも，選挙区の候補者の方が大切だったのである（Suchit 1999: 58）。

小選挙区制の導入で，状況は大きく変わった。選挙区の政党公認候補は1人だけなので，政党の公認を受けなければ立候補ができない。政党による政治家の掌握力は格段に高くなった。この選挙制度改革には，政治家を政党にコントロールさせようという狙いがあり，1990年代政治改革の理念に沿ったものである。政党が強くなったということは，候補者ではなく政党を選ぶ投票になったということである。

また議席をとることのできる政党数は大幅に減少した。タイの政党政治を分析したヒッケンによれば，1986〜96年の平均有効政党数は6.1だったのに対して，2001年小選挙区制下のそれは3.1に下がっている（Hicken 2009: 128）。このように選挙区での候補者への投票が，候補者の所属政党のリーダーを首相に選ぶ投票にもなった。選挙が首相を選ぶ意味を持ち，政党党首でもある首相は「強い首相」となったのである（Suehiro 2014: 334；玉田 2003：199-200）。

この新しい選挙制度のもとで，タクシンが農村住民や都市下層をターゲットとした具体的な選挙公約を掲げて登場し，当選後はただちに公約を実施した。国家資源の配分は，かつてに比べてこれらタクシンの支持層に厚く配分されるようになった（Suehiro 2014: 330）。農村住民・都市下層は，選挙を自分たちへの配分が増える政策を選ぶ選挙と理解した。人口の多い彼らは，選挙であれば彼らの選択した政党が第1党になる可能性が高く，選挙を通しての政治参加に有力感を持つことができた。

その対極にあるのが都市中間層上層であった。知識が豊富で言論に長けた彼

らは，熟議のもとに代表を選ぶ方法ならば，活躍の機会が与えられる。しかし彼らは票数のうえでは少数者であるため，選挙という方法で意思表示をする場合，彼らの選択を政策に反映させられる可能性は低くなる。こうして彼らは1990年代の参加の時代に有していた政治的有力感を，2000年代に入って失ってしまったのである。

　先述のように，タクシンは都市中間層が裨益する経済政策も行なっていたから，都市中間層の離反を経済的な利得の喪失から説明するのは難しい。実際，2005年の選挙で多くの都市中間層がタクシン与党に投票したし，反タクシン政権になっても，タクシン時代の分配政策はほとんどが継続された（相沢・重富 2009：270）。

社会運動による集合的アイデンティティと亀裂の形成

　先述のように，農村住民と都市中間層はお互いの違いを意識していたが，これは現在のような階層対立が始まる前からあったものである。こうした差異の意識をより自覚的なものに変えたのが，2006年からの激しい集合行為をともなう社会運動であった。反タクシン派は PAD や PDRC，タクシン派は UDD という運動組織をそれぞれ作って人々を動員した。このような集合行為は，従来からあった社会階層の違いにつぎの要素を付け加えた。

　まず，同じ立場，考えの人々が組織を作ったことで，「味方」と「敵」の区別が明瞭になった。いいかえれば「われわれ」というものを目に見える形にしたのである。組織のシンボル（たとえば PAD の黄色や UDD の赤）や，「われわれ」と「彼ら」を区別する言葉（たとえば UDD が用いた「プライ」＝平民と「アムマート」＝エリート）などによって，人々は「集合的アイデンティティ」を形成した。そして「仲間がいる」という意識は，人々の集合行為参加の心理的障壁を下げたであろう。

　２つめに，組織ができたということはそのリーダーがいるということであり，参加者を代弁して主張を述べる人がいるということである。人々は，自分の思

いを，的確な言葉で表現する代弁者を得た。そうしたリーダーの巧みな弁舌とフレーミング（現象を理解するための枠組み提示）によって，人々は集合行為への参加意欲と集合的アイデンティティを強めた。

　3つめに，組織によって資源動員の制度とメカニズムが備えられたことが挙げられる。まず，集会の情報を流すルートができた。集会への参加者を運ぶために必要な資源（車や燃油）を調達する制度ができた。社会運動組織には官僚組織のようなフォーマルな組織やルールはないが，資源動員を同じ人々のなかで繰り返すことで，インフォーマルな制度ができあがっていった。それは資源動員のコストを下げたであろう。

　4つめには，組織としてのメディアができたことである。PAD にしても UDD にしても，自前のメディアを持って宣伝活動を行なった。運動では衛星放送テレビ，ケーブルテレビ，あるいはコミュニティ・ラジオなど，新しいメディアが使われた。それぞれの支持者は，集会に参加していないときでも，自陣の主張を目や耳にすることができる。自前のメディアであるために，他の立場からの主張は入る余地がない。集団内での「熟議」は集団の主張を極端な方向に導き，集団間の対立を激化させるという（サンスティーン 2012）。

　このように組織ができたことで，運動参加者は「われわれ」と「彼ら」を明確に区別するようになった。集合行為やリーダーの弁舌，そして自前メディアによる宣伝を通して，人々は自己の正当性と他者の不当性をより強く意識する。以前は単なる社会階層の違いであったのが，その間に深い亀裂ができたのである。

格差社会における民主化の逆説

　タイでは過去70年あまりの間に，政治への参加者の範囲は拡大してきた。とりわけ1990年代以降，まず都市中間層が公共のことがらに直接的に参加するようになり，2000年代に入ると，農村住民が選挙を通じて政策に影響力を与えうるという政治的有力感を持つようになった。こうした民衆の広範かつ積極的な

政治参加のすえに，民主主義の崩壊が起きた。

　政治への参加者が増えたり参加の熱意が高すぎると，政治が不安定化するという議論は，これまでも何人かの政治学者によって出されてきた（アーモンド・ヴァーバ 1974 : 242, 474 ; ハンチントン 1976 : 67）。タイもそうしたケースのひとつと見ることができよう。タイの場合，いわゆる「手続き的民主主義」（代議制民主主義）を否定したのは，政治エリートにより近い人々（社会の中間層上層）であった。彼らは制度外的な方法を用いて，政府の打倒を試みた。逆に手続き的民主主義を擁護したのは，後から政治に参加した社会下層の人々であった。彼らは選挙で選ばれた政府が制度外的な方法で倒されたのをみて，自らも集合行為に訴えたが，その目指すところは手続き的民主主義の回復であった。

　本章はなぜこうした現象が，タイにおいて起きたのかを検討してきた。タイの都市中間層と農村住民は，その経済的・社会的な地位に大きな格差がある。そうした格差は以前よりお互いの間で意識されていたが，対立が顕在化することはなかった。

　1990年代になって，「政治参加」が時代のキーワードとなったとき，中間層は直接的政治参加の機会を得て，実際に政治に影響力を及ぼすという経験を積んだ。彼らにとって直接的な政治参加の方法こそ，政治的有力感を実感できる方法であった。同じころ，農村住民は地域自治において選挙で代表を選ぶことの有力感を得ていた。2つの社会階層が政治により積極的に参加しはじめたとき，その参加の道は分かれていった。

　そうした経験を経た2000年代，選挙制度が小選挙区制に変わった。政党を選ぶ選挙となり，首相の権限が強化された。この新しい制度をタクシンは存分に利用した。タクシンが農村住民や都市下層をターゲットとした政策を掲げ実行したことで，農村住民は選挙を通じて国政レベルの政治に影響力を与えられるという政治的有力感を得た。逆に中間層上層は，1990年代にかち得た有力感を喪失してしまった。

　この状態に直面した都市中間層上層は，制度外的な影響力の行使に出た。それに対抗する形で下層の人々も制度外的な参加を始めた。集合行為を通して各々の階層が集団として意識されるようになり，社会運動組織がその意識を強化した。こうして2つの階層の間に深い亀裂ができた。

　階層間の亀裂は，いまや政治的意思決定の仕方についての亀裂である。市民の間で決め方について合意がつくれない状況に陥ったとき，かつて政治権力を独占し，現在も自らを政治的なアクターとして認識している軍が登場するのは時間の問題であった。こうしてタイの民主主義は，崩壊したのである。

　民主主義がダールのいう「全成人の包括的参画によるデモクラシー」になった段階では，もともとの有力な参加者（エリートに近い階層）が政治的な弱者（票数のうえでの少数者）となる。従来の参加者と新しい参加者の間に亀裂のある場合，前者は手続き的民主主義を拒否する可能性が高い。「民衆の包括的参加ゆえの民主主義崩壊」は，社会階層の格差が依然大きな新興民主主義諸国において例外的現象とはいえないのである。

参考文献
日本語文献
相沢伸広（2014）「2013年のタイ──インラック政権の蹉跌」『2014アジア動向年報』アジア経済研究所。
────・大泉啓一郎（2008）「2007年のタイ──クーデタ政権の黄昏」『2008アジア動向年報』アジア経済研究所。
────・重冨真一（2009）「2008年のタイ──政治対立の激化と経済の暗転」『2009アジア動向年報』アジア経済研究所。
青木まき（2015）「2014年のタイ──クーデタ発生」『2015アジア動向年報』アジア経済研究所。
────・重冨真一（2007）「2006年のタイ──タクシン体制崩壊」『2007アジア動向年報』アジア経済研究所。
アーモンド，G. A.・S. ヴァーバ／石川一雄他訳（1974）『現代市民の政治文化』勁草書房。
井上荘太朗（2015）「タイにおける輸出型農業の形成と変容」『農業経済研究』87(1)：

52-63。

今泉慎也（2011）「2011年のタイ——タクシン派女性首相誕生と洪水に断たれたサプラ
　イチェーン」『2012アジア動向年報』アジア経済研究所。

河森正人（1992）「1991年のタイ——変わらぬ政治の性格」『アジア動向年報1992年版』
　アジア経済研究所。

サンスティーン，キャス／那須耕介編・監訳（2012）『熟議が壊れるとき——民主政と
　憲法解釈の統治理論』勁草書房。

重冨真一（2009）「タイにおけるコミュニティ主義の展開と普及——1997年憲法での条
　文化に至るまで」『アジア経済』50(12)：21-54。

―――（2010）「タイの政治混乱——その歴史的位置」『アジ研ワールド・トレンド』
　No. 178：35-41。

―――（2016）「政治参加と民主主義の崩壊——タイにおける政治の不安定化を考え
　る」川中豪編『発展途上国における民主主義の危機』アジア経済研究所。

タック・チャルームティアロン／玉田芳史訳（1989）『タイ——独裁的温情主義の政治』
　井村文化事業社。

玉田芳史（2003）『民主化の虚像と実像——タイ現代政治変動のメカニズム』京都大学
　学術出版会。

ダール，ロバート・A.／中村孝文訳（2001）『デモクラシーとは何か』岩波書店。

ハンチントン，サミュエル・P.／綿貫譲治監訳（1976）「アメリカの統治能力」日米欧
　委員会編『民主主義の統治能力（ガバナビリティ）——その危機の検討』サイマル出版会。

村嶋英治（1987）「タイにおける政治体制の周期的転換——議会制民主主義と軍部の政
　治介入」萩原宜之・村嶋英治編『ASEAN 諸国の政治体制』アジア経済研究所。

―――（1996）『ピブーン——独立タイ王国の立憲革命』岩波書店。

外国語文献

Department of Local Administration (DOLA) (various years) "Rai ngan phon kan luak
　tang samachik sapha phu thaen rasadon"（下院議員選挙結果報告), Bangkok: DOLA.
　―――（n.d.) "Khomun sathiti lae phon kan luak tang samachik sapha ongkan borihan
　suan tambon, wan thi 28 mesayon 2539"（1996年4月28日 TAO 議員選挙結果の統計
　情報), Bangkok: DOLA.

Election Commission (EC) (various years) *Khomun sathiti lae phon kan luak tang
　samachik sapha phu thaen rasadon* (国会議員選挙結果報告), Bangkok and
　Nonthaburi: EC.

Hicken, Allen (2009) *Building Party System in Developing Democracies*, Cambridge:

Cambridge University Press.

Hungtinton, Samuel P. and Joan M. Nelson (1976) *No Easy Way: Political Participation in Developing Countries*, Cambridge, Mass. and London: Harvard University Press.

Kasian Tejapira (2015) "Khatiphot chomphon sarit" (サリット元帥の金言), Matichon Online (http://www.matichon.co.th/news_detail.php?newsid=1428838598, retrieved on December 25, 2016).

National Statistical Office (NSO) (2000) "Report of the 2000 Household Socio-economic Survey," (CD-ROM) Bangkok: NSO.

───── (2004) "Report of the 2004 Household and Socio-economic Survey, Whole Kingdom," Bangkok: NSO.

───── (2005) "The Labour Force Survey Whole Kingdom Q3: July–September 2005," Bangkok: NSO.

Pasuk Phongpaichit and Chris Baker (1997) "Power in Transition: Thailand in the 1990s," in Kevin Hewison, ed., *Political Change in Thailand: Democracy and Participation*, London: Routledge.

PollWatch (1992) "Thamniap phu prasan ngan asasamak (po o so.)" (ボランティア・コーディネーター名簿), Bangkok: Pollwatch.

Prawase Wasi (2007) *Kan muang mai thi mai chai ngoen pen yai* (カネがものをいうのではない新しい政治), Bangkok: Matichon.

Shigetomi, Shinichi (2009) "Institutional Readiness and Resource Dependence of Social Movements: The Case of Provincial Development Forums in Thailand," in Shinichi Shigetomi and Kumiko Makino, eds., *Protest and Social Movements in the Developing World*, Cheltenham and Northempton: Edward Elgar.

───── (2010) "The Social Investment Fund of Thailand: New Intermediaries for Local Development," in James Midgley and Kwong-leung Tang, eds., *Social Policy and Poverty in East Asia: The Role of Social Security*, Oxon: Routledge.

Suchit Bunbongkan (1999) *Kan phatthana thang kan muang khong thai: pathisamphan rawang thahan sathaban thang kan muang lae kan mi suan ruam thang kan muang khong prachachon* (タイの政治発展──軍，政治機関，民衆の政治参加の相互関係), Bangkok: Chulalongkorn University Press.

Suehiro, Akira (2014) "Technocracy and Thaksinocracy in Thailand: Reforms of the Public Sector and the Budget System under the Thaksin Government," *Southeast Asian Studies*, 3(2): 299–344.

Thaemsuk Numnon (2002) *Sapha rang ratha thammanun: Sen thang kan patirup kan muang thai*（憲法起草議会──タイ政治改革の道）, Bangkok: Sathaban phra pok klao.

Woothisan Tanchai, Orathai Kokpol, Phaibuun Phosuwan, and Packawat Atchariyapanya （2007） *Local Democracy in Thailand: Representation in Decentralized Governance*, Nonthaburi: King Prajadhipok's Institute.

Wright, Arnold and Oliver T. Breakspear （1908） *Twentieth Century Impressions of Siam*, London: Lloyd's Greater Britain Publishing Company.

第3章

非政党選挙管理政府制度と政治対立
—— バングラデシュにおける民主主義の不安定性 ——

湊　一　樹

　近年，フリーダムハウスの指標などにもとづいて，「民主主義の後退」が2000年代中ごろから世界的な傾向としてみられるという議論を一部の論者が盛んに唱え，大きな注目を集めている。その代表的な論者のひとりであるダイアモンドは，2000年以降に民主主義が崩壊した事例として，22カ国の25のケースを具体的に列挙し，そのうち本章で論じるバングラデシュに関しては，2007年から2008年と2014年以降という2つのケースを取り上げている。そして，民主主義の崩壊をもたらした要因として，前者については「軍部による『穏やかなクーデタ』」，後者については「選挙プロセスの破綻」がそれぞれ挙げられる（Diamond 2015: 145）。

　しかし，この2つのケースを民主主義が崩壊した事例とする一方，その前後の期間には民主主義が維持されていたとみなすことには，いくつかの点で大きな疑問が残る。たとえば，2007年1月に軍部の後押しを受けて新たな暫定政権が成立し，総選挙の実施が予定よりも2年遅れとなる2008年12月にずれ込んだのは事実であるが，この間には，自由で公正な選挙を実施するための地ならしが行なわれるなど，民主主義の観点から評価すべき点も数多くみられた。さらにいえば，軍部の威光を背景に暫定政権がこのような措置を行なわなければならなかったそもそもの原因は，選挙制度への不当な介入をそれまでの政権が繰り返してきたことにある。

　また，2014年1月に主要野党の参加がないまま総選挙が強行され，与党とそ

の補完勢力がほぼすべての議席を独占する結果となったのも事実である。しかし，1990年12月の民主化以降，選挙の実施方法をめぐって政党同士が激しい対立を続けてきたことを考えれば，そうした経緯に十分注意を向けずに，野党勢力の選挙不参加という目に付きやすい結果のみを取り上げて民主主義の崩壊とみなすことには，あまり妥当性があるとはいえない。

　つまり，民主化以降のバングラデシュでは，定着していた民主主義が近年になって急速に後退しているというよりは，民主主義が定着することなく一貫して不安定な状態にあるとみる方がむしろ適切なのである。ただし，その一方で，（その他の国々とともに）バングラデシュについて，「それなりの期間にわたって，政治体制が意味のある形で民主主義だったことは一度もない」（Levitsky and Way 2015: 53）と言い切ってしまうのは，民主化以降の政治状況をあまりにも単純化している。なぜなら，民主主義がつねに不安定な状態にあったにもかかわらず，民主化後に実施された選挙は全般的に自由かつ公正であったと評価され，選挙のたびに政権交代が起きていたという事実を無視することはできないからである。

　では，民主化後のバングラデシュの政治体制をどのように理解すればよいのだろうか。本章では，バングラデシュにおける民主主義の不安定性の特徴と要因を明らかにするために，政治的に中立な暫定政権のもとで自由で公正な選挙を円滑に実施することを目的として民主化後に導入された，「非政党選挙管理政府」（Non-Party Care-taker Government: NCG）と呼ばれる制度を取り上げる。具体的には，NCG 制度の法的位置づけと同制度の導入から廃止に至るまでの経緯を踏まえたうえで，選挙制度をめぐる対立を解消するために設けられたはずの NCG 制度が，政党間の争いの焦点となった政治的背景を検討する。この一連の作業を通して，自由で公正な選挙による権力者の決定という民主主義の基本的手続きについて，主要な政治勢力の間で合意が形成されない，民主化後のバングラデシュの政治構造を明らかにする。つまり，政権の座に就くことによって得られる利得が大きくなると，主要政党は機会主義的かつ近視眼的な行

動へと駆り立てられるようになり，それが均衡と抑制の仕組みの解体へとつながっていき，結果として，政権の座に就くことによって得られる利得がさらに大きくなるという悪循環の構造に，NCG制度が「政治化」していった過程を位置づける。

1　政治体制の変遷

独立前後からムジーブ政権の崩壊まで

1970年12月，東パキスタンと西パキスタンを合わせた統一パキスタンとしては最初で最後となる，成人普通選挙による国民議会選挙が行なわれた。シェイク・ムジブル・ラフマン（以下，ムジーブ）の率いるアワミ連盟（AL）は，人口規模のより大きい東パキスタンに割り当てられた議席（300議席中162議席）をほぼ独占したことで，国民議会の過半数を上回る160議席を単独で獲得した（一方，西パキスタンでは議席を獲得できなかった）。これとは対照的に，ズルフィカール・アリー・ブットーの率いるパキスタン人民党（PPP）は，西パキスタンのパンジャーブ州（62議席），スィンド州（18議席），北西辺境州（1議席）で合計81議席を獲得し，ALに続く第二党となった。ALは総選挙での圧勝を受けて，その旗印である6項目要求にもとづく憲法の制定を強く主張した。

政治的にも経済的にも圧倒的優位に立つ西パキスタンから一方的な支配を受けているという東パキスタン側の積年の不満を背景に，6項目要求では，東パキスタンへの自治権の付与というよりも独立に近い内容が要求されていた（加賀谷・浜口 1977：260-262；長田 1990：143-145）。そのため，国家分裂に至るような事態を避けたい軍指導部と西パキスタン側の政治家は，総選挙後に予定されていた制憲議会の開催を引き延ばし続けたあげく，1971年3月1日には制憲議会の開会を無期限延期すると発表した。ALに率いられた抗議活動は東パキスタンで一気に激しさを増し，ついに3月25日深夜にパキスタン軍が運動鎮圧のために軍事行動を開始したことで，両者の対立は本格的な内戦へと発展して

いく。

　この内戦では，軍，警察，国境警備隊から離脱した東パキスタン出身者，政治活動家，学生などからなる，「解放軍」と呼ばれる独立派をパキスタン軍が終始圧倒した[1]。さらに，イスラム協会（JI）をはじめとする親パキスタンのイスラム勢力は「和平委員会」という組織を立ち上げ，その実働部隊がパキスタン軍とともに解放軍や独立支持者，さらには，マイノリティであるヒンドゥー教徒を組織的に大量虐殺した[2]（佐藤 1990b：88-90）。しかし，1971年12月3日にインドがパキスタンに宣戦布告し，内戦への介入を本格化させたことで状況は一変する。最終的には，インドが軍事行動を開始してからわずか2週間でパキスタン軍は降伏へと追い込まれ，東パキスタンは独立を果たすとともに，新生国家バングラデシュが誕生した。

　その後，1972年12月に，「民族主義，社会主義，民主主義，政教分離主義」の4原則を柱とするバングラデシュ人民共和国憲法が施行される。さらに翌年3月には，独立後初めてとなる国民議会選挙が行なわれ，独立闘争の中心的存在であったALが300議席中292議席（得票率73％）を獲得する圧倒的な勝利を収め，ふたたび政権の座に就いた。ところが，内戦からの復興，物価上昇，失業問題，治安の悪化，AL系政治家と官僚の腐敗といった山積する難題に直面したムジーブ政権は，権力の集中を推し進めることで状況の打開を図る道を選

---

(1)　パキスタン軍は，東パキスタン出身者の入隊を意図的に抑えていたうえに，反乱を恐れて東パキスタン出身者を西パキスタンに配属していた（長田 1990：147）。ただし，軍隊における東パキスタン出身者（さらには，ベンガル地方出身者）の割合が極端に低い傾向は，植民地期にすでにみられていた（Wilkinson 2015: 197-200）。

(2)　独立戦争時の戦争犯罪に対する裁判は，2010年3月にAL政権下で国際犯罪法廷が設置されたことで，ようやく具体的な動きをみせるようになった。一方，戦犯裁判の被告には野党JIの主要メンバーが多数含まれていたことから，与野党の対立の新たな火種となっている。さらに，バングラデシュで近年頻発しているイスラム過激派によるテロ事件について，戦犯裁判がその重要な伏線になっているとの指摘もある（佐藤 2016：95）。

択する。つまり，非常事態宣言の公布，議院内閣制から大統領制への移行，すべての政党の解散と単一国民政党であるバングラデシュ農民労働者アワミ連盟（BAKSAL）の結成，一部の新聞・定期刊行物の国家管理とそれ以外の媒体の発行禁止などを実行に移し，「第二革命」と称する強権的な政治体制を整えていったのである。

　しかし，このような一党独裁体制は，ムジーブを中心とする親族と側近による閥族支配をより強固なものにしただけで，腐敗の蔓延をはじめとする政策上の課題を解決することにはならなかった。そして，ついに1975年8月15日には，現状に不満を抱く青年将校がクーデタを起こし，ムジーブとその親族は殺害され（長女のシェイク・ハシナは国外にいて難を逃れる），AL政権は総選挙での歴史的勝利からわずか2年半で崩壊したのである。その後，軍内部のムジーブ派と反ムジーブ派による連続クーデタを経て，同年11月にジアウル・ラフマン陸軍参謀長が実質的に全権を掌握する。

軍政支配の時代

　ムジーブ政権の崩壊後，バングラデシュでは約15年間にわたって，2つの軍事政権が政治権力を握り続けることになる。1975年11月からクーデタ未遂事件で殺害される1981年5月まで権力の座にあったジアウル・ラフマン（以下，ジア），そして，1982年3月から反政府運動によって政権が倒れる1990年12月まで長期政権を敷いたH. M. エルシャドという，2人の軍人による政権である。[3]
　クーデタによって権力を奪取した軍事政権にとって，正当性の確立は何より

---

(3)　この2つの軍事政権の間に，ジア大統領の暗殺を受けて大統領に就任したアブドゥス・サッタルによる過渡的政権が短期間だけ存在した。サッタル大統領の就任直後，エルシャド陸軍参謀長は「バングラデシュにおける軍の役割」と題する声明を発表し，軍の政治への直接的関与を制度化するよう政府に求めた。軍部からの厳しい圧力を前に，サッタル大統領は譲歩を重ねたが，エルシャド将軍は1982年3月4日に戒厳令を全土に施行し，クーデタによって権力を掌握した。

も重要な課題であり，だからこそ，「軍政が成立してから民政が回復するまでの全期間が正当化に費やされる」（浜口 2002：246）ことになる。ジアとエルシャドによる2つの軍事政権の場合，軍部が権力機構を全面的に掌握していた期間は比較的短い一方，軍人大統領のもとでの擬似的な議会制民主主義という新たな政治体制を整備することによって，あくまでも形式上の「民政」への移行が推し進められていった。つまり，クーデタによって実質的に権力を掌握した後，①地方制度改革による支持基盤づくり，②非政党ベースでの地方選挙の実施，③大統領への就任と信任投票，④新憲法体制と「政府党」（軍事政権による官製政党）の設立，⑤国民議会選挙を経ての戒厳令解除などの最終段階，という過程を経て「民政」への移行を進めながら，政権の正当性を確立しようとしていったのである（佐藤 1990a：5-6）。ちなみに，1950年代末から60年代前半にかけてのパキスタンでは，アユーブ・カーン政権が同様の「民政」移行の過程をすでに経ていたため，ジアとエルシャドによる「民政」移行の試みは，それぞれ二番煎じと三番煎じということになる（佐藤 2018）。

　「民政」への移行過程のほかにも，ジア政権とエルシャド政権の間にはいくつかの共通点がある。第一に，現役・退役軍人を閣僚ポストや官庁・公企業・団体等の要職に就けるなど，軍部への利益誘導が行なわれた。第二に，非宗教的な憲法の文言の修正（「慈悲あまねく慈愛深きアッラーの御名において」というコーランの一節を憲法の冒頭部分へ挿入するなど），イスラム政党の容認（以上，ジア政権），イスラム教の国教化，イスラム勢力の育成政策（以上，エルシャド政権）など，イスラム化政策が推進された。ただし，政治・行政への軍の進出とイスラム勢力の育成のいずれについても，エルシャド政権のほうがより積極的であった（長田 1990；佐藤 1990a，1990b，1990c）。こうした政策上の違いの理由として，独立戦争への参加の有無や軍内部における所属グループなど，軍人としての背景や立ち位置がジアとエルシャドでは異なるという点が挙げられる。[4]

　軍政下での「民政」への移行過程について，本章が分析対象とする民主化以

降の政治との関連から，２つの点を指摘しておきたい。第一に，ジア政権のもとで1978年９月に結成されたバングラデシュ民族主義党（BNP）とエルシャド政権のもとで1986年１月に結成された国民党（JP）という２つの政府党は，AL や JI とともに，現在でも主要政党として重要な位置を占めている。これまでの本節の内容から明らかなように，これらの主要政党の出自や来歴は，バングラデシュの独立とその後の政治体制の変遷と深く結びついている。そのため，政党間（とくに，AL と BNP および JI との間）の相互不信は非常に根深く，それが民主主義の定着を阻害する大きな要因となっていると考えられる。

　第二に，「民政」への移行過程で実施された大統領選挙や国民議会選挙などの選挙は，軍事政権（および与党の政府党）と野党勢力のいずれにとっても，政治的手段として重要な意味を持っていた。軍事政権にとっては，正当性の確立と野党勢力の分断を図るための手段であり，野党勢力にとっては，不参加によって選挙の正当性に傷を付けるというボイコット戦術で揺さぶりをかけ，選挙の実施条件などで政権側から譲歩を引き出すための手段であった。そのため，軍政下では，軍事政権と野党勢力（さらには，野党同士）が選挙をめぐって駆け引きを繰り広げていた。実は，次節でみていくように，民主化後も与野党は選挙の実施および参加をめぐって同様の行動をとり続けてきた。つまり，政治的手段として選挙が重要な意味を持つという点では，民主化前後で連続性がみられるのである。

⑷　軍内部では出自の異なるさまざまな勢力が抗争を繰り広げていたが，「帰還兵グループ」（西パキスタンに配属され，独立戦争時には西パキスタンの兵舎に閉じ込められて戦闘には参加しなかったグループ）が主導権を握るようになり，「正規軍グループ」（東パキスタンに配属され，独立戦争の開始とともに軍を離脱して戦闘に参加したグループ）などはしだいに排除されていった。そのため，正規軍グループ出身のジアは，エルシャドが属する帰還兵グループを中心とする軍のみに頼って政権運営を行なうことはできなかった。一方，ジアの暗殺事件の処理を名目に正規軍グループを粛清したエルシャドは，軍指導部を帰還兵グループで固め，軍を自らの権力基盤とした（長田1990：159-169）。

民主化以降

1990年12月にエルシャド政権が突如として崩壊し，バングラデシュは民主化の時代を迎えることになる。その引き金を引いたのは，同年8月に起きたイラクのクウェート侵攻という突発的な出来事である。湾岸危機にともなう急激な物価上昇によって，政府に対する国民の不満が高まりをみせるとともに，サウジアラビアへのバングラデシュ軍の派兵という政府の決定が，まとまりに欠けていた野党勢力を糾合し，エルシャド政権打倒を求める民主化運動を一気に勢いづけていった。結局，イラクがクウェートに侵攻してから4カ月後の12月6日にエルシャド大統領が正式に辞任したことで，8年8カ月にわたって続いていた長期政権はあっけなく終わりを迎えた。「1990年の最初の10カ月，バングラデシュは比較的何事もない平穏な一年を送っているかのようにみえた」（Baxter 1991: 146）という述懐からも，エルシャド政権の崩壊が突然の出来事だったことがわかる。

エルシャド大統領の辞任後，野党勢力の推薦を受けて大統領代行に就任したシャハブッディン・アハメド最高裁長官が，政治的に中立な選挙管理政府の指揮を執り，1991年2月に独立以来5回目となる国民議会選挙が実施される。そして，この総選挙でBNPが政権に返り咲き，1991年3月にジア元大統領の未亡人であるカレダ・ジアが首相に就任した。[5] 1990年11月19日の時点で，ALやBNPなどの野党勢力は4項目からなる暫定政権構想を発表し，エルシャド政権の退陣とその後の暫定政府のもとでの民主的選挙の実施を要求していた。大統領の辞任から選挙管理政府の樹立を経ての総選挙の実施という一連の流れは，政権打倒で一致した野党勢力による民主化構想に沿うものであったといえる。

民主化後のバングラデシュでは，政治的に中立な暫定政権のもとで自由で公

---

(5) 1991年9月の憲法第12次改正により，大統領制から議院内閣制への移行（正確には，1975年1月の憲法第4次改正により，議院内閣制から大統領制に移行して以来となる再移行）が行なわれた。それにともなって，大統領は国会議員による間接選挙で選ばれるようになった。大統領に関する憲法の規定については，第4編第1章を参照。

表 3-1　国民議会選挙での主要政党の獲得議席数

	独立後	軍政期			民主化後					
	第1回	第2回	第3回	第4回	第5回	第6回	第7回	第8回	第9回	第10回
	1973年3月	1979年2月	1986年5月	1988年3月	1991年2月	1996年2月	1996年6月	2001年10月	2008年12月	2014年1月
アワミ連盟	292	39	76	不参加	86	不参加	146	62	230	234
バングラデシュ民族主義党		207	不参加	不参加	142	289	116	193	30	不参加
国民党			153	251	35	不参加	32			
国民党（エルシャド派）								14	27	34
国民党（マンズル派）								1	1	2
イスラム協会			10	不参加	18	不参加	3	17	2	不参加
その他の政党	3	38	29	24	16	1	2	7	6	14
無所属	5	16	32	25	3	10	2	6	4	15

注：選挙で争われる300議席についての結果を表記している（その他に女性への留保議席がある）。イスラム協会は，2013年8月に政党登録を無効にされたため，2014年総選挙に参加する資格がなかった。
出所：選挙管理委員会のホームページおよび『アジア動向年報』（各年版）を参照。

正な選挙を円滑に実施することを目的として「非政党選挙管理政府」（NCG）制度が採用され，総選挙（1996年6月，2001年10月，2008年12月）のたびに AL と BNP の間で政権交代が繰り返された（表3-1）。しかし，これは二大政党を中心とした民主政治がバングラデシュに根づいたことを意味しているのではない。実際には，後述するように，選挙の実施方法や選挙結果の受け入れをめぐって与野党間で激しい対立が繰り返され，民主主義の基礎ともいうべき選挙制度のあり方について，主要な政治勢力の間で合意が形成されなかった。そして，選挙制度をめぐる政治対立の中心にあったのが，NCG 制度という選挙実施の枠組みなのである。

　以上の点を裏書きするように，2014年1月に行なわれた第10回国民議会選挙では，ボイコットを決めた BNP と政党登録を無効にされた JI の参加がなかったため，シェイク・ハシナ首相の率いる与党 AL が3分の2を超える議席を獲得して政権を維持した。与野党間にこのような決定的な亀裂が生じたのは，2011年5月に最高裁判所が NCG 制度を違憲とする判決を出したのに乗じて，AL 政権が NCG に関する憲法の条項をすべて削除する憲法改正を強行したためである（詳しくは，次節を参照）。

2 非政党選挙管理政府制度

　民主化後のバングラデシュでは，AL と BNP の二大政党をはじめとする主要な政治勢力が，選挙制度のあり方をめぐって激しい対立を繰り返してきた。その大きな焦点のひとつとなったのが，民主化後に導入された「非政党選挙管理政府」（NCG）と呼ばれる制度である。本節では，①憲法における NCG 制度に関する規定，② NCG 制度が導入されてから廃止されるまでの経緯，という2つの点を検討する。

非政党選挙管理政府制度の概要

　1996年3月の憲法第13次改正によって，憲法の第4編に新たに第2A 章が加えられ，そのなかに NCG に関する条項（第58B 条～第58E 条）が盛り込まれた[6]。NCG 制度は，1990年12月のエルシャド政権崩壊後に樹立された選挙管理政府をひとつのモデルとしており，政治的に中立な暫定政権のもとで自由で公正な選挙を円滑に実施することを最大の目的としている。

　NCG が設置されるのは，国民議会の解散を受けて NCG の長である首席顧問（Chief Advisor）が就任してから，国民議会選挙を経て成立した新議会のもとで首相が新たに任命されるまでの間であり（第58B 条第1項），この期間にわたって，行政権は NCG に委ねられる（同第3項）。その一方で，NCG の役割には一定の制約が課されており，選挙管理政府としての機能を果たすうえで必要な場合を除いて，NCG はいかなる政策決定も行なうことはできないと定めている（第58D 条第1項[7]）。そして，これに続く同第2項では，自由で公正な選挙を平穏に実施するために必要なあらゆる援助と支援を選挙管理委員会に対し

---

(6) NCG に関する条項については，http://bdlaws.minlaw.gov.bd/pdf/367_IV_II_.pdf を参照。

て行なうよう NCG に求めている。ただし，第58D 条第 1 項は必ずしも遵守されていたわけではなく，次節で具体的にみていくように，実際には歴代の NCG はさまざまな政策決定を行なっていた。とくに，2007年 1 月に軍部の後押しを受けて樹立された NCG は，政治改革を強力に押し進めようとしたこともあり，そうした傾向が顕著であった（Ahmed 2004: 48-51; Ahmed 2010: 29-35; Chowdhury 2015: 215-218）。

　NCG の政治的中立性を確かなものにするために，NCG に関する憲法の条項のなかには，その構成メンバーについての規定が数多く設けられている。まず，NCG は首席顧問と10名以内の顧問（Advisor）によって構成され，その任命は国民議会が解散されてから15日以内に大統領によって行なわれる（第58C 条第 1 項および第 2 項）。また，首席顧問と顧問は，実施予定の国民議会選挙に立候補しないこと，いかなる政党や政党の関連団体にも属していないことなど，いくつかの要件を満たさなくてはならない（同第 7 項）。そして，NCG の長である首席顧問の任命には，さらに以下のような一連の条件が明記されている。

①大統領は，もっとも近い時点で最高裁長官を退任した元判事を首席顧問に任命しなければならない。該当する人物が存在しない，または首席顧問への就任を望まない場合には，さらにその前に最高裁長官を退任した元判事を首席顧問に任命しなければならない（第58C 条第 3 項）。

②最高裁長官を退任した元判事が存在しない，または首席顧問への就任を望

表 3-2　非政党選挙管理政府制度をめぐる主な動き

年月日	主な出来事
1990年11月19日	野党勢力，4項目からなる暫定政権構想を発表。エルシャド政権の退陣とその後の暫定政府のもとでの民主的選挙の実施を要求。
12月4日	エルシャド大統領，即時辞任を発表（6日に正式辞任）。
6日	野党推薦のシャハブッディン・アハメド最高裁長官，大統領代行に就任。
8日	アハメド大統領代行，顧問評議会を設置し，6人の顧問を任命（顧問は最終的に17人）。
1991年2月27日	第5回国民議会選挙。300議席中142議席を獲得したBNPが第一党となる。
3月20日	カレダ・ジアが首相に就任し，BNP政権が発足。JIは閣外協力。
1994年3月20日	モグラ2区での国会議員補欠選挙でBNP候補が当選。ALをはじめとする野党，政権与党による不正工作があったとして反発。
10月29日	BNP，総選挙直前にカレダ・ジアを首班とする挙国一致内閣をつくる新提案を行なう。
30日	野党，与党の新提案を拒否。
12月28日	AL，JI，JP所属の野党議員147名，一斉に辞表を提出。
1995年11月22日	選挙管理委員会，国会議員145議席の補欠選挙を告示。野党，選挙不参加を表明。
24日	国会解散。
12月3日	選挙管理委員会，第6回国民議会選挙を告示。野党，ふたたび選挙のボイコットを宣言。
1996年2月15日	第6回国民議会選挙。野党のボイコットのなか，BNPが300議席中289議席を獲得。
3月26日	国会，NCG制度を盛り込んだ憲法第13次改正法案を可決。
30日	国会解散。ハビブル・ラフマン前最高裁長官，NCGの首席顧問に就任。
4月3日	ラフマン首席顧問，10人の顧問を任命。
6日	顧問評議会，K. M. ラデック選管委員長を解任。新委員長にアブ・ヘナが就任（8日）。
6月12日	第7回国民議会選挙。300議席中146議席を獲得したALが第一党となる。
23日	シェイク・ハシナを首相とする，AL中心の連立政権が発足。ALの政権復帰は21年ぶり。
2001年7月13日	AL政権，任期満了にともない総辞職。
15日	前最高裁長官ラティフル・ラフマンがNCGの首席顧問に就任。13行政部門の長官級の大幅異動を即時に発表。その後も，中央省庁，地方行政，警察で配置転換が実施される。
16日	ラフマン首席顧問，10人の顧問を任命。
17日	NCG，AL内閣が辞任直前に駆け込みで承認した案件を見直すと表明。
10月1日	第8回国民議会選挙。野党連合が3分の2を超える議席を獲得して大勝。
4日	選挙管理委員会，不正選挙であったとするALの再選挙要求を否定。
10日	カレダ・ジアを首相とする，BNP中心の連立内閣が発足。はじめてJIから2人が入閣。
2004年5月16日	国会，野党欠席のなか，最高裁判事の定年延長を盛り込んだ憲法第14次改正法案を可決。

2006年10月27日	BNP 連立政権，任期満了にともない総辞職。
27日	K. M. ハサン前最高裁長官，NCG の首席顧問への就任を辞退。
29日	イアジュディン大統領，NCG の首席顧問に就任。宣誓式には BNP は出席，AL は欠席。
31日	大統領兼首席顧問，10人の顧問を任命。
12月11日	大統領兼首席顧問に対する反発から，顧問 4 人が辞任。
2007年 1 月11日	大統領兼首席顧問，非常事態を宣言するとともに首席顧問を辞任。
12日	ファクルッディン・アハメド元中央銀行総裁，NCG の首席顧問に就任。
21日	アジズ選挙管理委員長，辞任。その後，選挙管理委員長代行と委員 4 人も辞任（31日）。
2008年12月17日	政府，非常事態を解除。
29日	第 9 回国民議会選挙。300議席中230議席を獲得した AL が第一党となる。
2009年 1 月 6 日	シェイク・ハシナを首相とする，AL 中心の連立政権が発足。
2011年 5 月10日	最高裁，NCG 制度を定めた憲法第13次改正に違憲判決を下す。
30日	ハシナ首相，今後 2 回の選挙を NCG のもとで実施するという特別委員会の提案を却下。
6 月30日	国会，野党欠席のなか，NCG 制度の廃止を含む憲法第15次改正法案を可決。
2012年 7 月25日	ハシナ首相，選挙時に小規模の暫定政府を組織し，BNP の参加を求める案に言及。
8 月 2 日	BNP，ハシナ首相の暫定政府案を拒否し，NCG 制度の復活を要求。
2013年10月18日	ハシナ首相，挙国一致内閣の設置を提案し，BNP に国会議員からの推薦を要請。
21日	ジア BNP 総裁，NCG 制度の復活をあらためて提案。ハシナ首相，この提案を拒否（22日）。
11月18日	政府，連合関係にある 4 政党からなる「挙国一致」選挙管理内閣を立ち上げる。
2014年 1 月 5 日	第10回国民議会選挙。野党の不参加のなか，AL が300議席中234議席を獲得。
12日	シェイク・ハシナを首相とする，AL 中心の連立政権が発足。

出所：『アジア動向年報』（各年版）をもとに筆者作成。

　　まない場合には，もっとも近い時点で最高裁上訴部判事を退任した元判事を首席顧問に任命しなければならない。該当する人物が存在しない，または首席顧問への就任を望まない場合には，さらにその前に最高裁上訴部判事を退任した元判事を首席顧問に任命しなければならない[8]（同第 4 項）。

③最高裁上訴部判事を退任した元判事が存在しない，または首席顧問への就任を望まない場合には，主要な政党と可能な範囲で協議を行なったうえで，

---

(8)　バングラデシュの最高裁判所は上訴部（Appellate Division）と高等裁判所部（High Court Division）から構成されており，最高裁長官は上訴部に所属する。バングラデシュの最高裁の仕組みについては，浅野（2015：5-15）を参照。

大統領が適切な人物を首席顧問に任命する（同第5項）。

④これらの条件を満たす人物を首席顧問に任命できない場合には，大統領が首席顧問を兼務する（同第6項）。

このような規定があることから，大統領が首席顧問の人選を恣意的に行なう余地は，制度上かなりの程度狭められている。その一方で，顧問については，「首席顧問の助言に従って大統領が任命する」（第58C条第8項）と定められているのみであり，首席顧問についてのような厳しい条件は課されていない。ただし，この点に関しては，「顧問の任命について首席顧問の助言が大統領によって覆された例は，これまでのところまったく報じられていない」と指摘されている（Ahmed 2004: 48）。

なお，1996年3月，2001年7月，2007年1月に設置されたNCGの顧問には，中央官庁で事務次官を務めた元官僚，元判事や弁護士などの法曹関係者，研究者・教育関係者，元軍人などを中心に幅広い分野から人材が登用されており，1990年12月に設置された選挙管理政府と同様の傾向を示している。したがって，エルシャド政権崩壊後に樹立された選挙管理政府がその後のNCG制度のモデルとなったことは，顧問の構成からもみてとれる。

非政党選挙管理政府制度の導入から廃止までの経緯

1990年12月6日，エルシャド大統領は辞任に先立ち，野党勢力の推薦するシャハブッディン・アハメド最高裁長官を副大統領に任命したうえで，非常事態の解除と国民議会の解散を行なった。これを受けて，アハメド副大統領は憲法の規定に従って大統領代行に就任し，中立的な選挙管理政府としての役割を担う顧問評議会の顧問17名を任命した。そして，1991年2月27日には，選挙管理政府のもとで国民議会選挙が当初の予定どおり実施され，その結果，第1党となったBNPによる新政権が発足する。独立以来5回目となるこの総選挙について，英連邦事務局，南アジア地域協力連合，日本，アメリカ，イギリスなど

から派遣された選挙監視団や国内外の市民組織は，これまでになく自由で公正な選挙が平穏に実施されたと肯定的な評価を与えた[9]。さらに，「自由かつ公正であったとわれわれが確信を持って表現できる選挙に何よりも貢献したのは，まさにこの要因（引用者注：選挙管理政府）である」（Commonwealth Secretariat 1991: 28）というように，中立的な選挙管理政府が決定的な役割を果たしたことが一様に強調された。

　その一方で，選挙管理政府に対する高い評価の裏返しとして，通常の政党内閣（より正確には，職務執行内閣）のもとで行なわれることが予想される今後の総選挙の実施体制への不安も率直に述べられていた。たとえば，アメリカのある市民組織の報告書は，今回の総選挙を「民主化プロセスにおける大きな前進」としつつも，「選挙を通して選ばれた，特定政党に基盤を置く政府によって，より激しい対立が起こりうる状況のなかで実施される今後の選挙について，バングラデシュは公正性の確保に努めなければならない」（National Democratic Institute for International Affairs 1991: 3）と指摘している[10]。このような懸念に対しては，すでに述べたとおり，1996年3月の憲法第13次改正によってNCGに関する条項が憲法に新たに盛り込まれ，選挙管理のための暫定政府とそのもとでの選挙実施についてのルールが明文化されることになる。

　しかし，NCG制度が正式に導入されるまでには，与党BNPとALなどの野党勢力との間で衝突が繰り返されるという紆余曲折を経た。与野党間の対立の

---

(9)　Commonwealth Secretariat（1991），Coordinating Council for Human Rights in Bangladesh（1991），National Democratic Institute for International Affairs（1991）を参照。

(10)　第5回国民議会選挙の実施状況に関する報告書では，投票者名簿が不正確であったという別の問題点も指摘されている。顧問評議会で顧問を務めたファクルッディン・アハメド（元外務事務次官）は，エルシャド政権期に改訂された投票者名簿をすべて再改訂する時間的余裕がなかったことを認めている（Ahmed 1998: 90）。憲法の規定により，国民議会の解散から90日以内に選挙を行なわなければならなかったことが背景にある。

引き金を引いたのが，1994年3月に行なわれたモグラ2区での国会議員補欠選挙をめぐる不正疑惑である。モグラ2区は長年にわたって AL の地盤であり，1991年の国民議会選挙でも AL 候補が圧倒的な勝利を収めていた。さらに，補欠選挙の直前の1月に各地で行なわれた都市自治体選挙では，ダッカとチッタゴンという二大都市の市長選でいずれも AL が勝利を収めるなど勢いをみせていた。ところが，現職議員の死去にともなうモグラ2区の補欠選挙は，AL 候補（死去した議員の息子）が BNP 候補に大差で敗れるという予想外の結果に終わったため，AL をはじめとする野党は与党によって選挙不正が行なわれたとして反発した[11]。そして，BNP 政権下では公正な選挙の実施は不可能であるとして，野党は国会の即時解散と選挙管理政府のもとでの総選挙の実施を政府に強く迫った。しかし，BNP 政権はこうした要求には一切応じようとしなかったため，AL，JP，JI などの野党は，国会のボイコット，ホルタル（ゼネスト）の実施，さらには，所属国会議員による辞表の一斉提出などの強硬な手段に訴え，与野党間の政治対立は一段と激しさを増していった[12]。

　結局，非妥協的な姿勢に終始する野党から選挙への参加を取りつけられなかった政府は，1996年2月に第6回国民議会選挙を主要野党抜きで強行する。この選挙では，与党 BNP が300議席中289議席を獲得する結果となったが，実態としては，与野党の支持者による暴力的な衝突と組織的な選挙不正（野党活動家による投票用紙や投票箱の強奪，与党活動家による票の水増し）が各地で多数報

---

(11)　与党が組織的に不正工作を行なったかどうか，さらには，AL 候補の落選が与党の不正工作の影響によるものなのかどうかは定かではない。実際，「アワミ連盟も公認候補の決定に手間取っており，陣営がいささか分裂していた」との見方もある（『アジア動向年報1994』の432ページ）。さらに，アメリカ大使館の選挙監視団は，与野党ともに暴力に訴えた不正行為を働いていたと指摘している（Akhter 2001: 162）。

(12)　野党が頻繁に用いるホルタルについては，Rashiduzzaman（1997）を参照。憲法第67条第1項(b)は，議員が90開会日を連続して欠席した場合，議員資格を失うと定めているため，野党議員が国会をボイコットする場合，89開会日連続で欠席した後，1日だけ出席してまた欠席するという手段がよく用いられる。

告されており，実際の投票率は20％にも満たなかったとみられている。したがって，選挙管理政府のもとで行なわれた5年前の国民議会選挙とは大きく異なり，今回は自由で公正な選挙と呼べるようなものではなかったのである[13]。

　総選挙から約1カ月後の3月21日には，NCGに関する条項を憲法に新たに書き加える憲法第13次改正法案が，BNP政権によって国会に上程され，その5日後に可決された。しかし，政権側のこうした歩み寄りの姿勢にもかかわらず，内閣総辞職とNCGのもとでの総選挙の即時実施を求める野党勢力の反政府運動は一向に収まる気配をみせず，さらには，バングラデシュ商工会議所連合会（FBCCI）を中心とする経済界や各省庁の事務次官をはじめとする政府職員などからもBNP政権に対する反発が沸き起こった[14]。最終的には，第6回国民議会選挙から2カ月足らずの3月30日に，カレダ内閣の総辞職と国会の解散が行なわれ，それを受けて，ハビブル・ラフマン前最高裁長官を首席顧問とするNCGが発足した（Ahmed 1998: 127-129; Ahmed 2004: 33-34）。

　憲法第13次改正を受けて行なわれた1996年6月の第7回国民議会選挙，そして，2001年10月の第8回国民議会選挙と2回続けてNCGのもとで総選挙が実施され，全般的に自由で公正であったとの評価を受けた[15]。さらに，いずれの選挙でも政権交代が実現したことから，選挙実施の枠組みとしてNCG制度が定着したかにみえた[16]。ところが，2006年10月に任期満了にともない国民議会が解

---

[13]　Coordinating Council for Human Rights in Bangladesh（1996a），Ahmed（1998: 124-126），Akhter（2001: 163-167）を参照。

[14]　Ahmed（1998）は，野党主導の反政府運動に官僚が積極的に参加したことが「将来に禍根を残した」（129ページ）と述べている。官僚機構の政治化については，Rashiduzzaman（1997）およびShahan and Jahan（2016）を参照。

[15]　Coordinating Council for Human Rights in Bangladesh（1996b），National Democratic Institute for International Affairs（1996a, 1996b），Coordinating Council for Human Rights in Bangladesh（2002），Election Monitoring Working Group（2002）を参照。

[16]　ただし，2001年の総選挙の直後には，議席を大きく減らして下野したALが，露骨な不正選挙であったと選挙結果の受け入れを拒否し，再選挙を要求する一幕があった。

散すると，K. M. ハサン前最高裁長官がNCGの首席顧問への就任を辞退したことから，NCGのもとでの選挙実施への道筋に狂いが生じはじめる。ハサン前長官にはBNPに所属していた前歴があり，政治的中立性の点で問題があるとの理由から，同氏の首席顧問への就任にALなどの野党が強く反対していたことが，前最高裁長官の就任辞退という異例の事態の背景にあった[17]。そして，これを受けてイアジュッディン大統領が，首席顧問の任命について憲法が定めた手順（前述の憲法第58C条第3項から第5項までの規定）を踏むことなく，自ら首席顧問を兼務したために，政治情勢はさらに混乱していった。

　結局，大統領兼首席顧問はわずか2カ月余りで首席顧問の職を辞すこととなり，その後，軍の意向を受けて非常事態が宣言され，2007年1月にファクルッディン・アハメド元中央銀行総裁が新たに首席顧問に就任する[18]。アハメド首席顧問率いるNCGは，ハシナAL総裁とカレダBNP総裁をはじめとする有力政治家や企業家をつぎつぎと逮捕するなど，軍による支援のもとで改革の試みを強引に推し進めていった。その一方で，有権者名簿の改訂作業や主要政党との対話など，選挙実施へ向けての準備を進めていき，非常事態の解除を経て，議会解散から2年以上が経過した2008年12月にようやく第9回国民議会選挙が実施された。

　このように，2008年12月の総選挙は，軍の強権を背景に何とか実施に漕ぎ着けたものの，NCGのもとでの国民議会選挙は（少なくとも本章の執筆時点では）これが最後となった。なぜなら，2011年6月の憲法第15次改正によって，AL政権はNCGに関する条項を含む第2編第2A章をすべて憲法から削除し，

---

(17)　次節で述べるように，国民議会の任期満了時にK. M. ハサンがもっとも近い時点で退任した最高裁長官となった（つまり，ハサン前長官の後任者が最高裁長官の地位に留まっていた）のは，BNP政権下の2004年5月に憲法第14次改正によって，最高裁判事の定年が65歳から67歳に引き上げられたためである。

(18)　国連平和維持活動への参加から得られる収益を失う可能性を考慮して，軍は混乱のなかで国民議会選挙が強行されるような事態を避け，NCGを通して間接的に政治に介入することを選んだと指摘されている（Blair 2010; Islam 2010）。

NCG 制度そのものを廃止したからである。このような形で憲法改正が行なわれたのは，NCG 制度は民主主義の原理である代議制とは相容れないという理由から，2011年5月に最高裁が同制度を含む憲法第13次改正に違憲判決を下したことに端を発している。ただし，最高裁は判決のなかで，国家と国民の安全の観点から，今後2回の総選挙は NCG のもとで行なうこととしながらも，前最高裁長官などの元判事を首席顧問に任命することを定めた憲法の条項を改めるよう国会に求めた。[19] また，国会の特別委員会は，今後2回の選挙を NCG のもとで実施することを求める最高裁判決に沿った内容の提案を行なっていた。

ところが，こうした意見を無視する形で，ハシナ首相率いる AL 政権は，NCG に関する条項を憲法からすべて削除する憲法第15次改正に踏み切ったのである。憲法第15次改正法案は，国会上程の5日後に BNP などの野党が欠席するなか可決された。この憲法改正により，国民議会選挙の実施期間は，①任期満了の場合は，任期満了日に先行する90日以内，②それ以外の場合は，国会解散から90日以内となった（憲法第123条第3項）。

当然のごとく，野党勢力はこれに激しく反発し，国会のボイコットやホルタルなどの強硬な手段に訴えて NCG 制度の復活を要求した。しかし，諸外国や国連による仲裁と妥協案の提示などの努力にもかかわらず，選挙の実施方法をめぐる与野党の対立を解消することはできなかった。2014年1月に行なわれた第10回国民議会選挙では，AL が300議席の3分の2を超える234議席を獲得したが，ボイコットを決めた BNP と前年に政党登録を無効にされた JI をはじめとする主要野党の不参加により，300議席中157議席が無投票となった。さらに，選挙管理委員会は投票率を約40％と発表する一方，各紙の報道によると，実際

---

[19]　判決文が公表されたのは最高裁判決から1年以上たった2012年9月であり，判決時に最高裁が出したのは1ページの短い文書だった。そのため，判決文が公表されるまで，7人の裁判官のうち3人が反対意見を述べていることは知られなかった（Hoque 2015: 282-283）。最高裁判決に対するさまざまな反応については，"Verdict Triggers Mixed Reactions," *The Daily Star*, 11 May 2011を参照。

の投票率は15％から20％程度であったと推測されており，選挙期間中に起きた暴力的な衝突により多数の死傷者が出た（Riaz 2014: 129）。主要野党の総選挙への不参加は，NCG制度の導入をめぐる対立から，BNP政権が単独で実施した1996年2月の第6回国民議会選挙以来のことである。ただし，2014年1月の総選挙では，NCG制度の導入を求める野党とそれを頑なに拒否する与党といううまったく同じ構図のなかで，与党ALと野党BNPが攻守所を変えて相争うという，18年前とは正反対の状況が生まれた。

　なお，この総選挙の直後に行なわれたウポジラ議会選挙には，実質的にすべての主要政党が参加したが，選挙管理委員会の中立性をはじめとして，選挙の実施体制に重大な欠陥があったことが英国国際開発省の報告書で指摘されている[20]。さらに，その後に各地で行なわれた市長選挙と市議会議員選挙をめぐっても，政権与党による選挙不正があったのではないかという疑惑が持ち上がっている。

3　非政党選挙管理政府制度をめぐる対立と政治構造

NCG制度をめぐる政治的利害の衝突

　バングラデシュの有権者の間では，NCG制度に対する信頼感と政党内閣のもとで実施される選挙に対する不信感が，かなり広く共有されているようである。NCG制度の廃止から1年半後の2012年12月に『デイリー・スター』が行なった世論調査では，「NCG制度の廃止を支持しますか」という質問に対して，回答者の26％が「支持する」，67％が「支持しない」と答えている。また，「政党内閣のもとで自由で公正な選挙を行なうことができると思いますか」という質問に対しては，67％もの回答者が「そうは思わない」と答えている[21]。さらに，その他の複数の機関が行なった同様の世論調査でも，NCG制度を支持する意

---

[20]　"UK Finally Releases Report on Bangladesh Elections," *Al Jazeera* (online)，11 December 2015を参照。この記事のリンクから，英国国際開発省の報告書を読むことができる。

見が圧倒的多数を占めるという結果が得られる[22]（Riaz 2014: 130）。

　では，自由で公正な選挙を通して民主主義の安定を図るために設けられたはずの NCG 制度が，これほど多くの有権者の支持を得ていたにもかかわらず，なぜ政治対立の焦点となったのだろうか。その理由としてもっとも重要と考えられるのが，NCG 制度の導入によってもたらされる帰結が与党と野党の間では大きく異なるために，両者の政治的利害が鋭く衝突しているという点である。政権与党は，幅広い権限を握っているという立場を利用して，在任中に可能な限り有利な選挙態勢（たとえば，選挙管理委員会や選挙実施の枢要ポストへの与党寄りの人物の配置など）を築き上げたうえで総選挙に臨み，権力の維持を図ろうとする。ところが，歴代の NCG は発足後に，選挙管理委員会のメンバーの入れ替え，中央省庁，地方行政，警察などでの大幅な配置転換，選挙目当ての実績づくりのための駆け込み案件の見直しや取り消しなどを積極的に行ない，政権側による一方的かつ不公正な措置の是正に努めてきた。そのため，政権与党にとってみれば，NCG 制度は権力を維持するうえでの障害でしかないということになる。

　その一方で，公平な条件のもとでの選挙実施を求める野党にとってみれば，自らの権限を利用して有利な条件を整えようと画策する政権与党に歯止めをかける NCG 制度は，選挙に参加するうえで譲ることのできない条件となる。つまり，NCG 制度をめぐって与野党間で政治的利害が鋭く衝突する根本的な原因は，政権側が自らの権限を悪用して露骨な選挙対策を行なっていることにある。

---

(21)　"The Daily Star Opinion Survey: AL still ahead of BNP in Votes, but Narrowly," *The Daily Star*, 4 January 2013を参照。

(22)　バングラデシュ商工会議所連合会（FBCCI）をはじめとする経済界は，「NCG のもとではなく，強力な権限を持ち，独立して中立的な選挙管理委員会のもとで国民議会選挙を実施する」ことに支持を表明した。経済界がこのような反応を示したのは，2007年1月に発足した前 NCG のもとで，多数の企業家が汚職や脱税などの容疑で逮捕されたためであるとの指摘がある（『アジア動向年報2011』の444ページ）。

佐藤（2018）は，2001年7月に樹立されたNCGを例に，自由で公正な選挙を円滑に実施するためにNCGが講じた主な措置として，以下のようなものを挙げている。

①内閣次官，首席次官を含む中央省庁の次官以下幹部，および郡行政官にまでいたる地方行政の幹部など，合計491名の官僚の配置転換。
②過去3カ月間の政府による購入その他の契約の見直しと取り消し。
③2001年1月から7月の間の拘留，起訴事件の見直しによる1189名の政党（主に野党）関係者の釈放。同期間中に新規発行された武器所持許可証の取り消し。
④不法に所持されている武器（全国で25万丁とされる）など，約1万丁の小火器の摘発。
⑤治安維持上の違反，武器不法所持などにより11万9000人を逮捕および勾留。
⑥不法武器所持者として知られるALやBNPなどの政党指導者の家宅捜索。
⑦投票日とその前後の治安維持のために，警察に加えて，軍5万1000人，国境警備隊1万人の出動。投票日の携帯電話（48万件）での通話禁止措置。

　これら一連の措置からは，自由で公正な選挙を円滑に実施するうえでNCGが担う役割の重要性だけでなく，官僚の政治任用，公金を使った利益誘導，治安権限の乱用などの不適切な行為が，政権与党によっていかに広範に行なわれているかが明らかである。さらに，小火器などの武器の不法所持の蔓延にみられるように，バングラデシュ政治の暴力性もはっきりと浮かび上がってくる。
　政権与党の利害を考慮に入れれば，AL政権かBNP政権かに関わりなく，これまでの政権が取ってきた行動を容易に理解できるだろう。たとえば，NCG制度は憲法違反であるとする最高裁の判決に乗じて，2011年6月の憲法第15次改正によって，AL政権がNCG制度そのものを廃止した理由については説明するまでもない。また，BNP政権が2004年5月の憲法第14次改正によ

って，最高裁判事の定年を65歳から67歳に引き上げた裏には，前最高裁長官の首席顧問への就任をめぐる思惑が隠れていることも明白である。この定年延長によって，AL 寄りといわれていた判事の最高裁長官への昇格は先送りされたため，2006年10月に国民議会が任期満了する時点で，この判事が前最高裁長官として NCG の首席顧問に就任することは不可能となり，順当に進めば，BNP に所属していた前歴を持つ，当時の最高裁長官 K. M. ハサンが首席顧問に就任することになった。しかし，結果的には，政治的中立性の観点から野党の非難を浴び，ハサン前長官は国民議会の任期満了直後に NCG の首席顧問への就任を辞退した（前節を参照）。

　このように，政治的中立性を保ちながら選挙を実施することを目指した NCG 制度が「政治化」していく過程では，NCG 制度をめぐる政治的利害の衝突が重要な役割を果たしていたのである。

NCG の「政治化」とバングラデシュの政治構造

　ただし，NCG 制度の「政治化」という現象は，図 3-1 に描かれているような深刻な悪循環にバングラデシュの民主主義が陥っているという，より幅広い文脈のなかで理解するべきだろう。

　第一に，政権の座に就いて権力を握っているかどうかによって，政党や政治家などの政治プレーヤーが手にする利得が大きく異なる（なお，ここでは「利得」という言葉をゲーム理論的な意味で用いており，「便益」から「費用」を差し引いた「純便益」のことを指している）。政権の座に就いた場合の利得が大きくなるのは，利益誘導の見返りとして金銭的利益が得られるだけでなく，野党をはじめとする反対勢力に合法的に圧力や弾圧を加えたり，汚職や武器の不法所持といった犯罪行為を法的に追及されるのを免れたりするための手段として，政府機関や警察機構などを利用できるという点で，便益が大きいためである。前者の便益の重要性は，トランスペアレンシー・インターナショナルによる「腐敗認識指数」の国別ランキングでバングラデシュが毎年のように下位（2015年

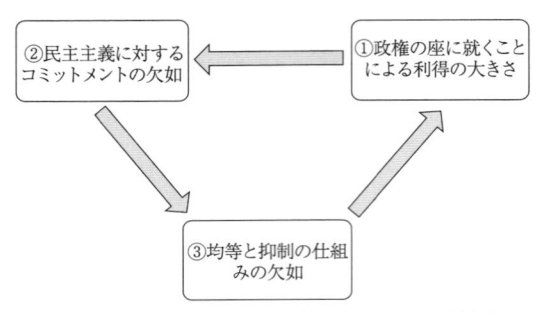

図 3-1　バングラデシュ政治が陥っている悪循環
出所：筆者作成。

は168カ国中139位，2016年度は176カ国中145位，2017年度は180カ国中143位）に沈んでいることから示唆される。また，後者の便益が大きな意味を持つのは，主要な政党（とくに，AL と BNP および JI）の間の根深い相互不信の結果であり，かつ原因でもあるといえる。

　一方，政権の座に就かない場合の利得が小さくなるのは，上記のような便益が一切得られないだけでなく，政権与党の影響下にある政府機関や警察機構などから，実際に犯罪に関与したかどうかに関係なく，犯罪行為の法的責任を追及されたり，反対勢力として圧力や弾圧を加えられたりするという点で，費用が極端に大きいためである。一例を挙げると，1996年の反政府運動で重要な役割を果たした高級官僚のひとりであるモヒウッディン・カーン・アラムギールは，後に AL 政権で大臣職を歴任する一方，BNP 政権下の2002年と軍主導の暫定政権下の2007年にそれぞれ逮捕され，長期間にわたって勾留された（Alamgir 2007）。また，最近では，BNP をはじめとする野党勢力が AL 政権による厳しい弾圧を受けている。

　このように，政権の座に就いているかどうかによって利得に大きな差が生じるため，自由で公正な選挙を経て政権の座に就いたという権力の正当性，さらには，民主主義へのコミットメントをかなぐり捨ててでも政権を獲得しようとするインセンティブが，与野党のどちらにとっても高くなってしまうのである。

　第二に，いずれの政党も民主主義に対するコミットメントを持ち合わせておらず，置かれた立場に応じて，機会主義的かつ近視眼的な行動を絶えず繰り返している。AL にしろ BNP にしろ，野党のときには政権与党による不正や一方的な措置を激しく非難していたのに，与党になった途端に前政権による不正

や一方的措置をそのまま踏襲するというパターンが頻繁にみられる。NCG 制
度の導入を求めて，BNP 政権下で行なわれた1996年2月の総選挙をボイコッ
トした AL が，2014年には，NCG 制度の再導入を拒否された野党 BNP がボイ
コットするなかで総選挙を強行したのは，象徴的な事例である。これとは逆に，
与党のときには野党のホルタルを非難し，「下野してもホルタルはしない」と
表明していたのに，選挙で敗れて下野すると，すぐに約束を反故にしてホルタ
ルに訴えるという例もよくみられる。

　第三に，バングラデシュの政治システムには，「均衡と抑制」(checks and
balances) という制度的な歯止めが著しく欠如している。たとえば，空洞化が
指摘される議会に関しては，野党によるボイコットと与党による議会軽視（た
とえば，与党議員の頻繁な欠席）が恒常化している。とくに前者については，野
党の国会への出席率は，第5国民議会（1991～95年）で66.3%，第7国民議会
（1996～2001年）で57.3%，第8国民議会（2001～06年）で40.2%，第9国民議
会（2009～14年）で18.2%と低下の一途をたどっている[23]。また，その機能と中
立性に深刻な問題を抱えている選挙管理委員会に関しては，2006年に発覚した
有権者名簿の水増し疑惑（National Democratic Institute for International Affairs
2006）とそれに関連して起きた選管人事をめぐる混乱をはじめとして，これま
でにもさまざまな形で政権与党から政治的介入が行なわれてきた。

　さらに，NCG 制度をめぐる問題とも密接に関連する司法府に関しては，最
高裁判事の定年延長問題などに象徴されるように，与野党間の激しい対立に巻
き込まれてきた。その過程で，司法府がより大きな政治的圧力にさらされるよ
うになり，司法の独立性が損なわれるような事態が実際に起きているという指

---

[23]　野党第一党の党首の出席率は，さらに低い水準にある。詳しくは，"Benefits Taken
but Jobs not Done," *The Daily Star*, 24 January 2014を参照。また，議会の空洞化につ
いては，Moniruzzaman（2009）および Choudhury（2013）も参照。なお，第6回国
民議会選挙は野党のボイコットにより与党が議席を独占したうえ，第6国民議会は4
日間しか開会されなかったため，データは省略している。

摘もある。[24]たとえば，2014年9月に成立した憲法第16次改正によって憲法第96条が修正され，不祥事または職務遂行不能を理由に，議会の総議員の3分の2以上の賛成によって裁判官を弾劾することが可能になった[25]（浅野 2015：25-28）。

図3-1に沿って以上の点をまとめると，政権の座に就いて権力を握っているかどうかによって，政党や政治家などの政治プレーヤーが手にする利得が大きく異なると，主要政党は機会主義的かつ近視眼的な行動へと駆り立てられるようになり（①→②），それが均衡と抑制の仕組みの解体へとつながっていき（②→③），結果として，政治権力の有無によって生じる利得の差がさらに拡大する（③→①）ことになる。NCG制度の「政治化」は，このような政治構造のなかで徐々に進行していったと考えられるのである。

ただし，民主化以降のバングラデシュで全般的に自由で公正な選挙が行なわれ続けたのは，上記の悪循環が選挙の実施に浸透するのを抑える制度的な歯止めとして，NCG制度が機能していたためであるといえる。その一方で，深刻な悪循環の背後には，主要政党の間に横たわる相互不信という，各政党の出自や来歴（第1節を参照）とも密接に関わる根深い問題があり，NCG制度によってもその解消はならなかったという点も指摘しておくべきだろう。

権威主義化する政治体制

本章では，NCG制度をめぐる政治対立に焦点を当てながら，バングラデシュにおける民主主義の不安定性の特徴と要因について検討した。これまでの議

---

[24]　Hossain (2010), Jahan and Shahan (2014), Chowdhury (2015), Hoque (2015)を参照。

[25]　均衡と抑制の仕組みのひとつとして扱うのはやや奇異に映るかもしれないが，軍の政治的役割というのも重要である。民主化以降，軍は政治の表舞台には姿を現わしていないが，それは軍が政治的役割を一切持たないということを意味しているのではない。実際，非常事態下の2007年1月に樹立されたNCGでは，軍が主導的な役割を担っていたといわれている（Bakht 2007; Blair 2010）。政軍関係は民主化以降どのように変容し，それが主要政党の政治行動にどのような影響を及ぼしたのかという点は検討に値する課題である。

論から明らかなように，民主化後のバングラデシュでは，自由で公正な選挙に
よる権力者の決定という民主主義の基本的手続きについて主要な政治勢力の間
で合意が形成されておらず，定着していた民主主義が近年になって急速に後退
している（または，民主主義の定着と後退が近年繰り返されている）というよりも，
むしろ民主主義が定着することなく一貫して不安定な状態にあるといえる。

　または，民主化後のバングラデシュ政治は，NCG 制度という「民主化の遺
産」を既成政党（とくに，AL と BNP の二大政党）が徐々に食いつぶしていき，
それにともなって民主主義がますます不安定化していく過程であったというこ
ともできる。湾岸危機という突発的な出来事が，まとまりに欠ける野党勢力を
糾合してエルシャド政権の崩壊をもたらし，その結果，野党勢力の民主化要求
が政治的に中立な暫定政府のもとでの選挙という形で実現した。その後，選挙
実施の正式なルールとして憲法に書き加えられたことで「民主化の遺産」は生
き残り，NCG 制度のもとで自由で公正な国民議会選挙が 3 度にわたって実施
されることになる。ところが，権力維持のためにより有利な条件で選挙を実施
しようと画策する政権与党が，その障害となる NCG 制度を形骸化するために
さまざまな手段に訴え続けた結果，NCG 制度は廃止へと追い込まれ，「民主化
の遺産」は完全に消え去った。

　そして，2014年 1 月には，NCG 制度の復活を求めて BNP などの野党がボイ
コットするなか国民議会選挙が強行された。この総選挙で「勝利」して以降，
AL 政権の権威主義化が急速に進行しており，「1975年に一党制を導入した AL
の前歴を考えると，バングラデシュがふたたび同じ方向へ進んでいくのではな
いかという懸念が高まっている」（Riaz 2014: 128）との見方まで出ている。具
体的には，AL による事実上の一党支配のもとで，野党勢力に対する徹底した
弾圧，各地での市長選挙および市議会議員選挙をめぐる不正疑惑，メディアへ
の圧力をはじめとする言論の自由の抑圧，規制強化による NGO 活動への介入
などが，いちだんと顕著になってきている。

　さらに，バングラデシュで近年活発化しているイスラム過激派によるテロ活

動も，政治体制の権威主義化という文脈のなかで理解する必要がある。2016年7月1日に首都ダッカの高級住宅街にあるレストランで発生したイスラム過激派によるテロ事件では，日本人7名を含む20名の民間人が犠牲となり，事件直後にイスラム国（IS）が自らの犯行であることを明らかにした。また，この事件に先立つ2年間でイスラム過激派によるとみられる犯行によって，反イスラム原理主義のブロガー，ヒンドゥー教徒やキリスト教徒などのマイノリティ，大学教員，外国人（日本人1名を含む）など合わせて49名が殺害され，これらの事件の多くについて，ISやアルカイーダを自称する組織が犯行声明を出していた。

ところが，バングラデシュ政府は「ISやアルカイーダの組織は国内には存在しない」という姿勢を崩そうとせず，一連のテロ事件はバングラデシュ聖戦士団（JMB）などの国内組織による犯行であるとして，これを口実にBNPとJIを中心とする反対勢力への弾圧をさらに強めている。たとえば，2016年7月1日のダッカでのテロ事件の直前には，1万1000人以上もの逮捕者を出す大規模な「テロリストの取り締まり」が行なわれたが，その真の目的は野党勢力（とくにBNP）を弾圧することにあるのではないかと非難の声が上がっていた。[26]

民主主義制度が脆弱な国々では，腐敗の蔓延，政府機関の機能不全，逆効果に終わるような治安対策などの要因が，テロ事件の頻発を招いているだけでなく，テロ対策を名目にした政府による反対勢力の弾圧が広く行なわれているといわれる（Freedom House 2015: 3-4）。この指摘は，政治体制の権威主義化とイスラム過激派によるテロ活動の活発化が同時進行しているバングラデシュの現状を的確に捉えているといえるだろう。

---

[26] ダッカでのテロ事件の背景とISの関与の可能性については，佐藤（2016）を参照。その直前に行なわれた「テロリストの取り締まり」については，Ahsan（2016）および "Round up the Usual Suspects," *The Economist*, 18 June 2016を参照。

参考文献

日本語文献

浅野宜之（2015）『バングラデシュにおける司法制度』http://www.moj.go.jp/content/001144525.pdf。

アジア経済研究所『アジア動向年報』（各年版）。

長田満江（1990）「バングラデシュ政治と軍」佐藤宏編『バングラデシュ——低開発の政治構造』アジア経済研究所。

加賀谷寛・浜口恒夫（1977）『南アジア現代史Ⅱ　パキスタン・バングラデシュ』山川出版社。

佐藤宏（1990a）「バングラデシュの権力構造——従属的軍・官僚国家における権力と権益」佐藤宏編『バングラデシュ——低開発の政治構造』アジア経済研究所。

——————（1990b）「バングラデシュ政治とイスラム」佐藤宏編『バングラデシュ——低開発の政治構造』アジア経済研究所。

——————（1990c）「独立後の行政改革」佐藤宏編『バングラデシュ——低開発の政治構造』アジア経済研究所。

——————（2016）「バングラデシュのイスラム過激派テロ事件——その衝撃と背景」『季論21』34：93-99。

——————（2018近刊）「バングラデシュ」長崎暢子編『世界歴史大系　南アジア史4』山川出版社。

浜口恒夫（2002）「南アジアにおける軍政——正当化の理論と真理」堀本武功・広瀬崇子編『現代南アジア3　民主主義へのとりくみ』東京大学出版会。

外国語文献

Ahmed, Fakhruddin (1998) *The Caretakers: A First Hand Account of the Interim Government of Bangladesh (1990-91)*, Dhaka: University Press Limited.

Ahmed, Nizam (2004) *Non-Party Caretaker Government in Bangladesh: Experience and Prospect*, Dhaka: University Press Limited.

——————(2010) "Party Politics under Non-party Caretaker Government in Bangladesh: The Fakhruddin Interregnum (2007-2009)," *Commonwealth and Comparative Politics*, 48(1): 23-47.

Ahsan, Syed Badrul (2016) "Fear and Loathing in Dhaka," *The Indian Express*, 24 June.

Akhter, Muhammad Yeahia (2001) *Electoral Corruption in Bangladesh*, Aldershot: Ashgate.

Alamgir, Jalal (2007) "The Plot against MKA: A Son's Protest," *The Daily Star*, 10 May.

Bakht, Farid (2007) "Army Entrenches Itself in Bangladesh," *Economic and Political Weekly*, 42(29): 2991-2992.

Baxter, Craig (1991) "Bangladesh 1990: Another New Beginning?" *Asian Survey*, 31(2): 146-152.

Blair, Harry (2010) "Party Overinstitutionalization, Contestation, and Democratic Degradation in Bangladesh," in Paul Brass, ed., *Routledge Handbook of South Asian Politics*, New York: Routledge.

Choudhury, Dilara (2013) "Culture of Parliament Boycott in Bangladesh," *The Daily Star*, 18 March.

Chowdhury, M. Jashim Ali (2015) "Elections in 'Democratic' Bangladesh," in Mark Tushnet and Madhav Khosla, eds., *Unstable Constitutionalism: Law and Politics in South Asia*, New York: Cambridge University Press.

Commonwealth Secretariat (1991) *Parliamentary Elections in Bangladesh, 27 February 1991: The Report of the Commonwealth Observer Group*, London: Commonwealth Secretariat.

Coordinating Council for Human Rights in Bangladesh (1991) *Coordinating Council for Human Rights in Bangladesh (CCHRB) Parliamentary Election, 1991 Observation Report*, Dhaka: Coordinating Council for Human Rights in Bangladesh.

——— (1996a) *Election Observation Report, 6th Parliamentary Election 1996*, Dhaka: Coordinating Council for Human Rights in Bangladesh.

——— (1996b) *Bangladesh: Parliamentary Election '96 Observation Report*, Dhaka: Coordinating Council for Human Rights in Bangladesh.

——— (2002) *The CCHRB Election Observation Report: The Eighth Parliamentary Elections, October 1, 2001*, Dhaka: Coordinating Council for Human Rights in Bangladesh.

Diamond, Larry (2015) "Facing up to the Democratic Recession," *Journal of Democracy*, 26(1): 141-155.

Election Monitoring Working Group (2002) *Election Day 2001 Nationwide Observation: A Report of the Election Monitoring Working Group (EMWG)*, Dhaka: Asia Foundation.

Freedom House (2015) *Freedom in the World 2015*, Washington D. C.: Freedom House.

Hoque, Ridwanul (2015) "The Judicialization of Politics in Bangladesh: Pragmatism, Legitimacy, and Consequences," in Mark Tushnet and Madhav Khosla, eds., *Unstable Constitutionalism: Law and Politics in South Asia*, New York: Cambridge University

Press.

Hossain, Sara (2010) "Confronting Constitutional Curtailments: Attempts to Rebuild Independence of the Judiciary in Bangladesh," in Paul Brass, ed., *Routledge Handbook of South Asian Politics*, New York: Routledge.

Islam, Nurul (2010) "The Army, UN Peacekeeping Mission and Democracy in Bangladesh," *Economic and Political Weekly*, 45(29): 77-85.

Jahan, Ferdous and Asif Shahan (2014) "The Shifting Role of Judiciary in Bangladesh: Re-defining the Checks and Balances in a Transitional Democracy," in Nizam Ahmed, ed., *40 Years of Public Administration and Governance in Bangladesh*, Dhaka: University Press Limited.

Levitsky, Steven and Lucan Way (2015) "The Myth of Democratic Recession," *Journal of Democracy*, 26(1): 45-58.

Moniruzzaman, M. (2009) "Parliamentary Democracy in Bangladesh: An Evaluation of the Parliament during 1991-2006," *Commonwealth and Comparative Politics*, 47(1): 100-126.

National Democratic Institute for International Affairs (1991) *Bangladesh Parliamentary Elections, February 27 1991: A Post-Election Report*, Washington D. C.: National Democratic Institute for International Affairs.

———— (1996a) *Preliminary Statement of the NDI Observer Delegation to the June 12, 1996 Parliamentary Election in Bangladesh*, Washington D. C.: National Democratic Institute for International Affairs.

———— (1996b) *Second NDI Preliminary Statement, June 1996 Parliamentary Elections in Bangladesh*, Washington D. C.: National Democratic Institute for International Affairs.

———— (2006) *Report of the National Democratic Institute (NDI): Pre-Election Delegation to Bangladesh's 2006/2007 Parliamentary Elections*, Dhaka: National Democratic Institute for International Affairs.

Rashiduzzaman, M. (1997) "Political Unrest and Democracy in Bangladesh," *Asian Survey*, 37(3): 254-268.

Riaz, Ali (2014) "Bangladesh's Failed Election," *Journal of Democracy*, 25(2): 119-130.

Shahan, Asif and Ferdous Jahan (2016) "Democratic Transition and Politics-Administration Relationship in Bangladesh," in Nizam Ahmed, ed., *40 Years of Public Administration and Governance in Bangladesh*, Dhaka: University Press Limited.

Wilkinson, Steven I. (2015) *Army and Nation: The Military and Indian Democracy since*

Independence, Cambridge: Harvard University Press.

▨ 謝辞：本研究は JPSP 科研費15H02599の成果の一部である。

第4章

外圧の消滅と内圧への反発
—— トルコにおける民主主義の後退 ——

間　　寧

　トルコで2002年に成立した親イスラムの公正発展党（AKP）政権は当初，基本的人権拡大，市民社会の政治参加自由化，市場制度強化などの改革を実現したものの2007年以降は民主化が失速，司法府の独立性低下，少数派意見の抑圧，市場経済への政府介入，野党の選挙言論活動への締め付けなどが目立つようになった[1]。トルコの現在の政治体制はラテンアメリカで多く見られた委任型民主主義といえる。委任型民主主義とは，自由公正な選挙で誕生した政権が，国民多数派からの委任を受けたことを根拠に立法府と司法府の権限を侵す，制度的に未熟な民主主義である。ただしトルコに特徴的なのは，ひとつの政権が一度は民主主義を進展させた後にそれを委任型民主主義にまで後退させたことである。これは，ラテンアメリカの多くの委任型民主主義政権が政権発足時から委任型民主主義だったことと対照的である。しかも委任型民主主義は主に大統領制で現われたのに対して[2]，トルコが議院内閣制であることは，もうひとつの特徴である。

---

(1)　トルコにおける親イスラム政党は，世俗主義体制を所与としながらもイスラム的価値を擁護する政党と認識されてきた。親イスラム政党は1970年に初めて結成されたが，反世俗主義などの理由で解党させられるも新党を結成するという過程を，国民秩序党（MNP，1970～71年）→国民救済党（MSP，1972～81年）→福祉党（RP，1983～98年）→美徳党（FP，1997～2001年）→ AKP（2001年～）および至福党（SP，2001年～）と，4回繰り返してきた。

なぜトルコでは同一政権下で民主主義が進展した後に後退したのか。本章は，民主主義の進展には外圧，後退には内圧と党内圧，という別々の要因が働いたことを論ずる。まず，民主主義の進展は，国際通貨基金（IMF）や欧州連合（EU）からの政治経済改革要求に対応した結果だった。2007年以降にこれらの外圧が消滅するとともに改革の動機は失せた。つぎに，民主主義の後退は，第一に，国家エリート（軍部や司法府）が世俗主義遵守を理由に AKP 政権に執拗に抵抗したことに起因している。[3] この内圧は，当初は AKP 政権の自由度を制約したものの，それが度を超すと AKP 政権は世論を味方に付けて国家エリート粛清に踏み切った。ただし，その過程で制度改革ではなく政治的任命が起きたため三権分立が弱体化した。第二に，レジェップ・タイイップ・エルドアン党首が，自らに次ぐ党内有力者の影響力を削ぐための好機が生まれたことである。エルドアンはそれを最大限に利用し，党内圧が低下した。

　もちろん，エルドアン首相・大統領がそもそも委任型民主主義的考えを持っていたことも事実である。また AKP のような優越政党は体制定着を狙って社会を支持者と非支持者に分断することも知られている。しかしエルドアンは，AKP 政権成立当初は世俗主義的な軍部や司法府が抱く警戒感に配慮して政権のイスラム色を抑えた。また，多くの一党優位制において，その定着期に民主主義は必ずしも後退していない。AKP 政権第 1 期と第 2 期以降の間で民主主義に違いが生まれた根本的原因は，上述した 3 種類の圧力の変化である。

---

(2)　大統領制で委任型民主主義が現われやすい理由は，権力（根源・生存）分立の原則が（Shugart and Carey 1992），①大統領が議会の信任無しに任期を全うできるという利点，②大統領は自らの政策を立法化するうえで議会を必ずしも誘導できないという欠点，を生むことである。大統領は利点を利用して欠点を克服しようとする誘因に駆られるため，議会や裁判所の権限を無視する行為に及ぶ。

(3)　トルコにおける共和制樹立を主導してきた①共和人民党（CHP），②軍人，③官僚により構成されるエリートは，特定の社会集団の利益ではなくトルコの世俗主義的国民国家の利益と価値を擁護することから国家エリートと呼ばれてきた（Özbudun 1993）。

　本章の構成は以下のとおりである。まず第１節で，トルコでは長年多党制が続いていたが，それが経済危機を契機に AKP 一党優位制に変質したこと，つぎに第２節で，AKP が一党優位制を利用して政治体制を委任型民主主義に変質させていったことを論じる。そして第３節で，委任型民主主義への移行に外圧，内圧，党内圧がどのように影響を及ぼしたかを過程追跡する。

1　政党政治と AKP 政権

トルコにおける政党政治

　トルコでは第一次世界大戦敗戦後，連合国による占領に対して軍人ムスタファ・ケマルが解放闘争を開始，1923年に共和制が樹立された。ケマルは軍人や官僚出身者からなる共和人民党（CHP）を結成して一党制を確立するとともに，世俗主義や国民国家などの国家原則を定めた。その後，CHP 党内対立をきっかけに1945年に複数政党制へ移行，1950年総選挙で初めて政権交代が起きた。それでも共和国樹立の主導者だった軍部や官僚という非民選国家エリートは政権や政党政治に影響力を行使してきた。トルコは1960年，1971年，1980年に，政治的混乱を理由とする３回のクーデタを経験している。これらのクーデタの目的は長期政権の樹立ではなかったが[4]，軍部はその後の憲法体制再構築に関与した。また平時においても，軍部は国家安全保障会議定員の半数を占めて政策決定に大きく関与してきた。憲法裁判所は憲法改正法にさえ違憲判決を下したし，最高検察庁による親イスラム政党やクルド系政党の解党請求を認めてきた。このように非民選の国家エリートが民選政権や議員に対して拒否権を行使することは庇護的民主主義と呼ばれてきた[5]（Esen and Gümüşçü 2016）。

　複数政党制移行後のトルコの政党制は，1950年代の二党優位制から1960年代

---

(4)　トルコの軍事政権は１年（1960～61年）および３年（1980～83年）と短く，1971年の（軍隊を用いない）「書簡によるクーデタ」後は２年間の文民超党派政権だった。

以降の多党制へと変遷してきた。その理由のひとつは，1961年に選挙制度がそれまでの比較多数制から比例代表制に変更されたことである。県別選挙区での議席配分が，全議席を第一党に与える方式から，政党の選挙区得票数に応じて議席を与える方式に取って代わられたのである。ただし多党制が進んだのが1990年代であることは，もうひとつの理由があることを示唆している。1980〜83年の軍事政権は，1980年当時の政党・政治家の政界復帰を禁止し，しかも議席獲得に必要な全国得票率を10％にして，新政党・新政治家からなる二大政党制を構築しようとした。しかし1987年総選挙直前の憲法改正で，旧政党・旧政治家が政界復帰を果たし，政治的影響力を取り戻した。このため，新旧政治勢力が（左派あるいは右派の）同じ支持基盤をめぐって競い合うという政界の細分化（再編でなく）が起きた。

　この多党制の構図が大きく変わったのが2002年総選挙である。連立政権を構成していた3党（民主左派党［DSP］・祖国党［ANAP］・民族主義行動党［MHP］）は，2001年2月のトルコ史上最悪の経済危機の責任を問われ，いずれも議席獲得必要得票率を得られず院外政党に転落した。代わりに2001年に結党されたAKPが単独過半数政権を樹立，野党は前回総選挙で院外政党に転落していた世俗主義のCHPのみとなった。2007年総選挙以降は主要野党が3党に増えたものの，AKPが過半数を握る構造にほぼ変わりない。

　2002年総選挙でのAKPの躍進は，それが親イスラム政党であることとは別の理由に求められる。第一に，刷新性である。AKPが院内政党のなかで近年では唯一，党首と指導部の若返りを実現していた。第二に，党首エルドアンの人気である。彼は1994年からイスタンブル市長として市政を改革したうえ，宗

---

(5)　本章が扱う民主主義の下位分類（委任型民主主義，庇護的民主主義）は，競争的な普通選挙により政権が樹立されるというという点で，民主主義の最低基準を満たしている（Collier and Levitsky 1997: 439-441）。委任型民主主義は三権分立が弱いこと，庇護的民主主義は選挙で選ばれた政権の統治権限行使が軍部の政治介入などにより制約されることが，民主主義の理念型からの逸脱をもたらしている。

教的対立を煽る詩を詠んだという罪で1998年に禁固刑に処されたことで英雄視された。第三に，同党のイデオロギー的幅の広さである。同党は親イスラム政党の従来の主張，たとえば政府機関でのスカーフ着用解禁を遵守しつつも，親欧米外交や経済改革などトルコの従来の政策を継承することを約束，さらに他のどの政党よりも声高に，社会正義や減税を主張，貧困層を引きつけた（間2003）。

AKP 政権と一党優位制

　一般的に，同一政党が議会選挙で 3 回連続して過半数議席を獲得した場合，一党優位制であるとみなされる（Sartori 1976）。一党優位制は，民主的選挙が繰り返される過程で台頭するという点で民主主義的体制の一種である。トルコの現在の一党優位制は，AKP が2002年，2007年，2011年と総選挙を 3 回連続勝利して成立した。そのため2002〜10年を台頭期，2011年以降を定着期と定義する。既存研究によれば，同体制の台頭と定着は異なる要因に依拠している。

　まず一党優位制の台頭は，（東西冷戦などの）外生的な危機により社会勢力の政治的志向の転換（mobilizational crisis）が起きることに起因する（Pempel 1990: 77-82）。これは政党支持構造の再編成（electoral realignment）である。支持勢力の新たな組み合わせで支持基盤拡大に成功すると与党の地位を獲得できる。他方，支持基盤の多様化にともない，与党は少なくとも当初は非先鋭的な政策を取る。トルコの場合の外生的な危機とは2001年 2 月の経済危機で，それが有権者の経済優先志向を強めた。また，世論動向から AKP 勝利を予期した中道右派政党の議員や地方支部が総選挙を目前に（イデオロギー的には近い）AKP に鞍替えしたことも「保守合同」をもたらし，AKP 票を増幅した（間2003）。AKP 政権はその第 1 期に経済成長と安定を実現して有権者の経済優先志向に応えたため，2007年 7 月総選挙で46.6％と，前回に比べ13％ポイント以上も得票率を伸ばして再任された。政治や経済において個人の自由を尊重するリベラル派のマスコミや知識人の多くが AKP 政権支持に向かった。

つぎに，定着は，政権が社会的亀裂を利用して政治的両極化を起こしたり（Roberts 2014: 24; Bartolini and Mair 1990），与党イデオロギーを体制に独占的に浸透させたりして（ideological hegemony），政党と有権者の間の支持関係を固定化させることで起きる（Pempel 1990: 352-356）。すなわち，与党は当初多様だった支持勢力を同党のイデオロギーに従って均質化しようとする。AKP政権は第 2 期以降，イスラム的価値観を重視する政策および言説を用いてトルコ社会を親政権の宗教保守派と反政権の世俗主義派に両極化させ，それまで宗教保守派でも世俗主義派でもなかった浮動層に親政権の選択を迫るのである[6]。2011年総選挙での両極化選挙戦は，それまで AKP 政権を支持してきた（個人の自由や多様性を尊重する）リベラル派の離反を決定づけた。有権者が AKP への投票を決めるうえで経済業績よりも社会的亀裂のほうがより重要になってきたことは，2007年と2011年の投票行動分析でも示されている（Çarkoglu 2012）。一党優位制の定着期において，政治体制に与党イデオロギーを浸透させる傾向は国家機関の「抑制と均衡」機能の低下を，反与党勢力を疎外する傾向は選挙至上主義を，それぞれ助長する。これらの理由で，一党優位制の定着期は，その台頭期に比べて委任型民主主義をもたらしやすいとはいえる。ただし，多くの民主主義国では一党優位制が定着しても民主主義の後退は起きていないように（Nwokora and Pelizzo 2014），トルコの委任型民主主義を一党優位制定着だけで説明するのには無理がある。

---

(6)　象徴的なのは，2010年10月の憲法改正国民投票を控えて与党を支持せず中立を表明したトルコ経団連（TÜSIAD）を標的にした，エルドアン首相の「立場を決めないものは排除される（Bitaraf olan bertaraf olur）」という発言である。これは中立的立場の人々をも反政権とみなす考えを反映している。"Erdogan: Bitaraf olan bertaraf olur," *Milliyet*, 18 Ağustos 2010.

2　民主主義後退と委任型民主主義

民主主義の進展から後退へ

　フリーダムハウスによれば AKP 政権下での民主主義の進展は2004年に，後退は2012年以降に起きている（図4-1）。フリーダムハウスによる各年の報告書によれば，フリーダムハウス指標の2004年の１ポイント上昇は，刑法改正，文民統制向上，クルド語など少数派言語での放送開始，拷問件数の低下などによる。2012年の１ポイント低下は，本章で後述する政治的「陰謀訴訟」での不当な拘束と判決，2013年の下降傾向評価（ポイントには変化なし，以下同様）は市民的抗議活動への過剰な警察力行使と民間会社への政府支持要求，2014年の下降傾向評価は政府汚職捜査や司法過程への政権の介入，2015年の下降傾向評価は野党やマスコミ報道への圧力などに起因している。このように，トルコにおいて司法府の独立性低下，反対意見の抑圧，市場経済への政府介入，野党の選挙言論活動への締めつけなどが起きている。2014年以降のトルコは民主主義の必要最低条件を満たしていない，との見方さえある（Diamond 2015）。

　AKP 政権下での2012年以降の民主主義の後退は委任型民主主義への移行であると考えられる[7]。その理由は，行政府の越権（三権分立無視）が選挙での多数派支持獲得で正当化されていることにある。委任型民主主義は，民主主義的な選挙で誕生した政権（行政府）が，国民多数派からの委任を受けたことを根拠に立法府と司法府の権限を侵す体制で，選挙民主主義のインフォーマルな定着形態のひとつとされる。そこで政権は垂直的（有権者への）アカウンタビリティを盾に，水平的（立法府と司法府への）アカウンタビリティを回避する（O'Donnell 1994, 1999）。これが現在のトルコにも当てはまることを示す例は枚挙にいとまがない。

---

(7)　ハック・タシュも現在のトルコを委任型民主主義と捉えている（Taş 2015）。

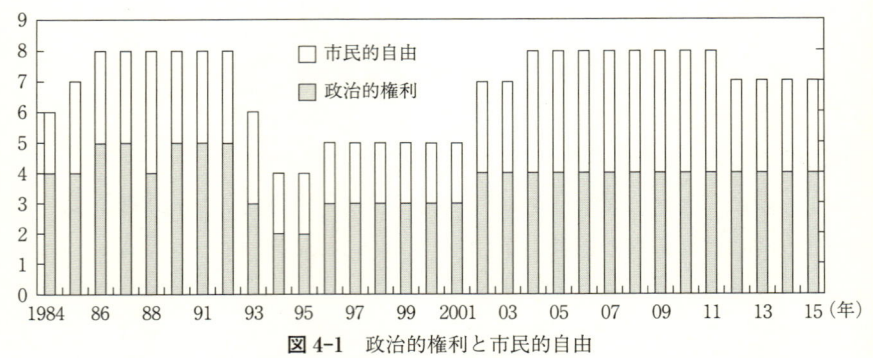

図 4-1　政治的権利と市民的自由

注：フリーダムハウス指標の値は，1 が自由（または権利）が最も大きい，7 が最も少ないことを示す。この図ではフリーダムハウス指標の値を 7 から差し引いて，6 が自由（または権利）が最も大きい，0 が最も少ない，となるように変換した。
出所：Freedom House データより筆者作成。

　たとえばエルドアンは2014年 8 月に直接選挙で大統領に選出された後，越権行為を繰り返してきた。トルコは首相を行政府の長とする議院内閣制で，大統領には国家三権の間の調整役としての権限しか与えられていない。それにもかかわらず，エルドアンは大統領府組織を大統領令により拡大，局数を13に倍増，各部局を担当する大統領筆頭顧問たちが閣僚のように振る舞い政策上の発言を行なっている。2015年 2 月には，大統領が憲法で定められている政治的中立を守っていないとの批判に対し，「私は中立ではない。国民の側にあるからだ」と発言している。2015年 6 月総選挙戦さなかには，エルドアンは大統領制導入のための憲法改正に必要な与党安定多数を公然と求めた。全国遊説を行ない野党を批判，アフメット・ダウトール首相と揃い踏みするなど，大統領の中立規定を完全に踏みにじった。

---

(8)　その新設局のひとつである投資監視局は，大統領筆頭顧問で前建設相のビナリ・ユルドゥルムが局長を務め，首相が有していた投資に関する最終許認可権限の一部を譲り受けた。"Başkanlık altyapısı hazır," *Cumhuriyet*, 12 Aralık 2014. 大統領筆頭顧問は2016年 2 月には23名にまで増えたが，そのうち15名は与党元国会議員だった。"Cumhurbaşkanı Erdoğan'a 5 ayda 23 başdanışman," *Hürriyet*, 13 Şubat 2016.

遅れて現われた委任型民主主義

　トルコにおける委任型民主主義は，エルドアンの選挙民主主義観と多数派主義観，すなわち民主主義とは選挙にあり，選挙に勝利した多数派に少数派は従うという考えと深く結びついている。2013年5月末にイスタンブルで始まった市民的抗議行動を政府が弾圧したことをめぐり，アブドゥラー・ギュル大統領が「民主主義とは投票箱だけにあるわけではない」と述べ少数派の声も聞く必要を訴えると，エルドアンは「民意の表明は投票箱にある」と反駁した。このような選挙・多数派民主主義観の根源は，エルドアンの便宜的民主主義観，すなわち民主主義は権力を掌握する手段にすぎないという考えである。彼はイスタンブル市長だった1996年，「民主主義は市電だ。行くところまで行き，そこで降りる。民主主義は目的ではなく手段だ」と国内紙に述べている[10]。

　それでもAKP政権の第1期において委任型民主主義の傾向は現れず，むしろ民主化が進んだ。これは典型的な委任型民主主義政権と対照的である。ラテンアメリカにおける委任型民主主義について専門家評価を用いて作成された各国年次指標によると，ブラジルのフェルナンド・コロル政権，アルゼンチンのカルロス・メネム政権，ネストール・キルチナー政権，クリスティーナ・キルチナー政権，ベネズエラのウゴ・チャベス政権などは，政権発足当時から委任型民主主義が顕在化していた（Gonzalez 2014: 242-250）。

　AKP政権の委任型民主主義化を当初は阻み，民主化を促したのは，IMFとEUからの政治経済改革を求める外圧である。その後，委任型民主主義をもたらしたのは第一に，非民選国家エリートである軍部と司法府による過度な政治介入（内圧），第二に，党内有力者の影響力（党内圧）低下である。次節では，

⑼　これに対し，有権者はAKPへの支持が大統領制導入につながると警戒したこともあり，AKPは同選挙で第一党の座を維持したもののその議席は過半数割れした（間 2015）。エルドアンは総選挙後の組閣過程をさまざまな遅延工作により時間切れにさせ，11月の再総選挙に持ち込み，AKPが過半数議席を回復した。

⑽　エルドアンのNilgün Cerrahoğluとの対談（*Milliyet*, 14 Temmuz 1996）。

表 4-1 外圧，内圧，党内圧の概観

圧力の主体	圧力の根源・基盤	政策志向
外　圧		
IMF	スタンドバイ取極	経済安定化と構造改革
E　U	EU 加盟交渉	民主化
内　圧		
軍　部	トルコ国軍内務法，国家安全保障会議	公的機関での宗教性排除
セゼル大統領（2000〜07年）	立法府への拒否権	公的機関での宗教性排除
司法府（憲法裁，最高検察庁）	違憲立法審査，政党解党訴訟	公的機関での宗教性排除
第一野党（共和人民党）	違憲立法審査請求権	公的機関での宗教性排除
党内圧		
与党有力者：アルンチュ	国会議長	エルドアンよりも保守
ギュル	暫定首相後に外相	穏健

出所：筆者作成。

　3つの政治的圧力の民主化促進・後退への影響を過程追跡により明らかにする。外圧，内圧，党内圧という3つの要因の概観は，表 4-1 に示すとおりである。

3　民主主義の進展と後退を規定した3つの要因

外圧による民主化とその限界——IMF と EU

　外圧ではまず，IMF とトルコの間のスタンドバイ取極が挙げられる。トルコは2001年経済危機による対外決済困難に対応するために IMF とスタンドバイ取極を結び短期融資を受けたが，その条件として，AKP 政権の前任政権は2001年の6月以降，IMF の処方した通貨金融財政指標管理と構造改革を開始した。とくに構造改革の一環として政治的に独立した経済政策実施機関（いわゆる独立機関）である貯蓄預金保険基金，銀行管理監督局，公共入札局などが設立された。このような構造改革は，政権による経済制度の政治利用や汚職を抑制するうえで重要だった。

　つぎに，トルコの EU 加盟交渉開始の条件であるコペンハーゲン基準を満たすためには，民主化改革が必要だった。そのため2001年から2004年にかけて2

回（うち AKP 政権で 1 回）の憲法改正と 8 回（うち AKP 政権で 5 回）の EU 適応化法改正が実施された。AKP 政権下で実現した改革を 3 つの柱に分けると，第一には，集団・結社の自由の拡大で，政党強制解散の条件を強化し，集会・デモへの当局による延期措置に制限を加えた。第二に，個人・少数派の権利の拡大のため，「思想上の罪」の規定を廃止，拷問罪を厳罰化，民間および国営テレビ局によるクルド語放送を自由化，子どもの命名での制約を廃止，公衆道徳に反する出版物の焼却規定を廃止した。第三に，軍部の政治的影響力を縮小するため，国家安全保障会議の権限縮小と同事務局の文民化，軍事支出の会計検査導入，行政府内委員会委員の軍部に与えられた候補枠廃止などを実現した（間 2006）。

　すなわち，AKP 政権第 1 期は IMF と EU がそれぞれ求めた経済の安定化と構造改革，政治制度の民主化という 2 つの大きな課題を最優先した[11]。いずれの課題も先行政権からの引き継ぎ事項である。とくに EU が求める改革は，関税同盟批准（1995年）のための条件として憲法・法改正が実施されて以来続いてきた。図 4-1 でフリーダムハウス指標が1996年以降改善していることは，EU との関係深化の民主化効果が AKP 政権に限らないことを示唆する。IMF が求める改革も，1999年スタンドバイ取極でのインフレ抑制プログラムにすでに含まれていた。このように，AKP 政権の政治経済改革は，同政権が発案したものではなく，とくにエルドアンの当事者意識は弱かった。

　政権は第 2 期に入ると，IMF とのスタンドバイ取極を2008年に更新せず，IMF 融資に頼らず経済運営を行なうことを決め[12]，これにより IMF 処方の経済改革は終焉を迎えた[13]。IMF からの改革要求がなくなってからは，懸案だった

改革課題（財政規律立法化など）を放棄，また経済改革で活用された制度や独立機関を形骸化させた。たとえば，公共入札法がたび重なる改訂で骨抜きにされ，政府が事実上落札企業を決定できるようになった（Gürakar 2016）。メディアの多くは建設業者により所有されているため，政権は公共事業入札での優遇と引き替えにメディアの政権寄り報道を求めた。また政権は，銀行整理監督機構や貯蓄預金保険基金の役員解任権を首相に与える法改正（法律第5411号）をすでに2005年に行ない，政権の意向に従わせようとしていた。そして政権に批判的なメディアを貯蓄預金保険基金に接収させて親政権メディアに売却したり，追徴課税を課して多大な損失を発生させて傘下の新聞の売却を余儀なくさせたりした（Corke et al. 2014）。

　他方，EU は2006年末，トルコがキプロス共和国の存在を認めないことを理由にトルコの EU 加盟交渉を部分凍結した。これはトルコの加盟交渉開始決定後に新たな要求が追加され，トルコがそれに従わなかったことに起因している。エルドアン首相は，トルコの EU 加盟が実現できない場合，コペンハーゲン基準の代わりにアンカラ基準で改革を続けると発言していたが，その後トルコ政府の民主化推進の意欲は失せた。もうひとつの理由は，包括的民主化立法がも

⒀　エルドアンはそもそも IMF 主導の経済改革には及び腰で，政権発足当時に党内で経済を重視するアブドゥラー・ギュル首相（エルドアン党首が2003年3月に首相就任するまでの暫定）やアリ・ババジャン副首相に説得されて IMF スタンドバイ取極に合意したが，2007年になると経済改革をやめる意思を経済官僚に表明していた。

⒁　AKP 政権発足以降の13年間での合計163回の改訂により，公共入札法対象の例外が拡大し続けた。http://www.cumhuriyet.com.tr/haber/turkiye/305183/Degistirilen_yasalar_yolsuzluklara_zemin_oldu.html; http://www.cumhuriyet.com.tr/koseyazisi/374749/Kamu_ihale_reformuymus_.html

⒂　2001年経済危機後，銀行整理監督機構は多くの銀行の営業免許を取り消し，銀行所有者である財閥企業が倒産した。それら財閥企業が所有していた放送局や新聞は貯蓄預金保険基金により接収され，競売にかけられたことでメディア界の再編が進んだ。2007年までは国内外からの新規参入によるメディア自由化だったが，2008年以降は AKP 政権寄りのメディア構築といえる（Yeşil 2016: 83-84, 88）。

っぱら EU 加盟交渉開始のために必要だったことである。2003年以降では初の
2008年の国民プログラム（加盟候補国が加盟条件を達成するための具体的公約）
は，民主化のための新たな憲法・法改正ではなく2004年までに改定された憲
法・法の運用に重点を置いた[17]。そのため EU 加盟交渉開始（2005年）後の民主
化の動きは，国際人権規約条項批准，欧州人権裁判所判決履行，拷問件数減少，
刑事訴訟開始への法相の許認可権を弱める刑法改定などに限られた（Savaşan
2013: 64）。

内圧としての庇護的民主主義──軍部と司法府

　エルドアンが2003年 3 月に首相に就任して以降，世俗主義国家エリートであ
る軍部，司法府，および（前憲法裁判所長官である）アフメット・ネジデット・
セゼル大統領は，AKP 政権がトルコの世俗主義を形骸化させることを警戒し
てさまざまな形で圧力を加えて抵抗した[18]。このように非民選の国家エリートが
三権分立や法規定を利用して民選政権に対して拒否権を行使することは，庇護
的民主主義とみなされた（Esen and Gümüşçü 2016）。エルドアンは首相就任
早々，AKP がイスラム政党ではなく保守民主主義であると訴えたが[19]，庇護的
民主主義の圧力は弱まらなかった。むしろ，①大統領選挙過程への国軍と憲法
裁判所の政治介入，②最高検察庁による AKP 解党訴訟，③憲法裁判所の「憲
法改正違憲」判決，で頂点に達した。

　2007年 4 月には，国会が行なう大統領選挙を控えて AKP と世俗主義陣営

---

(16)　2000年および2003年の「加盟のためのパートナーシップ」（EU と加盟交渉国との間
　　で結ばれる加盟準備協定）での要求は，キプロス問題の国連による解決努力を強く支
　　持することだったのに対し，2005年「加盟のためのパートナーシップ」で EU は，キ
　　プロス共和国を含む EU 新規加盟10カ国へのアンカラ協定追加議定書の履行，キプロ
　　ス共和国を含む全 EU 加盟国との二国間関係の正常化，トルコ EU 関税同盟の遵守を
　　求めたのである（間 2007）。
(17)　http: //www. ab. gov. tr/files/UlusalProgram/UlusalProgram_2008/Tr/pdf/ii_
　　siyasikriterler.pdf

（軍部，世俗主義市民，CHP，司法府）との対立が深まった。AKP の大統領候補
は当初，エルドアン首相とみられていたが，国軍参謀総長が世俗主義者である
候補を求める記者会見を行ない世俗主義市民も大衆行動を起こすと，エルドア
ンは立候補を断念，代わりにギュルを候補に選んだ。この選択を世論は穏当と
受け止めたが，ギュル夫人がイスラム的スカーフを着用していることへの懸念
が軍部内に存在していたため，国軍参謀本部はそのインターネットのホームペ
ージに，大統領選挙の焦点が世俗主義であり軍部は「法律が定めた任務を遂行
する」と，クーデタの可能性を暗示する声明を発表した。さらに憲法裁判所も，
野党第1党 CHP が欠席した第1回大統領選挙投票結果が議決定足数不足のた
め無効であるとの判決を下した。これらの抵抗に対しエルドアンは繰り上げ総
選挙7月実施を決定，民意を問うとした。[20]

　総選挙で AKP が大勝，ギュルが大統領に8月に（CHP の抵抗なしに）国会
で選出された後も，司法府による政治介入は続いた。[21] 2008年3月に最高検察庁

⒅　軍部はエルドアン首相就任後最初に開催された7時間半にわたる国家安全保障会議
　で政府に世俗主義遵守を求めた。"MGK'da AKP'ye laiklik uyarısı," *Cumhuriyet*, 1
　Mayıs 2003; "Gerginliği yaratan kilometre taşları," *Cumhuriyet*, 1 Mayıs 2003. またセゼ
　ル大統領は7年間（2000年5月から2007年8月）の任期中に77の法案に署名を拒否し
　て差し戻し，歴代大統領のなかで最多記録をつくった。そのうち64が AKP 政権期
　（約5年間），残りの13が前任の3党連立政権期（約2年間）である。年平均拒否数は，
　AKP 政権期は前政権期の倍に達した。http://www.haberx.com/veto_rekortmeni_
　ahmet_necdet_sezer (17, n, 10400018, 588). aspx; Erol Tuncer, "Sezer'li 7 yıl (7),"
　Radikal, 28 Nisan 2007. またセゼルは7年間の任期中に30名の候補を任官拒否した。
　http://arsiv.sabah.com.tr/2007/07/25/haber,97A17F19B4C14889839DA8E35F60A64B.
　html
⒆　エルドアンは「われわれは（親イスラム政党 RP の支持母体だった）国民的視点
　（Milli Görüş）のシャツを脱ぎ，（トルコにおける中道右派政党の源流である）民主党
　の路線を歩んでいる」と主張した。http://arsiv.sabah.com.tr/2003/05/28/s1812.html
⒇　"Seçim 22 Temmuz'da," *Cumhuriyet*, 4 Mayıs 2007.
㉑　軍部の政治介入は，エルドアンと国軍参謀総長が5月にドルマバフチェ宮殿で行な
　った秘密会談の後，途絶えた。

が，AKP 議員や他の党員の言動が世俗主義に反するという理由で AKP の解党を求める訴訟を憲法裁判所に対して起こしたのである（過去には同様の理由で AKP の前身政党が解散させられている）。憲法裁判所は解党命令を下さなかったものの，同党の世俗主義遵守を疑問視する見解を提示し，軽微ながらも政党助成金削減という制裁を課した。AKP 政権はこの件では憲法裁判所判事の意見が割れたことにも助けられて政権崩壊を逃れたが，同年の憲法改正の試みは挫かれた。AKP 政権は 2 月，大学でのスカーフ着用を自由化する目的で憲法改正を右派野党の MHP の支持も取りつけて成立させた。憲法改正の文言はきわめて漠然としていたものの，CHP はそれが世俗主義に反するとの理由で違憲立法審査を請求，憲法裁判所はトルコ共和国の基本原則の変更を禁じる憲法条項に反するという「手続き的理由」で違憲判決を 6 月に下したのである。

　このような内圧に対し，エルドアンは世俗主義国家エリートの影響を削ぐため，国家機構への浸透を図っていたイスラム組織のギュレン派を後押しした。2004年にはギュレン派が警察組織を統括することに許可を与えたり，最高裁判

---

(22)　厳格な世俗主義者ではないハシム・クルチュ憲法裁判所長官は，政党解散規定を見直すべきとの見解を表明した。

(23)　スカーフについては憲法改正の趣旨文でしか言及されていなかった。本文は，「公共機関は国民へのサービス提供で法の下の平等を遵守」「教育の権利は法律によらない理由で制限を受けない」など実質的意味を持たない表現で，スカーフへの言及はなかった。

(24)　軍部については，前政権のときから，EU 加盟交渉を開始するための条件として文民統制を強めるための憲法・法改正が行なわれてきた。国家安全保障会議での文官比率の引き上げや国家機構人事での軍部の関与の廃止，軍事予算の透明化などが2004年までに達成されている（間 2006）。これらの改革はトルコ社会における軍の政治介入の正統性を弱めたものの，2007年大統領選挙をめぐって起きたような政治介入を阻止する効果は持たなかった。

(25)　Abdülkadir Selvi, "Cemaat ve dershaneler," *Yeni Safak*, 2 Aralık 2013; "Kavganın bilançosu," *Cumhuriyet*, 5 Aralık 2013. 実際にはギュレン派の警察への浸透は1987年に始まっていたとされる（Şener 2009: 55-134）。元警察官僚の証言としては，Avcı（2010）を参照。

所の長官や他の判事の汚職疑惑を指摘してこれらを辞任に追い込んだりした。2005年には，約4000人の判事・検事の人事異動や，判事検事候補選定権限を司法大臣に与える法改正（法律5435号）などにより下級裁判所での AKP 政権の影響力を強め[26]（Özalp 2010: 77-82），ギュレン派を地方検察，地方裁判所に任官した。さらに2010年9月，AKP 政権は上級裁判所と司法人事機関における与党の任命権限を強める憲法改正を実現し，司法府全体におけるギュレン派の影響力を強めた[27]（Özalp 2010; Ertekin 2011, 2014; Özçelik 2014）。憲法改正案が国民投票にかけられた際には，エルドアンは軍部と司法府による庇護的民主主義を終わらせると国民に訴えた。

　ギュレン派の影響力が早くから強まっていた下級裁判所の検察と判事は2008年以降，15にのぼる「陰謀訴訟」（kumpas davası）を手がけ，軍人などの世俗主義者を捏造証拠により裁いた。大量の退役・現役軍人が政権転覆未遂容疑で逮捕，長期勾留されたことで，軍部への国民の信頼は失墜した[28]。陰謀訴訟のうち「鉄槌」訴訟では2012年に330名に16～20年の禁固刑判決，「エルゲネコン」訴訟では2013年に275名に有罪判決（うち19名が終身刑）が下された[29]。この間，2011年7月には訴訟の不当性への暗黙の抗議として国軍参謀総長と陸海空司令官という国軍の参謀が（憲兵隊司令官を除いて）総辞職し，2012年1月にはイルケル・バシュブー元国軍参謀総長もテロ組織指導者との容疑で勾留された。

---

(26)　候補選定権限を得た司法省は，人事案を（司法人事機関である）判事検事最高委員会（HSYK）へ提出するのを遅らせて同委員会での審査を事実上回避したうえ，要職人事を報告しなかった。これにより法曹界では政治的任命への疑念が拡がった。"Adalet Bakanlığı üst düzey hakim-savcı atamasını gizledi," *Hürriyet*, 11 Temmuz 2005.

(27)　とくに HSYK については，改憲前には，定員8名のうち（委員長の司法相と常任の司法次官を除いた残りのうち）3名は最高裁判所，3名は最高行政裁判所がそれぞれ示す3名ごとの候補から大統領が選任することになっていたが，改憲後は，定員を22名へ増員（15増1減）した。増分のうち4名を大統領による直接指名，10名を第1級判事・検事による互選（しかも1人1票制でなく候補の数だけ投票可能）にしたことで選挙に強いギュレン派判事に有利となった。

　その後，被告全員に釈放命令が下されたが，起訴されていた将校は昇進停止や定年退役を余儀なくされた。AKP 政権に懐疑的な年長将校が抜けた軍部は政権に対して従順となった。陰謀訴訟の真相が後に明らかになっても，長い訴訟の過程で軍部は政治的影響力を失った（Aydınlı 2011; Bardakçı 2013）。

　司法府と警察に浸透していたギュレン派は，軍部の政治力除去という点でAKP 政権に貢献したものの，AKP 政権に恭順してはいなかった。2013年12月，検察と警察が AKP 政権の汚職疑惑に対する調査を開始したのである。エルドアンは検察や警察で大量の人事異動を行ない，捜査を押さえ込んだ。その後も法相が参加した（司法人事機関である）判事検事最高委員会（HSYK）で大幅異動，警察庁密輸組織犯罪対策局での全員異動，HSYK の部門長の任命権を司法相に与える法改正などにより，司法府と警察に対する政権の掌握を強めた。また政府の汚職疑惑調査の背後にいたギュレン派が政府批判の情報をインターネットに流すと，AKP 政権は，プロバイダーに対してサイトへのアクセス禁止命令などが可能となるインターネット規制法改訂および，Twitter やYouTube へのアクセス遮断措置などを実施した。

⒅　A&G による全国規模世論調査（$N = 2407$）によれば，エルゲネコンという組織が存在すると信じるとの答えは全回答の61.7％に達した。"Halkın çoğunluğuna göre 'ERGENEKON örgütü' var." *Milliyet*, 26 Ocak 2009. ユーロバロメーター世論調査によると，トルコにおいて軍部を信頼するとの回答率は，2007年9月，2008年3月，2010年11月，2014年11月にそれぞれ84％，82％，70％，62％と低下した後，憲法裁判所判決後の2015年5月，2016年5月にはそれぞれ65％，76％と上向いた。http://ec.europa.eu/COMMFrontOffice/publicopinion/index.cfm/Chart/index

⒆　一連の陰謀訴訟の先駆けかつ象徴である「エルゲネコン」訴訟では，世俗・民族主義者からなるテロ組織「エルゲネコン」が AKP 政権転覆を試みたとの容疑で大学学長，マスコミ関係者，知識人，実業家，退役・現役軍人が2007年から逮捕，長期勾留され，2008年に公判が始まった。「鉄槌」訴訟でも AKP 政権へのクーデタ容疑で，退役・現役軍人の逮捕と訴訟が2010年に始まった。一連の陰謀訴訟に検察が提出し，判事が証拠として認めた文書のほとんどは電子媒体で偽造の痕跡が認められた。たとえば，2003年作成とされる文書に2007年版 Word 字体が使用されていた。詳しくは，間（2017）を参照。

ギュレン派の司法府からの排除過程は司法制度の恣意的改変と政治化をふたたびもたらした。2014年10月の HSYK 選挙では，AKP は民族主義派や社会民主主義派と連合して非改選議席と合わせて過半数議席を確保した。HSYK は憲法第154，155条により，上級裁判所のうち最高裁判所の全判事検事と最高行政裁判所の４分の３の判事検事（残りの４分の１は大統領が選任）を選任する権限を持つ。政府は12月に最高裁判所と最高行政裁判所の部局と定員を増やす法改正を行なうと[30]，増員分は HSYK や大統領が任命した政府寄りの判事・検事や官僚で埋められた[31]。2016年６月にはギュレン派のふるい落しを狙い，最高裁判所と最高行政裁判所の部局と定員を減らすとともに12年の任期を設ける法改正を行なった。現職の判検・検事は，上級位を除いて任期終了となったうえで，AKP 色の強まった HSYK により新たに任命されることになった[32]。

党内圧低下 ── トロイカ消滅と多選禁止規定

　党内圧を及ぼしていたのは，AKP 政権初期のトロイカ体制（エルドアン党首，ギュル首相，ビュレント・アルンチュ国会議長）における後者２名の存在である。ギュルは AKP 政権第１期当初の短期間（11月18日～３月13日）に首相を，その後外相を（大統領に選出される）2007年まで務めた[33]。AKP 政権発足時，ギュル首相は IMF 主導の改革の継続をエルドアンに強く進言，その推進役として経

---

(30) "Yargı paketi Genel Kurul'dan geçti: Makul şüphe ile arama artık yasal," *Cumhuriyet*, 2 Aralık 2014.

(31) "Erdogan, bürokratlarını Danıştay'a atadı," *Cumhuriyet*, 17 Aralık 2014; "Yargıtay'da 'paralel' temizlik," *Cumhuriyet*, 19 Aralık 2014.

(32) "'Tam teşekküllü' AKP yargısı... 10 soruda yargı paketi," *Cumhuriyet*, 1 Temmuz 2016.

(33)　AKP 党首であるエルドアンは，イスタンブル市長時代の1998年に宗教的対立を煽る詩を詠んだという罪で禁錮刑（４カ月）を受けたことで，被選挙権を剥奪されていた（首相になるためには国会議員資格が必要だった）。エルドアン党首は2002年12月の憲法改正により被選挙権を回復，2003年３月の国会議員再選挙で当選した後に首相に就任した。

済運営に詳しい与党議員アリ・ババジャンを経済担当国務大臣として入閣させた。またギュルは政府方針で，経済では IMF 主導の経済改革，外交では EU 加盟推進と NATO との協力関係維持を前面に押し出し，国内外の親イスラム政権への不安の軽減に努めた。ギュル内閣閣僚25名のうち，AKP の前身政党である福祉党（RP）の出身者は 7 名のみで，それ以外は2002年総選挙直前に AKP に鞍替えした中道右派諸政党出身者だった（間 2003）。このようにギュルは AKP 政権の穏健性の象徴と理解されていた。

　アルンチュはギュルと対照的に世俗主義国家エリートとの対立も辞さない原則主義者で，イスラム的スカーフの公的な場での着用を禁じてきた軍部や大統領と摩擦を生じさせた。そのためエルドアンは世俗主義国家エリートに対してアルンチュよりも慎重な言動を選び，アルンチュが始めたスカーフ論争を当初は静観した（間 2011）。またアルンチュは，2007年大統領選挙でエルドアンが当初予定した候補者を変更させるほどの発言力を維持していた。前述のとおりエルドアンは自らの立候補をあきらめた後，代わりの候補にイスラム的スカーフを着用していない妻を持つ国防相か，イスラム的スカーフを着用していない女性議員を挙げ，軍部の了解を得た。しかし，アルンチュ国会議長はこの決定を知らされると，自分より党内序列の低い党員が候補になったことに反発し，自分あるいは党内のもう 1 人の有力者であるギュルを候補にするようエルドアンに迫った。国会議長は大統領選挙の国会投票過程で重要な役割を果たすため，エルドアンは上記候補を断念し，アルンチュよりは穏健なギュルを選んだのである。

　AKP 政権第 2 期に入ると，ギュルとアルンチュなどの党内有力者の影響力は低下した。ギュルは大統領になると憲法規定に従い名目上は無党派になったが，実質的には与党と大統領の党派が一致し，イスラム派与党に世俗主義大統

---

(34)　http://www.hurriyet.com.tr/hukumet-uyeleri-imf-konusunda-farkli-dusunuyor-4393563; http://www.hurriyet.com.tr/panikten-korkup-imfye-sarildilar-131428

(35)　"Arınçın dediği oldu," *Cumhuriyet*, 25 Nisan 2007.

領が抵抗するという権力関係に終止符が打たれた。党派一致状態はギュルに AKP 政権との調和を求める圧力となり，彼はほとんどの法律および官職任命決定にそのまま署名した。名目上は大統領は国家元首であるが，実質的権限は首相のそれに及ばない。ギュルがエルドアンの意に反してある意味で偶然，大統領になったことが，ギュルのエルドアンに対する影響力を制約する結果となった。エルドアンは後述の理由から，次の大統領選挙に出馬するつもりだった。そのためエルドアンはギュルの再選を阻止すべく法改正（次期大統領選挙にのみ関する時限立法）を試みた。同改正案は憲法裁判所により違憲とされたものの，エルドアンのギュル排除の態度を表面化させたとともに，ギュルのエルドアンに対する不信を生んだ[36]。他方，アルンチュの国会議長としての役割は AKP 政権第 1 期で終わり，第 2 期以降は閣僚となり閣内に封じ込められ，独自の行動を取れなくなった。

　さらに，AKP 党規約は，国会議員の 4 選，党首の 5 選を禁じており，これが党内圧の排除に貢献した。多選禁止規定は，AKP 結党当初の党内民主主義の意識を反映している。AKP は，歴代の親イスラム政党党首だったネジメティン・エルバカンの独断性と宗教色強化を批判して離党した刷新派（前述の AKP のトロイカが中心）である。その後，多選禁止規定を変更することはたやすかったが，エルドアンはあえてこの規定に手をつけなかった。エルドアンは

---

(36)　2007年10月の国民投票により，大統領を国民の直接選挙で選ぶこと，その任期を 7 年・再選禁止から 5 年・再選可へと変更することなどを含む憲法改正が成立した（憲法改正案が国会投票のみで成立するために必要な国会議員 3 分の 2 の支持を得られなかったため国民投票に付された）。この憲法改正はギュルが大統領に選出された同年 8 月より後だったため，旧規定により選出されたギュルの任期と再選可能性について複数の解釈が政府内でも生じた。エルドアンはギュル（および上記憲法改正以前に選出されたほかの）大統領の再選を禁止する規定を含む法律を一度は成立させたものの，野党第 1 党の共和人民党が違憲立法審査を起こすと，憲法裁判所が同法律の再選禁止規定を無効とする一方で現在の任期は 7 年とする判断を下したのである（再選後の任期は 5 年）。

その理由は明らかにしていないが，多選禁止規定が存続したことは，①党内の有力者を議員3期で引退させる，②総選挙候補者リストはエルドアンが作成するため，総選挙のたびにエルドアンに忠実な新人国会議員が増える，という結果をもたらした。[37]

　エルドアンは第3期に入ってから，トルコの政治体制を大統領制にしたうえで自分が大統領になるための動きを始めた。[38]大統領制の構想は，政治の独裁化を危惧する与党内外から（ギュルやアルンチュからも）賛同を得られず，2011年10月に発足した国会の憲法改正委員会でも反対に遭って頓挫した（同委員会は2013年12月に中途解散）。しかしエルドアンは2014年8月，52％の得票率でトルコ初の民選大統領に選出されると，「国民が選んだ大統領」という多数派主義言説を用いながら，①与党に対する支配力の強化と②既成事実の蓄積により，執行大統領制を実現することを目指した。エルドアンは大統領当選者に無党派を義務付ける憲法規定を無視し，大統領選出日と就任日の間にAKP党大会を開催させて，現職大統領であるために無党派規定が適用されるギュルの総裁選挙参加を阻んだうえ，党内基盤が弱いダウトール外相を総裁候補に「指名」して総裁に就任させた。

　その後，ダウトール首相が市場経済とEUとの協調を重視すると，エルドアン大統領との間にしだいに溝が生じた。すると2015年9月のAKP党大会で，エルドアンはダウトール首相がギュル派勢力と連携して党を掌握することを阻止すべく，ダウトールが作成した中央決定執行委員候補50名の名簿を，大統領府筆頭顧問らからなる名簿と差し替えさせた。その後ダウトールは，大統領筆[39]

---

(37)　アルンチュがエルドアン派新人議員を「新参者」と呼んだことも「古参」の不快感を示している。

(38)　しかもエルドアンはAKP党規約を2012年に改定させ，党首の5選禁止規定から初代党首を除外し，自分が党首に復帰することを可能にした。

(39)　"Saray'ın listesi," *Cumhuriyet*, 11 Eylül 2016. 従わなければ大統領筆頭顧問で前建設相のビナリ・ユルドゥルムを総裁候補に立てるとのエルドアンの脅しは，ユルドゥルムに代議員の圧倒的多数の署名が集まったように嘘ではなかった。

頭顧問のなかでも最有力なビナリ・ユルドゥルム前建設相の影響力を弱めよう
と試みた。しかし逆に，2016年4月に党中央決定執行委員会で自らの党県支部
長任命権限を剥奪されたことで辞任に追い込まれた[40]。エルドアンは後任総裁に
ユルドゥルムを憲法の大統領無党派規定にまたも反して指名して，内閣への支
配を強化した。

政治制度の便宜的改変

なぜトルコの AKP 政権は，民主化を推進した後にそれを後退させたのか。
本章はその理由を，トルコに固有な外圧と内圧に求めた。トルコにおける民主
主義の進展と後退は，政権の内発的政策ではなく国外ないし国内からの圧力に
応じて生まれてきた。まず，民主化は AKP 政権に限らず1990年代半ば以降の
政権も外圧を受ければ推進してきた[41]。つぎに，民主主義の後退も，国家エリー
トが民選政権に対して三権分立を利用して抵抗したことへの反発から，三権分
立を無視する委任型民主主義という形で現われた。

このようにトルコにおいて（あるいは他の新興民主主義諸国においても）政治
制度が，受動的ないし反発的に形成されていることは，交渉と合意を基盤とす
る民主主義制度の定着への不安材料である。トルコにおける政治制度は原則上
ではなく便宜上の理由で，しかも制度全体への配慮なく，頻繁に変更されてき
た。大統領選挙の直接選挙化も，それが2007年の大統領選挙への国家エリート
による介入への反発だったとはいえ，民選大統領が首相と競合することで議院
内閣制を不安定化させることは当然の成り行きだった。実際それが，大統領制

---

[40]　"Binali Yıldırım harekatı," *Cumhuriyet*, 29 Nisan 2016; "Tam yetkisiz," *Cumhuriyet*,
　　30 Nisan 2016.

[41]　これに対し，1991～93年の旧野党による連立政権は，それまでの政権批判をもとに
　　策定した民主化法改正を実現した。

[42]　ベケン・サアッチオールも2013年以降の法の支配の低下の原因が AKP とギュレン
　　の権力抗争にあるとしている（Saatçioğlu 2016）。

を求めるエルドアンに口実を与え，2017年4月の国民投票で集権的大統領制を導入する憲法改正が成立した（間 2017b）。大統領を強権化し司法独立性を弱めたことで，委任型民主主義はより強まった。

　委任型民主主義は庇護的民主主義の打破を口実にしていたが，庇護的民主主義が終わっても民主化後退は止まらなかった。AKP 政権が内圧除去を目的に下級裁判所と警察にギュレン派の浸透を許し，陰謀訴訟を後押しして軍部を含む世俗主義勢力への弾圧を実施したのは，民主化後退の第一幕にすぎなかった。第二幕では，ギュレン派検察・警察が政権汚職捜査を開始すると，AKP 政権がこれを潰すため司法独立性を侵害し言論を弾圧した。[42]第三幕は，2016年7月15日に起きたギュレン派による軍事クーデタ未遂後に敷かれた非常事態体制である。エルドアン大統領は当初3カ月としていた非常事態令を3カ月ごとに延長，ギュレン派のみならず政権批判勢力に対しても国家機構からの排除と支持者の逮捕拘束を続けている（間 2017a）。トルコ民主主義の後退が委任型民主主義でとどまるとの保証はない。

参考文献
日本語文献
間寧（2003）「トルコ2002年総選挙と親イスラム政権の行方」『現代の中東』35：69-79。
──────（2006）「トルコの EU 加盟交渉開始」『現代の中東』40：11-15。
──────（2007）「加盟交渉過程のトルコ政治への影響」八谷まち子編『EU 拡大のフロンティア──トルコとの対話』信山社出版。
──────（2011）「トルコにおける国家中心的公共圏認識の定着──言説分析」『アジア経済』52(4)：87-111。
──────（2015）「2015年6月トルコ総選挙──公正発展党政権の過半数割れと連立政権模索」『アジ研ワールド・トレンド』240：48-51。
──────（2017a）「浸透と排除──トルコにおけるクーデタ未遂とその後」『アジ研ワールド・トレンド』257：36-43。
──────（2017b）「中東情勢分析：トルコにおける大統領制への移行」『中東協力センターニュース』5月号：8-16。

外国語文献

Avcı, Hanefi (2010) *Haliç'te Yaşayan Simonlar*, Ankara: Angora.

Aydınlı, Ersel (2011) "Ergenekon, New Pacts, and the Decline of the Turkish 'Inner State'," *Turkish Studies*, 12(2): 227-239.

Bardakçı, Mehmet (2013) "Coup Plots and the Transformation of Civil-Military Relations in Turkey under AKP Rule," *Turkish Studies*, 14(3): 411-428.

Bartolini, Stefano and Peter Mair (1990) *Identity, Competition, and Electoral Availability*, Cambridge: Cambridge University Press.

Collier, David and Steven Levitsky (1997) "Democracy with Adjectives: Conceptual Innovation in Comparative Research," *World Politics*, 49(3): 430-451.

Corke, Susan, Andrew Finkel, David J. Kramer and Carla Anne Robbins (2014) "Democracy in Crisis: Corruption, Media, and Power in Turkey," Freedom House Special Report.

Diamond, Larry (2015) "Facing Up to the Democratic Recession," *Journal of Democracy*, 26(1): 141-155.

Ertekin, Orhan Gazi (2011) *Yargı Meselesi Hallolundu*, Ankara: Epos.

————— (2014) *Türkiye'de Yargı Yoktur*, Istanbul: Tekin.

Esen, Berk and Şebnem Gümüşçü (2016) "Rising Competitive Authoritarianism in Turkey," *Third World Quarterly*, 37(9): 1581-1606.

Gürakar, Esra Çeviker (2016) *Politics of Favoritism in Public Procurement in Turkey*, New York: Palgrave Macmillan.

Gonzalez, Lucas (2014) "Unpacking Delegative Democracies," in Daniel M. Brinks, Marcelo Leiras and Scott Mainwaring, eds., *Reflections on Uneven Democracies*, Baltimore: Johns Hopkins University Press.

Huntington, Samuel P. (1991) *The Third Wave: Democratization in the Late 20th Century*, Norman: University of Oklahoma Press (サミュエル・P. ハンチントン／坪郷実・薮野祐三・中道寿一訳『第三の波──20世紀後半の民主化』三嶺書房，1995年).

Levitsky, Steven and Lucan A. Way (2010) *Competitive Authoritarianism*, New York: Cambridge University Press.

Nwokora, Zim and Riccardo Pelizzo (2014) "Sartori Reconsidered: Toward a New Predominant Party System," *Political Studies*, 62(4): 824-842.

O'Donnell, Guillermo A. (1994) "Delegative Democracy," *Journal of Democracy*, 5(1): 55-69.

——— (1999) *Counterpoints*, Notre Dame: University of Notre Dame Press.

Özçelik, Can (2014) *Hüküm Giyen Adalet*, Istanbul: Destek.

Özalp, Hüseyin (2010) *Kuşatılan Yargı*, Istanbul: Togan Yayıncılık.

Özbudun, Ergun (1993) *Türk Anayasa Hukuku*, 3rd rev. ed., Ankara: Yetkin.

Pempel, T. J. (1990) "Conclusion: One-party Dominance and the Creation of Regimes," in T. J. Pempel, ed., *Uncommon Democracies*, Ithaca: Cornell University Press.

Roberts, Kenneth M. (2014) *Changing Course in Latin America*, Cambridge: Cambridge University Press.

Saatçioğlu, Beken (2016) "De-Europeanisation in Turkey: The Case of the Rule of Law," *South European Society and Politics*, 21(1): 133-146.

Savşan, Zerrin (2013) "The Credibility of EU Human Rights Conditionality: Turkey's Case," in Belgin Akçay and Bahri Yılmaz, eds., *Turkey's Accession to the European Union: Political and Economic Challenges*, Lanham: Lexington Books.

Şener, Nedim (2009) *Ergenekon Belgelerinde Fethullah Gülen ve Cemaat*, Istanbul: Güncel Yayıncılık.

Shugart, Matthew Soberg and John M. Carey (1992) *Presidents and Assemblies: Constitutional Design and Electoral Dynamics*, Cambridge: Cambridge University Press.

Taş, Hakkı (2015) "Turkey: From Tutelary to Delegative Democracy," *Third World Quarterly*, 36(4): 776-791.

Yeşil, Bilge (2016) *Media in New Turkey*, Urbana: University of Illinois Press.

第5章

一党優位と民主主義
―― 南アフリカにおける民主主義の揺らぎ ――

牧野久美子

南アフリカでは1990年代に，アパルトヘイト体制から非人種的な民主主義体制（non-racial democracy）への転換が起きた。この体制転換のことを南アフリカの民主化と呼ぶ。民主化後の南アフリカでは，アパルトヘイト体制に対する解放闘争で主導的な役割を果たしたアフリカ民族会議（ANC）が一貫して政権与党の座にある。

南アフリカで民主化後に制定された憲法は幅広く基本的人権を規定し，しばしば世界でもっとも先進的な憲法と評される。民主主義の基本的制度である選挙のプロセスへの評価も高い。他方で，20年以上にわたり続いている ANC の一党優位を背景とした腐敗や，さまざまなガバナンス上の問題が指摘されている。アパルトヘイト後の南アフリカでは黒人中間層の急成長がみられるが，多くの人々が底辺に取り残されたままである（Southall 2016b）。アパルトヘイト体制下の南アフリカ社会の特徴であった不平等構造が民主化後も根本的に変化していないことへの失望・不満を背景として，南アフリカでは近年，プロテスト（抗議運動）が頻発している（Alexander 2010; Gumede 2015）。アフリカ30カ国以上で民主主義に関する意識調査を実施しているアフロバロメーターによれば，南アフリカの人々の民主主義への支持や政治制度への信頼は下降傾向にあり，アフリカ全体の平均を下回っている（Lekalake 2016）。

本章では，フリーダムハウスやポリティⅣといった民主主義の国際比較のための代表的な指標を手掛かりとしながら，肯定的な評価と否定的な評価が入り

交じるアパルトヘイト後の南アフリカの民主主義の見取り図を示すことを試みたい。ジェイコブ・ズマ前大統領をめぐる数々の腐敗の疑惑など，水平的アカウンタビリティへの深刻な脅威が生じてきた一方で，腐敗問題はメディアや野党，護民官（Public Protector）などにより厳しく追及されてきた。水平的アカウンタビリティを侵食する動きと，それを押し戻そうとする動きとがせめぎあい，民主主義が揺らぎつつも一応維持されているというのが，南アフリカの民主主義の現状といえるだろう。こうした状況を生み出す制度的，歴史的な背景要因として，本章では ANC の一党優位と，民主化交渉の経緯と深く結びついた現行憲法の性質に注目する。なお，本稿の初稿は2017年 8 月までに執筆した。その後，ズマ大統領の辞任とシリル・ラマポサ大統領の就任（2018年 2 月）という重要な政治的変化が生じたため，校正段階で最低限の加筆修正を行なった。

1 　体制転換と民主化後の政治動向

民主化の経緯と新憲法制定の意義

　南アフリカの体制転換と同時期の1980年代末から1990年代前半には，アフリカの多くの国々で同時並行的な民主化が起きた。これらの国々における民主化とは，一般に，軍事政権や一党独裁体制から，複数政党が参加する競争的な選挙を通じて政府を選ぶ政治体制への転換を第一義的に指すものと理解されてきた（小田 1993）。それに対して南アフリカでは，複数政党制選挙自体は長年行なわれていたが，そのプロセスに参加できるのが人口の 1 割程度を占めるにすぎない白人に限定され，人口の大多数である黒人（アフリカ系黒人，カラード，

---

(1) 　ただし，その結果として生まれた政治体制を民主主義体制と即座にみなすことについては，一定の留保が必要である。たとえば遠藤（2005）は，民主主義の制度や手続きをともなう政治体制変動の方向性を指す「民主化」と，民主主義体制の確立としての（カギカッコなしの）民主化を区別して，ザンビアの「民主化」の先にさらに民主化の課題が残されている状況を論じている。

インド系を含む）が排除されていたことがアパルトヘイト体制の非民主性の本質であった。したがって，南アフリカの民主化とは，複数政党制選挙の導入を軸とする他のアフリカ諸国の民主化とは文脈が異なり，人種差別の撤廃と人種によらず平等な参政権その他の権利の実現，そして多数派の意思を反映した政府の誕生を焦点とするものであった。ANC およびその同盟勢力にとっての基本文書といえる「自由憲章」（Freedom Charter，1955年制定）は，そのような政治的要求の原則を端的に示すものであった。

　南アフリカの民主化の経緯をごく簡単に振り返っておこう。[2] 1948年に政権についた国民党（National Party）は，白人の優越的地位を確保するために黒人の権利や自由を制限するアパルトヘイト政策を推進した。アパルトヘイト政策は国連で繰り返し非難されたものの，冷戦構造のなかで，ソ連など社会主義諸国に支援されていた解放運動が勝利することで南アフリカが共産化することを恐れた西側諸国の思惑もあり，アパルトヘイト体制は半世紀にわたり延命した。しかし，1980年代後半には反アパルトヘイトの国際世論が高まり，それまで制裁には消極的だった西側諸国もつぎつぎと経済制裁に踏み切り，南アフリカ国内からのアパルトヘイト政策の改革・撤廃要求もいっそう強まった。アパルトヘイト体制の維持が困難となった国民党政権は，1990年に ANC やパンアフリカニスト会議（PAC）などの解放運動組織の非合法化措置を解除し，27年間獄中にあった ANC の指導者ネルソン・マンデラら，多くの政治囚の釈放に踏み切った。

　1991年に民主南アフリカ会議（CODESA）と呼ばれる民主化交渉が正式に始まり，国民党政権と ANC の代表を中心とする多党間交渉によって，1993年には新体制の骨格や移行手続きを定めた暫定憲法に関して合意が成立した。1994年4月に初めて全人種参加による総選挙が実施され，黒人有権者から圧倒的な

---

(2)　南アフリカの民主化プロセスについては多くの研究やドキュメンタリーがあるが，さしあたり Davenport (1998)，Sisk (1995)，Sparks (1995)，Waldmeir (1997) などを参照。

支持を受けた ANC が勝利を収め，マンデラが大統領に就任した[3]。1994年選挙での ANC の得票率は62.7％と過半数を大きく超えていたが，暫定憲法によって，一定期間，少数派政党に政権参画機会を保障することが合意されていたことから，ANC のほか，国民党とインカタ自由党（IFP）が国民統合政府（Government of National Unity）に参加した。その後，恒久憲法が1996年に議会を通過し，翌1997年に施行されたことで，民主化はひとつの区切りを迎えた。

アパルトヘイト後の南アフリカの民主主義の基盤としての憲法の重要性は，いくら強調してもしすぎることはない。新たな憲法では，人種差別やその他の不当な差別を明確に禁じたうえ，表現の自由や結社の自由を含む市民的・政治的な権利，さらには社会的・経済的・文化的な権利についても幅広く基本的人権として規定した。旧白人政権と解放運動の代表者が交渉を重ねるなかで作り上げられた憲法は，その起草プロセスを通じて，異なる政治的立場の人々の間で共有されるナショナルなアイデンティティや規範が醸成されたという点でも重要な意義を持つものであった（de Vos 2015: 152）。本書との関連では，三権分立とアカウンタビリティ確保のための適切なチェック・アンド・バランスの導入が憲法上の原則に明記され[4]，政府の不適切な活動について独立の立場から調査する権限をもつ護民官や，政策や立法が合憲であるかどうかを審査する権限をもつ憲法裁判所など，民主的な統治を担保するための諸制度を規定していることがとくに重要である。多数者の意思を代表する政府であってもフリーハンドではなく，憲法の原則に従わなければならないという立憲主義が明確にされたのである。

また，憲法は，アパルトヘイト体制が南アフリカ社会に与えた負の影響を是正し，過去の差別により不利益をこうむってきた人々の基本的権利の実現と地

---

[3]　このとき実施されたのは中央政府と州の議会選挙であり，地方議会選挙は1995年以降に実施された。

[4]　Section VI, Constitutional Principles, Schedule 4, Constitution of Republic of South Africa, 1993.

位向上を図ることを目指す変革的（transformatory）な性質を持つとも指摘されてきた（de Vos 2015; Suttner 2016: 73）。すなわち，南アフリカの文脈において，手続き的民主主義はそれ自体がゴールではなく，その結果としてアパルトヘイト体制のもとでつくられた不平等な社会構造が是正されることが民主化には期待されてきたのである。このような側面から民主主義をとらえることは，本書が採用するミニマリストの民主主義の定義から外れ，実質的定義に踏み込むことになるため，深入りすることは避ける。しかし，後述する「黒人の経済力強化」（BEE）政策をはじめとする，「変革」の名のもとに行なわれてきた経済政策が，腐敗の蔓延と深く関わっていることは指摘しておく必要があるだろう（Southall 2013: 220-226）。クライエンテリズムのネットワークのなかで周辺化されたり，あるいはその外部に取り残されてきた人々にしてみれば，彼らの望んだ意味での変革は実現せず，民主化の意義や民主主義の正統性が問われることとなる。

民主化後の政治動向

　民主化後の南アフリカでは，中央，州，地方の3レベルで，5年ごとに定期的な選挙が行なわれてきた。中央と州の議会選挙は同時に実施され，地方選挙のみ別のタイミングで実施される。表5-1は，国民議会（National Assembly, 二院制の国会の下院にあたる）の選挙結果の推移を示したものである。図中の数値は各回選挙の各党の得票率であるが，選挙の方式として，選挙区割りのない全国区で，議席を獲得するための最低得票率の定めのないシンプルな比例代表制が採用されているため，得票率と議席占有率はほぼイコールとなっている。国民議会の定数は400議席であり，得票率0.25%あたり1議席を獲得できる計算となる。表5-1が示すとおり，1994年以降の5回の選挙のいずれにおいてもANCが6割を超える得票率で圧勝し，一党優位の状況が観察される。

　ANCの得票率が60%台で安定している様子からは，一見，状況が固定化しているようにも見えるが，実際にはANC指導層の交代や，野党の消長など，

表5-1 国民議会選挙における得票率
（1994〜2014年）

（単位：%）

政党名	1994	1999	2004	2009	2014
ANC	62.7	66.4	69.7	65.9	62.2
DA	1.7	9.6	12.4	16.7	22.2
EFF	—	—	—	—	6.4
IFP	10.5	8.6	6.9	4.6	2.4
COPE	—	—	—	7.4	0.7
国民党	20.4	6.9	1.7	—	—
その他	4.7	8.5	9.3	5.4	6.1

注：1）表中に略称で記されている各政党の
　　　正式名称については本文を参照され
　　　たい。
　　2）「—」はその政党がまだ結成されて
　　　いないか，あるいは消滅し，当該年
　　　の選挙に参加していないことを示す。
　　　DAの1994年と1999年の選挙当時の
　　　名称は「民主党（Democratic
　　　Party）」であった（DAへの改称は
　　　2000年）。また，国民党は1999年と
　　　2004年には「新国民党（New
　　　National Party）」の名称で選挙に臨
　　　んだ。
出所：南アフリカ選挙委員会ウェブサイト
　　　（http://www.elections.org.za/）のデ
　　　ータをもとに筆者作成。

かなりの変化がこの20年余りの間に起きている。

　まず与党ANCの内部をみると，この間に，ANCは3度の指導者交代を経ている。アフリカ大陸では，1990年代以降の民主化の波を経てもなお，在任期間が数十年に及ぶ長期政権が珍しくないなか（佐藤章2007），マンデラは1期5年（1994〜99年）で大統領を引退する意思を早くから表明し，マンデラのもとで副大統領を務めていたタボ・ムベキへの指導者交代がスムーズに行なわれた。ムベキは，1997年のANC党大会で党首に選ばれたあと，1999年総選挙後に大統領に就任した。その後，ムベキは2002年にANC党首に再選され，2004年から大統領2期目に入った。

　それに対して，2度目の指導者交代となる，ムベキから前大統領のズマへの交代は，2005年にムベキによって副大統領職を解任されたズマが，党首三選を目指すムベキを2007年のANC党大会で破るという波乱のすえに起きたことであった。その後，ムベキは任期を数カ月残して2008年に大統領を辞任し，ズマが2009年総選挙後に大統領に就任した。そしてそのズマも，大統領2期目も後半に差し掛かった2017年のANC党大会の党首選で，自身が後継として推していた候補がズマ批判派の支持を得たシリル・ラマポサに敗れたことによって，任期満了前の大統領辞任を余儀なくされた（2018年2月）。南アフリカでは，大統領は直接選挙ではなく国民議会によって選ばれることから，国民議会で過半数の議席を占めるANCの党首が大統領となるのが通例となってきた。ムベキ，ズマとも，自身の陣営がANC党大会

で敗れた後に新たな党執行部の求めに応じて大統領を辞任しており，ANC 党大会は，事実上，誰が大統領となるかを決定づけるきわめて重要な政治イベントとなっている[(5)]。

つぎに，野党の動向についていえば，1994年に国民統合政府に加わった ANC 以外の政党のうち，アパルトヘイト体制の与党であった国民党は他党への合流を繰り返すなかで消滅し，かつてクワズールー・ナタール州で ANC とほぼ拮抗する支持を得ていた IFP は，同州出身のズマが ANC 党首・大統領となって以降 ANC に支持者を奪われ，かつてのような存在感を失っている。

代わって選挙のたびに議席を伸ばしているのが民主同盟（DA）である。DA はもともとアパルトヘイト体制下の野党にルーツをもち，リベラルな白人政党というイメージが強かった政党だが，ヘレン・ジラ前党首のもとで黒人票の取り込みを意識したさまざまな改革が行なわれ（佐藤千鶴子 2014），2015年にはアフリカ系黒人のムシ・マイマネが党首となった。

また，ANC 内の権力闘争の結果，ANC を離れた人々による新党も結成されている。具体的には元防衛大臣のムシウア・レコタらが2008年に結成した人民会議（COPE），そして元 ANC 青年同盟リーダーのジュリアス・マレマらが2013年に結成した経済的自由戦士（EFF）がそれにあたる。EFF は2014年の選挙で DA に次ぐ野党第二党となり，党首マレマの巧みなポピュリスト的言説や議場でのパフォーマンスでメディアを賑わせている。経済政策については，DA が市場経済を重視する規制緩和路線であるのに対し，EFF は鉱山国有化や急進的な土地改革などを通じて，国家主導で白人から黒人への大胆な富の再分配を推進すべきという立場で，両党の間には大きな隔たりがあるが，ズマ前大統領の腐敗問題の追及では両党が足並みを揃える場面も目立った。

当面，ANC がすぐに第一党の座から滑り落ちることは考えにくいものの，腐敗問題への対応をめぐる党内の亀裂や，野党による左右から挟撃によって，

---

(5)　近年の ANC の動向については，牧野（2009，2014）を参照。

ANC の一党優位には陰りがみられる。ANC は国政レベルでは依然として優位を保っているものの，すでに州レベルでは西ケープ州で2009年以降，DA が単独で過半数票を獲得している。

さらに，腐敗問題が焦点化した2016年の地方政府選挙では，ANC の得票率は全体で50％台前半にとどまり，すでに10年にわたり DA 市政が続いているケープタウン市（立法首都）に加え，行政首都プレトリアのあるツワネ市，およびネルソン・マンデラ・ベイ市（自動車産業で知られるポートエリザベスを擁する東ケープ州の主要都市）でも DA が ANC に勝利した。また，経済の中心であるジョハネスバーグ市でも ANC の得票は過半数割れし，辛うじて第一党にはなったものの，市長の座は第二党 DA と第三党 EFF が推した DA 出身者に明け渡すこととなった（佐藤千鶴子 2016）。全体としては過半数を確保したとはいえ，一党優位を自明視してきた ANC にとっては，この選挙結果は「惨敗」に等しい。

大都市部での ANC の支持下落傾向は明らかであり，2019年の総選挙はANC にとってこれまでで最も厳しい選挙戦となると見込まれている。20年以上にわたる ANC の一党優位が民主化後の南アフリカ政治の最大の特徴でありつつも，その状況には変化の兆しが見える。

2　民主主義の現状

本節の前半では，民主主義の国際比較に用いられる代表的な指標であるフリーダムハウスとポリティⅣを手掛かりとしながら，南アフリカの民主主義の特徴についてまとめる。前節でも触れたように，格差が大きく，社会的，経済的な権利実現要求と民主化プロセスとを切り離しがたい南アフリカの文脈においては，これらの国際指標が前提とするようなリベラルで手続き的な民主主義概念ではなく，より実質的な民主主義概念を採用したほうが，現地社会の民主主義理解に即した分析に適するとも考えられる（Zuern 2011）。しかし，新興民

主主義諸国を国際比較の俎上に載せるという本書の目的に照らすとき，これら
の指標を参照することは，他国と比較しての南アフリカの民主主義の特徴を浮
かび上がらせるうえで有用といえるだろう。本節の後半では，南アフリカの民
主主義の質を損なう最大要因といえる腐敗について，背景要因と現状，そして
腐敗に対抗する動きについてまとめる。

南アフリカの民主主義の特徴

　国際比較の観点から，南アフリカの民主主義はどのように評価されているだ
ろうか。まず指摘できるのは，フリーダムハウスとポリティⅣの総合評価をみ
る限り，南アフリカの民主主義への評価は決して低くないということである。

　南アフリカで初めて全人種参加による総選挙が行なわれた1994年を境に，フ
リーダムハウスは南アフリカの評価をそれまでの「部分的に自由」から「自
由」へと変更した。その後，市民的自由は7段階中2（1が最高評価）のまま
変化していない。政治的権利については，2007年に「与党 ANC の政策決定に
おける独占やテクノクラシー的な性質が強まっている」という理由で1から2
へと評価が下げられたが[6]，依然として総合評価では「自由」のままである（図
5-1）。また，ポリティⅣでも南アフリカは1994年以降，スコアは10段階中9で
変化しておらず，「民主主義」のステータスを維持している[7]。

　なお，本書第8章の菊池論文で紹介されている CGV 指標では，同一体制内
での政権交代が民主主義の要件とされているため，南アフリカが非民主主義国
と分類されているが，これについてはむしろ CGV の民主主義定義のほうに問
題があるとの批判がある（Wahman, Teorell, and Hadenius 2013）。後述するよう

---

(6)　"South Africa: Freedom in the World 2007," Freedom House website (https://
　　freedomhouse.org/report/freedom-world/2007/south-africa).

(7)　"Authority Trends, 1946-2013: South Africa," Polity IV Country Regime Trends
　　2013, Center for Systemic Peace website (http://www.systemicpeace.org/polity/saf2.
　　htm).

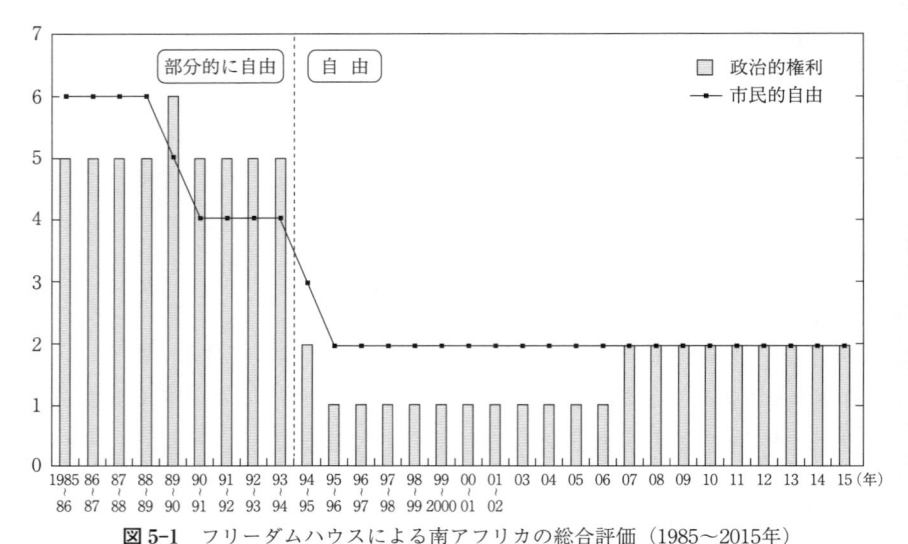

図 5-1 フリーダムハウスによる南アフリカの総合評価（1985〜2015年）

出所：“Individual country ratings and status, FIW 1973-2016,” Freedom House website（https://freedomhouse.org/report-types/freedom-world）をもとに筆者作成。

な問題は抱えつつも，全体的にみたときに，南アフリカでは民主主義が維持されているといってよいだろう。

　ただし，下位指標からは南アフリカの民主主義の弱点も浮かび上がる。ポリティIVでは，「執政府のリクルート」，「執政府の権力の制限」，「政治参加への制限」の3つの下位指標のいずれにおいても南アフリカは高いスコアを得ているが，[8] フリーダムハウスの下位指標にはかなりのばらつきがある。フリーダムハウスの評価の内訳をみると，「選挙プロセス」，「表現と信条の自由」，「結社の権利」への評価が高いのに対して，「政府の機能」，「法の支配」，「個人の自律性と権利」，「政治的多元性と参加」への評価が相対的に低い。

---

(8) “Polity IV Country Report 2010: South Africa,” Center for Systemic Peace website（http://www.systemicpeace.org/polity/SouthAfrica2010.pdf）．ただし，スコアには現われていないものの，Narrative Description では，執政府への権力集中や立法府の弱さについて指摘されている。

　フリーダムハウスで「選挙プロセス」が一貫して満点評価となっているように，南アフリカの選挙民主主義への評価は高い。1994年以来，独立選挙委員会の監督のもと，中央，州，地方の各レベルで定期的に選挙が行なわれており，それらの選挙については，自由・公正との評価が定着している。国政レベルでのANCの一党優位が継続しているが，それは選挙の不正によるものではなく，有権者の投票の実態を反映したものである。詳しくは後述するが，国政および州レベルの選挙制度としては，少数政党が議席を獲得しやすい比例代表制が採用されており，選挙制度が優位政党に有利であるわけでもない。また，上述のように州や地方レベルでANCが選挙で負けたところではその結果を受け入れ，政権交代も生じている。

　人種にかかわらず平等な参政権が初めて実現し，マンデラ大統領を誕生させることになった1994年の総選挙は，南アフリカで民主主義が勝利した瞬間であり，南アフリカにおける民主主義の後退や危機が起きているとすれば，それは1994年時点と比べての状況の悪化として一般には想起されるかもしれない。しかし，選挙プロセスという点では，1994年選挙には深刻な瑕疵があった。民主化交渉と並行して生じていた政治暴力が継続し，支配的な政党がライバル政党を排除している地域（no-go areas）が多数みられ，誰もが自由に投票できるという状況ではなかったのである（Lodge 1999: 2）。

　さらに，少数政党に政権参画機会を保障する暫定憲法の取り決めに照らして[9]，また憲法の単独改正が可能となる「3分の2ライン」に照らして，当時からあまりにも「できすぎ」と囁かれていた1994年の選挙結果は，実のところ開票作業のさなかに行なわれていた政党間の密室協議によって「合意」された数値であったことが，いまでは明らかにされている。すべての主要な政治勢力に受け入れられる形で体制転換を着地させることが，厳密な民主主義の手続きよりも

---

(9)　1993年の暫定憲法で，国民議会選挙で80議席（20％）以上を獲得した政党は副大統領を，20議席（5％）以上を獲得した政党は閣僚を出す権限をもつことが定められた（第84条，第88条）。

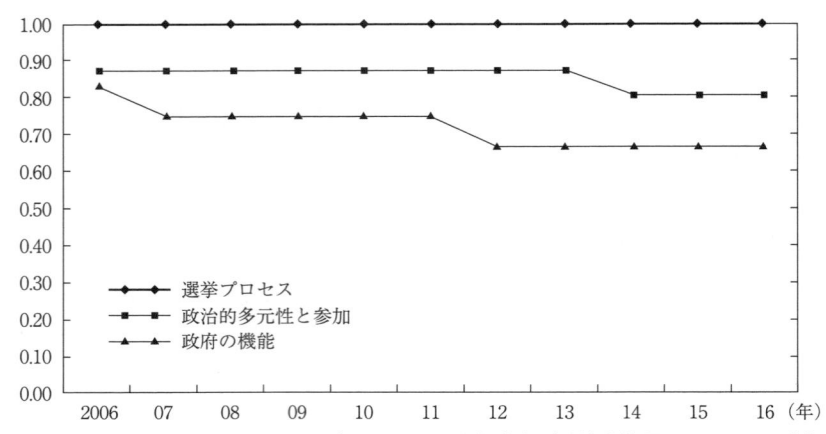

図 5-2 フリーダムハウスによる南アフリカの評価内訳（政治的権利，2006〜2016年）

注：縦軸は各項目のスコアを満点時のスコア（サブカテゴリーによって12または16）で割った値。満点評価の場合に1となる。

出所：https://www.freedomhouse.org/report/freedom-world-aggregate-and-subcategory-scores

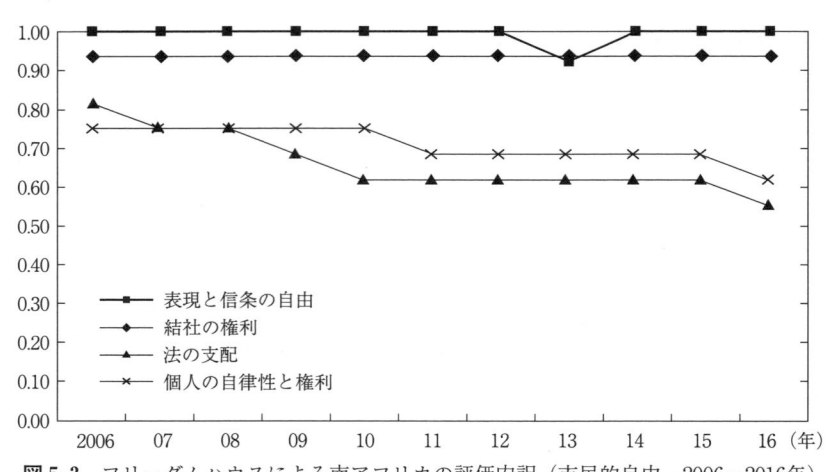

図 5-3 フリーダムハウスによる南アフリカの評価内訳（市民的自由，2006〜2016年）

注：縦軸は各項目のスコアを満点時のスコア（サブカテゴリーによって12または16）で割った値。満点評価の場合に1となる。

出所：https://www.freedomhouse.org/report/freedom-world-aggregate-and-subcategory-scores

優先されたのである（Friedman 2014）。そのことを考えれば，少なくとも選挙プロセスの観点から見る限り，南アフリカの民主主義は後退どころか，むしろより深化し，安定，定着してきているといえる。

「表現と信条の自由」や「結社の権利」への評価の高さは，政府に批判的なメディアや市民社会，社会運動の活動が活発で，憲法の人権憲章で保障されたこれらの自由や権利が南アフリカ社会に根づいていることの現われである。南アフリカのメディアは，ズマ前大統領を筆頭に，政府要人の腐敗スキャンダルをたびたび暴いてきた。

ANC政権は，腐敗問題を執拗に追及し，政府に批判的な記事を数多く載せるメディアの活動を牽制すべく，政府の内部情報を用いた報道に規制をかける「国家情報保護法案」（Protection of State Information Bill）の制定を試みた。しかし，批判者から「秘密法案」（Secrecy Bill）とあだ名された同法案は，2013年に国会で可決されたものの，メディアや「知る権利」を掲げる市民社会組織からの強い批判にさらされた結果，大統領署名が行なわれないまま棚上げになっている。ただし，国営メディアの南アフリカ放送協会（SABC）に関しては，放送内容への政治的干渉や検閲の存在が指摘されており，その指示に従わないジャーナリストが停職処分を受けたり，幹部の抗議辞任が起きるなどしている[10]。

他方で，フリーダムハウスにおいて「政府の機能」と「法の支配」への評価が低いのは，要するにバッド・ガバナンスや腐敗の問題である（Diamond 2011, 2015）。以下でみるように，腐敗問題そのもの，また腐敗の法的責任追及を回避することを目的とする司法への介入は，水平的アカウンタビリティに対する深刻な脅威となってきた。

---

(10)　たとえば，つぎの記事を参照。"Journalists Say SABC Is Enforcing a Zuma Bias," *Times LIVE*, 10 December 2012; "Suspended SABC Journalist Speaks Out," *City Press*, 3 July 2016.

腐敗問題——水平的アカウンタビリティの侵食と対抗運動

腐敗は政府のあらゆるレベルにみられるが，とりわけ，前大統領のズマ周辺には，武器調達契約（Arms Deal）をめぐる収賄疑惑，ズマの故郷ンカンドラ（Nkandla）にある私邸改装への多額の公費支出，インド出身の新興財閥グプタ・ファミリーとの癒着など，数多くの腐敗疑惑が指摘されてきた。

ただし，腐敗をズマという指導者個人の問題に帰してしまうことは，問題の矮小化につながる。サウソールは，「人種的に分極化した資本主義経済のなかでの経済変革という課題が，出世主義，私的蓄財，腐敗の機会を生み出した」と指摘し，ANC の腐敗の芽を，アパルトヘイト体制からの移行そのもののなかに見いだす。そして具体的には，①政党活動資金を必要としていた ANC と，体制移行後も円滑にビジネスを行なえる政治的環境を必要としていた大企業が民主化前後に急速に接近したこと，②経済構造の変革を目的に掲げる ANC 政権の諸政策，とりわけ黒人の経済力強化（BEE）政策の問題の 2 点を挙げている（Southall 2016a）。

BEE 政策の公式の目的は，経済のメインストリームへの黒人の参加を促し，白人が独占してきた経済構造を変革することにある。しかし実際には，黒人の株主や役員比率を高めるエンパワーメント取引の真の目的は，黒人役員がもつ政治的な影響力にあることも多い。南アフリカにおいて政府や国営企業による公共調達は巨大なビジネス・チャンスであるが，BEE は公共調達契約において重視される要素のひとつである。制度上は競争入札の手順が定められているものの，実際のところ，公共調達契約をとれるかどうかは，しばしば政治的なコネに依存する。不透明な手続きにより適正価格以上の公共調達契約を結んで荒稼ぎする人々を指す「テンダープルナー」（tenderpreneur）という造語が広く流通するほど，このような現象は南アフリカの至るところで観察される（Southall 2008, 2014 も参照）。

腐敗そのものの問題に加え，ズマをはじめとする ANC 上層部の腐敗疑惑に関する法的追及を逃れるためと推測されるような検察組織や人事への介入も繰

り返されてきた。ムベキ政権時に国家検察庁内に組織犯罪・腐敗専門の捜査機関として設置された特別活動局（Directorate of Special Operations. 通称「スコーピオンズ」）は，武器調達契約に関する腐敗疑惑について，ズマの起訴を視野に入れながら捜査していたが，2007年の ANC 党大会でズマが党首に選出されたことの帰結として，2009年にスコーピオンズは閉鎖され，同疑惑に関する捜査は中止された（Hoffman 2016）。また，2013年に当時の検察長官ムコリシ・ンカサナが，多額の退職金と引き換えに辞職を余儀なくされたのは，ンカサナがズマの腐敗疑惑の捜査に積極的だったためとも報じられている[11]。検察組織や人事への政治介入を繰り返すことで，ズマは，武器調達契約や，後述するンカンドラ問題，グプタ・ファミリーとの関係などのさまざまな腐敗疑惑に関する自身への司法の追及を逃れようとしてきた。

　このことに関連して，検察に限らず，ANC がさまざまな公的機関や国営企業などの重要なポジションに党執行部の方針に忠実な幹部を送り込む「幹部展開戦略」（cadre deployment strategy）をとってきたことが特筆される。「幹部展開戦略」の根底にあるのは，ANC が自らを「民族民主革命（National Democratic Revolution）の前衛」として社会のあらゆる部門をコントロールし「変革」するという考え方である。このような，解放運動期にルーツを持つ，多分に社会主義イデオロギーの影響を受けた目標を，経済変革の面において推進しようとするのが，上述の BEE 政策である。政権与党である ANC の幹部が各セクターに配置され，政治的影響力を及ぼすことは，利益相反や汚職・腐敗の温床となり，党と国家の境界の曖昧化，そのポジションに必要な資質や経験のない人物が政治的理由によって配置されることによる業務遂行への支障，憲法に規定された制度の骨抜きにつながる恐れが指摘されてきた（de Jager 2013: 157-160）。

　ただし，このような水平的アカウンタビリティへの脅威に対して，それを食

---

[11]　"Nxasana Wants NPA Job Back," *Business Day*, 4 November 2016.

い止め，押し戻そうとする動きが国家機構の内外から起きていることも同時に指摘しておく必要があるだろう。国家の内部における腐敗への対抗勢力としては，憲法に定められたチェック・アンド・バランスのための機関のひとつである護民官の役割が特筆される。とりわけ前護民官のトゥリ・マドンセラは，ズマ前大統領周辺の腐敗問題を厳しく追及し，2014年にはズマの故郷ンカンドラの私邸改装に関して「安全保障上の措置」との名目で多額の公費が支出された件について，一部に不適切な支出があったと認め，ズマにその費用の返還を命じた（Public Protector South Africa 2014）。

　さらにマドンセラは，2016年10月の護民官退任間際に，ズマと個人的に親しい関係にあるグプタ・ファミリーが閣僚人事や国営企業の意思決定に影響力を及ぼし，公共調達契約を通じて不当な利益を上げているのではないかとの，いわゆる「国家捕獲」（state capture）疑惑に関する報告書を作成した。同報告書は，2015年12月に当時のンシャンシャ・ネネ財務大臣が突然解任され，デイヴィッド・ファン・ルイエンが後任に指名された人事の背後にグプタ・ファミリーの意向が働いていた可能性を指摘した。また，グプタ関連企業による国営電力会社エスコム（Eskom）への石炭納入契約をめぐっても，当時エスコムの最高経営責任者（CEO）であったブライアン・モレフェとグプタ・ファミリーとの癒着を指摘した（Public Protector South Africa 2016）。

　経済界もこの状況を座視していなかった。2015年12月，ネネの後任として財務大臣に就任したファン・ルイエンは，わずか4日で解任されて別の閣僚ポストに横滑りし，ネネの前の財務大臣であったプラヴィン・ゴーダンが財務大臣に復帰した。ズマ大統領がファン・ルイエンの財務大臣起用を早々に撤回したのは，経済界からの働きかけによるところが大きかった。民主化後の南アフリカの財政政策は新自由主義の影響を強く受けており，ゴーダン，ネネとも財政規律を重視し，経済界からの信認が厚かった。それに対して，ファン・ルイエンはズマの言いなりになると受け止められ，そのような人物が財務大臣になることによって財政規律が弛緩し，腐敗に拍車がかかること，そして世界経済の

なかでの南アフリカの信用が失われることを恐れて，経済界はズマに再考を強く促したのである。

　ネネ財務大臣解任のニュースをきっかけとして，「反腐敗」を掲げ，ズマの大統領辞任を求めるプロテストも盛り上がった。2000年代に急増したプロテストの担い手は，主に黒人貧困層や労働者階級であり，そのメッセージは新自由主義に批判的な論調が支配的であった（Alexander 2010, 2015; Ballard, Habib, and Valodia 2006）。それに対して，「反腐敗」「反ズマ」を掲げたプロテストには，そうした従来のプロテスト参加層だけでなく，中間層や白人の参加も目立った。新自由主義者は市場を歪め，財政赤字を拡大させるという理由で，反新自由主義者は再分配政策のために使われるべき公金が収奪されるという理由で，理由は異なりつつも，ともに腐敗や「国家捕獲」の問題に関心を寄せることから，イデオロギーや階級の相違を超えた連合が，「反腐敗」「反ズマ」を軸として一時的とはいえ形成されたのである。これは前節でみた DA と EFF の共闘の構図と重なる。ゴーダンの財務大臣復帰は，このような社会の多方面からの圧力により，ズマがいったん退却を余儀なくされた結果であった（牧野 2016）。しかし，財務省「捕獲」の試みはその後も続いた。2015年12月に財務大臣に復帰したゴーダンは，上述のエスコム社とグプタ関連企業との契約を問題視するなど，ズマおよびグプタ・ファミリーとの対立を深めた。その結果，ゴーダンは，ズマの息がかかった検察から財務省人事に関する腐敗の嫌疑をかけられるなどし，結局，2017年3月に財務大臣を解任されることとなった。

　この間を通じて，ANC 党内からも，あからさまにズマを批判し，任期満了前の大統領辞任を求める声が強まっていった。ゴーダンが検察からの訴追圧力にさらされていた2016年10月には，101名の ANC の重鎮政治家が，「国家捕獲」問題に憂慮を表明し，訴追圧力を受けていたゴーダン財務大臣を支持する旨の公開書簡に署名した。ANC 全国執行委員会会議では，2016年11月と2017年5月の2度にわたり，ズマの退任を求める動議が出され，現役閣僚を含む複数の全国執行委員がそれを支持したと報じられた。さらに，野党が国民議会に

提出したズマ大統領の不信任決議案の無記名投票が2017年8月に行なわれた際には，可決には至らなかったものの，ANC所属議員からも多数の造反者が出た。そしてついに，2017年12月のANC党大会でラマポサが党首に選ばれると，ズマの早期退陣の流れは決定的となり，2018年2月の大統領辞任に至ったのである。[12]

　このようにANCの内部からもズマの早期退陣要求が強まっていった背景には，2016年8月の地方政府選挙でのANCの「惨敗」を受けて，2019年総選挙に向けた危機感が党内に広がっていたことがある。すなわち，選挙民主主義の存在が，政権党に腐敗への対応を促したといえるのである。もっとも，2017年のANC党大会で選出された党6役のうち3名はもともとはズマ派陣営に属していた人物ということもあり，ラマポサ新大統領のもとで，ズマやその他の人々の腐敗疑惑がどこまで追及されるかは未知数である。いずれにせよ，腐敗の問題に対して公的機関や政党，社会の諸勢力がどのように対抗していけるかが，今後の南アフリカの民主主義の質を大きく左右することになるだろう。

3　一党優位と立憲主義

　ここまでみてきたように，南アフリカでは選挙をはじめとする民主主義の手続きや制度の定着がみられる。他方で，腐敗の蔓延に代表される，深刻なガバナンス上の問題があり，民主主義が継続しながらも，その質については課題も多い。民主主義の重要な要素である水平的アカウンタビリティの侵食が起きている一方で，それに対抗し，押しとどめようとする動きがあり，両者がせめぎ

---

(12)　"101 ANC Stalwarts Pen Open Letter Backing Gordhan," *Times LIVE*, 28 October 2016; "Lines Drawn at Heated NEC Meeting – Who Stood Up to Zuma And Who Stood Up for Him," *Times LIVE*, 29 November 2016; "Zuma Faces the Axe Yet Again at ANC NEC," *Mail & Guardian*, 27 May 2017; "Zuma Survives No-confidence Vote despite ANC Revolt," *Times LIVE*, 8 August 2017.

あっている。本節では，このような「せめぎあい」の構図を生み出している歴史的，および制度的な要因を検討したい。

　さて，繰り返し述べているように，南アフリカの民主主義は，「法の支配」や「政府の機能」の面で課題を抱え，深刻なガバナンス上の問題が存在してきた。その背景として，多くの論者が指摘するのが，ANC の一党優位の問題である。制度的にライバル政党が排除される一党制とは異なり，一党優位は民主主義の手続きのもとで特定の政党が長期にわたって支配的な地位を占めることを指し，したがって，一党優位イコール非民主主義というわけではない。しかし，アパルトヘイト体制に対する「民族解放運動」(national liberation movement) として解放闘争を戦った歴史的経緯とあいまって，優位政党としての ANC への権力集中は，南アフリカの民主主義にマイナスの影響を与えうると考えられてきた。

　解放運動としての歴史が民主主義の質に影響を及ぼすと考えられるのは，解放運動にとっての民主主義とは，とりもなおさず黒人多数派支配の実現（少数白人支配の終焉）を意味し，個々人の自由や権利は二の次になりがちだからである。自らを「人民」(people) や「民族」(nation) の唯一の正統性のある代表と位置づける解放闘争由来の優位政党は，党の内外にかかわらず，批判や異論を「反動」とみなし，抑圧する傾向があることがしばしば指摘されてきた (Southall 2013; Melber 2003)。さらに，前節でみたように，腐敗蔓延の要因として指摘されている BEE 政策や「幹部展開戦略」を支える「民族民主革命」イデオロギーも，解放運動由来のものである。

　南部アフリカには，解放運動由来の一党優位政党の支配が継続している事例が複数あるが，なかでも南アフリカよりも十数年早く「解放」を経験したジンバブウェの動向は，南アフリカの民主主義の未来に関する悲観的見通しの論拠

⒀　ANC の一党優位の問題については，du Toit and de Jager (2014), Giliomee and Simkins (1999), de Jager (2013) などを参照。

を提供してきた（Everatt 2016）。解放運動としての ANC の実績や信用は，選挙での優位を支えるもっとも重要な資源のひとつである。そして，ひとたび選挙を通じて優位政党の地位を獲得したのちには，ANC はその立場を利用して，公的資源を用いたパトロネージを支援者に提供し（あるいは提供を受けられると有権者に期待させ），それを支持基盤の強化につなげてきたことも指摘されている（Booysen 2011, 2015）。

　他方で，前節でみたように，水平的アカウンタビリティへの脅威に対抗する動きが存在し，南アフリカの民主主義は，ガバナンス上の問題によって揺らぎつつも，崩壊には至っていないと考えられる。ANC の一党優位にもかかわらず，民主主義の侵食がある程度までで食い止められてきた要因について，以下では，①民主化交渉の性質と深く結びついた憲法のチェック・アンド・バランスの制度と，② ANC の一党優位の限界という 2 つの側面から説明を試みたい。

　第一に，憲法についてである。民主化交渉のなかからつくられた南アフリカの現行憲法は，アパルトヘイト体制に終止符をうち，多数派の意思を反映する政府の誕生を可能にしたが，それと同時に，憲法のなかには，立憲主義により多数者専制を抑えるための装置が多数埋め込まれた。

　とくに，憲法裁判所は南アフリカの民主主義の定着・深化に大きな役割を果たしてきた（Roux 2016）。アパルトヘイト体制下の旧憲法には人権規定がなく，イギリスの影響を多分にうけた議会主権の思想のもと，裁判所の違憲審査権は否定されていた（中原 1992）。それに対して，新憲法のもとでは，従来から存在していた最高控訴裁判所のほかに，憲法裁判所が新設され，違憲審査権を積極的に行使するようになった。憲法裁判所が政府の政策を違憲と判断し，その後の政策に影響を与えた例としては，住宅や医療など，憲法の人権憲章で定められた社会的・経済的な権利に関わるものがよく知られているが，そのほかに国家機関の改廃や公職任命，さらには政党内部の意思決定といった，民主主義の手続きに関わることがらについてもたびたび憲法訴訟に持ち込まれてきた。憲法裁判所が実際に介入するのは憲法訴訟が起こされたときだけだが，「提訴

されれば裁判で負けるかもしれない」という認識は，政府に自制を促し，その行為や政策が憲法から逸脱しないよう抑止する効果があると考えられる（Roux 2016）。

　ANC政権は，判事の多くが白人である状況を問題視し，司法府に対して黒人判事の比率を高める「変革」を求めてきた。そのための働きかけの手段は，政治家が判事任命プロセスに参加する司法サービス委員会（Judicial Service Commission）という形で制度化されている。こうした司法府への「変革」圧力については，司法の独立を脅かすものとして問題視されることもあるが，[14]他方で，判事の任命に政治家が関わることは，むしろ任命後の判事を政治的圧力から守ることになるとの指摘もある（de Vos 2015）。

　そのほかに，憲法の第9章に規定されていることからChapter 9 institutionsと総称されている，水平的アカウンタビリティ確保を目的とした一連の制度がある。なかでも護民官がズマ前大統領周辺の腐敗追及に大きな役割を果たしたのは前節でみたとおりである。護民官は政府機関や公職にある人物による不適切な行為に関する通報を一般から受け付け，独立の立場からの調査にもとづく報告書を作成・公表し，さらには「適切な是正措置をとる」権限を持っている。2014年のンカンドラ問題についての報告書，2016年の「国家捕獲」の報告書とも，その内容の多くは，メディアで既報のものであったが，「野党寄り」とのレッテル貼りが容易なメディアと異なり，護民官という公的な権力監視機関から指摘を受け，さらに是正措置の指示まで受けることは，ズマ政権にとって大きなダメージとなった。

　ただし，こうした憲法上の権力監視機関の存在が，実際の権力抑制に自動的に結びつくわけではない。マドンセラは民主化後3人目の護民官であったが，2人の前任者は，権力監視において目だった功績はなかった（Corruption Watch 2016）。マドンセラは護民官在任中，たびたびズマ政権閣僚から「CIA

---

⑭　フリーダムハウスもこの点を問題にしている。

のスパイ」であるといった人格攻撃を受けながら[15]，ンカンドラ問題および「国家捕獲」問題の報告書を世に出したが，それは彼女の護民官としての職責への強い責任感とタフな精神力によるところが大きかったといえるだろう。憲法裁判所に比べると，予算もスタッフ数も限られるゆえに，護民官の果たしうる役割はリーダーシップに左右されやすい。

　第二に，ANC の一党優位は，一見するほど盤石ではない。ANC の一党優位は，南アフリカの人種政治の歴史と深く結びついており，有権者はアイデンティティ政治によって黒人であれば ANC に，白人であれば野党に投票することが多いので，選挙結果は人種構成を映し出す，という「選挙＝人種センサス」論もまことしやかに唱えられてきた。この議論に立てば，黒人が人口のマジョリティを占める南アフリカでは ANC の一党優位が半永久的に保証されることになる[16]。しかし，近年の選挙結果からは，明らかに ANC の一党優位に陰りが見られる。一党優位の他国の事例では，たとえばトルコのように（第4章の間論文を参照），少数政党に不利な選挙制度があることによって，得票率がそれほど高くなくとも，優位政党が議席数において他の政党を圧倒することもある。しかし，南アフリカの場合は，選挙制度として国政選挙・州政府選挙では比例代表制が採用されていることから（地方選挙は比例代表制と小選挙区制の併用），少数政党が議席を獲得しやすく，むしろ安定的な優位政党が生まれにくい制度設計となっている。

　これまでの ANC の一党優位は，選挙において他の政党を圧倒的に引き離す得票率を維持することによって支えられてきたのであり，有権者からの支持の低下は優位性をダイレクトに揺るがすこととなる。ANC 党内から公然とズマの早期退陣を求める声が挙がったのは，このような，選挙での有権者の反応に敏感にならざるをえない選挙制度の存在と無関係ではないだろう。すなわち，

---

(15)　"Thuli a CIA Spy, Says Deputy Minister," *IOL*, 8 September 2014.
(16)　Everatt（2016）はこうした「人種センサス」論を批判的にレビューしている。

選挙制度という垂直的アカウンタビリティに関わる制度のあり方が，水平的ア
カウンタビリティの侵食に歯止めをかける可能性を，南アフリカの事例は示唆
しているといえる。

　アパルトヘイト体制下の選挙制度は小選挙区制であった。民主化後も小選挙
区制が続いていれば，ANC の一党優位はより強固なものとなりえたかもしれ
ない。それにもかかわらず民主化後の南アフリカにおいて比例代表制が採用さ
れた背景には，少なくともつぎの 2 つの要因が働いていたと考えられる。

　第一に，比例代表制の採用は，民主化交渉の過程で合意されたものであった。
南アフリカの民主化は，解放運動側の完全勝利ではなかった。冷戦下，国民党
政権は西側陣営に属し，解放運動の ANC は南アフリカ共産党と同盟関係にあ
りソ連など社会主義諸国からの支援を受けていた。1980年代後半には，政権側，
解放運動側のいずれもが相手を武力でねじ伏せるだけの力を持たず，半内戦状
態のまま膠着状態に陥っていた。1980年代末の冷戦終結という国際情勢の大変
化によって，双方とも国際社会からの後ろ盾を失うなかで，ほかに選択の余地
なく，交渉のテーブルにつくことによって実現したのが南アフリカの民主化で
あった。その交渉のなかで，解放運動側にとっては譲れない条件である「1 人
1 票」の平等な選挙権にもとづく選挙で政府を選ぶことを体制側が受け入れる
一方で，選挙制度としては少数派政党に有利な比例代表制が採用されたのであ
る。

　第二に，比例代表制は，党内規律維持の観点から ANC 指導層に支持された
側面もある。体制移行に向けて事態が動き出した当初，ANC のなかでは，国
民党や民主党（アパルトヘイト体制下の白人野党）が比例代表制を主張していた
ことについて「人種的オリガーキーが権力を維持するため」（Lodge 2003: 72）
であるとして，反対する意見もあった。しかし，ほどなく ANC は比例代表制
支持の意向を固めることとなる。ANC は一枚岩ではなく，内部に歴史的・政
治的な背景の異なる，さらには人種・民族的にも多様な，さまざまな伝統，集
団を抱える寄り合い所帯である。そのような組織を強力にひとつにまとめあげ

るうえで，拘束名簿式比例代表制は都合のよいものであった。そして，最終的に比例代表制が支持されたのは，世論調査の結果から，比例代表制であっても選挙でANCが十分に大勝できるとの読みがあったからでもあった（Lodge 2003）。その時点では，四半世紀後に選挙での苦戦を強いられることになろうとは，まったく予想されていなかったのである。

せめぎあう民主主義

南アフリカの民主主義を一言で評価することは難しい。南アフリカの選挙民主主義や先進的な憲法は国際的にも高く評価される一方で，腐敗が蔓延し，「法の支配」やガバナンス面で多くの課題を抱えている。民主主義体制がただちに崩壊するような危機的状況ではないものの，民主主義を損なう動きとそれを押し戻す動きがせめぎあい，今後を見通しにくい状況がある。

ポスト・アパルトヘイトの南アフリカにおいて，比較的スムーズに手続き的民主主義が定着したことについて，フリードマンは，アパルトヘイト体制から引き継いだ制度遺産の存在を指摘している。南アフリカでは，白人限定ではあったが，民主主義に関わる制度の多くが曲がりなりにも存在していた。そのため，複数政党参加による定期的選挙，活発で自由なメディア，機能する司法制度といった民主主義に欠かせない制度を一から築かずに済んだというのである（Friedman 2015: 55）。選挙プロセスや表現の自由など，フリーダムハウスの指標のうち評価が高いものは，かなりの程度，このような旧体制からの制度遺産という面があるだろう。

他方で，言うまでもないことだが，アパルトヘイト体制の遺産には多くの負の側面がある。人種間，階層間の極端な格差や，貧困，社会的排除といった，民主化後の南アフリカが抱えている問題の多くは，アパルトヘイト体制から引き継がれたものである。アパルトヘイト体制下で差別と抑圧を受けていた黒人が民主化に期待したことは，単に選挙権を行使することにとどまらず，その結果として生まれる多数派の意思を反映した政権によって，上記の問題を解消す

るような社会的・経済的な変革が実現することであった。しかし，民主化後，黒人中間層が台頭し，エリートの人種構成は変化したものの，不平等な社会の基本的な構造は変わっていない。

　本章で検討してきたように，ANC政権は「民族民主革命」を旗印とする幅広い「変革」アジェンダを持っている。しかし，「変革」の名のもとに行なわれる介入的な政策は，アパルトヘイト体制から引き継がれた問題を解決するどころか，かえって腐敗の蔓延など，新たな問題を生み出しているようにも見える。

参考文献

日本語文献

遠藤貢（2005）「『民主化』から民主化へ？――『民主化』後ザンビアの政治過程と政治実践をめぐって」『アジア経済』46(11・12)：10-38。

小田英郎（1993）「90年代南部アフリカ諸国の政治体制と民主化」林晃史編『南部アフリカ諸国の民主化』アジア経済研究所，3-31。

佐藤章（2007）「いまなぜアフリカの統治者を研究するのか」佐藤章編『統治者と国家――アフリカの個人支配再考』アジア経済研究所，3-45。

佐藤千鶴子（2014）「2014年南アフリカ選挙――民主同盟の支持率拡大」『アフリカレポート』52：46-50（http://hdl.handle.net/2344/1375）。

―――（2016）「2016年南アフリカ地方選挙――大都市自治体を巡る攻防」『アフリカレポート』54：135-141（http://hdl.handle.net/2344/1598）。

中原精一（1992）「南アフリカにおける議会主権と違憲審査権の相剋――アパルトヘイト史の一断面」『明治大学短期大学紀要』51：137-158。

牧野久美子（2009）「ジェイコブ・ズマを大統領にした2つの選挙」『アフリカレポート』49：28-33（http://hdl.handle.net/2344/00008090）。

―――（2014）「南アフリカ2014年総選挙と第2次ズマ政権発足」『アフリカレポート』52：41-45（http://hdl.handle.net/2344/1374）。

―――（2016）「『Must Fall』運動を振り返る――2015年の南アフリカにおけるプロテストの軌跡」『アフリカレポート』54：44-49（http://hdl.handle.net/2344/1545）。

外国語文献

Alexander, Peter (2010) "Rebellion of the Poor: South Africa's Service Delivery Protests – A Preliminary Analysis," *Review of African Political Economy*, 37(123): 25-40.

———— (2015) "South Africa's Twin Rebellions: Bifurcated Protest," ISA RC-47: Open Movements, 6 October (https://opendemocracy.net/peter-alexander/south-africa's-twin-rebellions-bifurcated-protest).

Ballard, Richard, Adam Habib, and Imraan Valodia, eds. (2006) *Voices of Protest: Social Movements in Post-Apartheid South Africa*, Scottsville: University of KwaZulu-Natal Press.

Booysen, Susan (2011) *The African National Congress and the Regeneration of Political Power*, Johannesburg: Wits University Press.

———— (2015) *Youth and Political Participation in South Africa's Democracy: Surveying the Voices of the Youth through a Multi-Province Focus Group Study*, Johannesburg and Washington, DC: Freedom House (https://freedomhouse.org/sites/default/files/03302015_FocusGroup.pdf).

Corruption Watch (2016) *Bua Mzanzi: Choose Our Public Protector – A Toolkit for Community Media*, Johannesburg: Corruption Watch.

Davenport, T. R. H. (1998) *The Transfer of Power in South Africa*, Cape Town: David Philip.

de Jager, Nicola (2013) "South Africa: A Democracy in the Balance," in Nicola de Jager and Pierre du Toit, eds., *Friend or Foe? Dominant Party Systems in Southern Africa: Insights from the Developing World*, Cape Town: UCT Press, 149-170.

de Vos, Pierre (2015) "Constitutionalism: An 'Unqualified Human Good'?" in Gilbert M. Khadiagala, Prishani Naidoo, Devan Pillay, and Roger Southall, eds., *New South African Review 5: Beyond Marikana*, Johannesburg: Wits University Press, 151-170.

Diamond, Larry (2011) "The Democratic Recession: Before and After the Financial Crisis," in Nancy Birdsall and Francis Fukuyama, eds., *New Ideas on Development after the Financial Crisis*, Baltimore: Johns Hopkins University Press, 240-259.

———— (2015) "Facing Up to the Democratic Recession," *Journal of Democracy*, 26 (1): 141-155.

du Toit, Pierre and Nicola de Jager (2014) "South Africa's Dominant-Party System in Comparative Perspective," *Taiwan Journal of Democracy*, 10(2): 93-113.

Everatt, David (2016) "The Era of Ineluctability? Post-Apartheid South Africa After 20

Years of Democratic Elections," *Journal of Southern African Studies*, 42(1): 49-64.

Friedman, Steven (2014) "The Bargain That Saved Us in 1994," *Sunday Independent*, 27 April (http://www.iol.co.za/sundayindependent/the-bargain-that-saved-us-in-1994-1680948).

——— (2015) "The Janus Face of the Past," in Xolela Mangcu, ed., *The Colour of Our Future: Does Race Matter in Post-Apartheid South Africa?*, Johannesburg: Wits University Press, 45-63.

Giliomee, Hermann and Charles Simkins, eds. (1999) *The Awkward Embrace: One Party Domination and Democracy*, Cape Town: Tafelberg.

Gumede, William (2015) "Marikana: A Crisis of Legitimacy in the Institutions That Form the Foundations of South Africa's 1994 Post-apartheid Political Settlement," *Social Dynamics*, 41(2): 327-343.

Hoffman, Paul (2016) *Confronting the Corrupt: Accountability Now's Battle against Graft in SA*, Cape Town: Tafelberg (Kindle edition).

Lekalake, Rorisang (2016) "Support for Democracy in South Africa Declines amid Rising Discontent with Implementation," *Afrobarometer Dispatch*, 71 (http://afrobarometer.org/sites/default/files/publications/Dispatches/ab_r6_dispatchno71_south_africa_perceptions_of_democracy.pdf).

Lodge, Tom (1999) *Consolidating Democracy: South Africa's Second Popular Election*, Johannesburg: Witwatersrand University Press.

——— (2003) "How the South African Electoral System Was Negotiated," *Journal of African Elections*, 2(1): 71-76.

Melber, Henning, ed. (2003) *Limits to Liberation in Southern Africa: The Unfinished Business of Democratic Consolidation*, Cape Town: HSRC Press.

Public Protector South Africa (2014) *Report on an Investigation into Allegations of Impropriety and Unethical Conduct Relating to the Installation and Implementation of Security Measures by the Department of Public Works at and in Respect of the Private Residence of President Jacob Zuma at Nkandla in the KwaZulu-Natal Province*, Public Protector South Africa (http://www.pprotect.org/library/investigation_report/2013-14/Final%20Report%2019%20March%202014%20.pdf).

——— (2016) *Report on an Investigation into Alleged Improper and Unethical Conduct by the President and Other State Functionaries Relating to Alleged Improper Relationships and Involvement of the Gupta Family in the Removal and Appointment of Ministers and Directors of the State-Owned Enterprises Resulting in Improper and*

Possibly Corrupt Award of State Contracts and Benefits to the Gupta Family's Businesses, Report No: 6 of 2016/17, 14 October 2016, Public Protector South Africa (http://www.pprotect.org/library/investigation_report/2016-17/State_Capture_14 October2016.pdf).

Roux, Theunis (2016) "Constitutional Courts as Democratic Consolidators: Insights from South Africa after 20 Years," *Journal of Southern African Studies*, 42(1): 5-18.

Sisk, Timothy D. (1995) *Democratization in South Africa: The Elusive Social Contract*, Princeton, NJ: Princeton University Press.

Southall, Roger (2008) "The ANC for Sale? Money, Morality & Business in South Africa," *Review of African Political Economy*, 35(116): 281-299.

——— (2013) *Liberation Movements in Power: Party & State in Southern Africa*, Pietermaritzburg: University of KwaZulu-Natal Press.

——— (2014) "Democracy at Risk? Politics and Governance under the ANC," *The Annals of the American Academy of Political and Social Science*, 652(1): 48-69.

——— (2016a) "How the ANC's Path to Corruption Was Set in the 1994 Transition from Apartheid," *The Conversation*, 7 September (https://theconversation.com/how-ancs-path-to-corruption-was-set-in-south-africas-1994-transition-64774).

——— (2016b) *The New Black Middle Class in South Africa*, Auckland Park: Jacana Media.

Sparks, Allister (1995) *Tomorrow Is Another Country: The Inside Story of South Africa's Road to Change*, Chicago: University of Chicago Press.

Suttner, Raymond (2016) *Recovering Democracy in South Africa*, Auckland Park: Jacana Media.

Wahman, Michael, Jan Teorell, and Axel Hadenius (2013) "Authoritarian Regime Types Revisited: Updated Data in Comparative Perspective," *Contemporary Politics*, 19(1): 19-34.

Waldmeir, Patti (1997) *Anatomy of a Miracle: The End of Apartheid and the Birth of the New South Africa*, New York: W. W. Norton & Company.

Zuern, Elke (2011) *The Politics of Necessity: Community Organizing and Democracy in South Africa*, Madison: The University of Wisconsin Press.

新　聞

本章中に引用した新聞記事は，いずれもオンライン版を参照した。

Business Day http://www.businesslive.co.za/bd/

City Press http://city-press.news24.com/
IOL http://www.iol.co.za/
Mail & Guardian https://mg.co.za/
Rand Daily Mail https://www.businesslive.co.za/rdm/
Times LIVE http://www.timeslive.co.za/

▨謝辞：本研究は JSPS 科研費 JP26380227の助成を受けたものです。

第6章

重層的マシーン政治からポピュリスト体制への変容か
——ロシアにおける権威主義体制の成立と展開——

大 串　　敦

　現在のロシアの政治体制を民主制とみるものは，今日ではさすがに少数派であろう。もっとも，その政治体制の変化を「民主化の後退」とみるものはロシア政治の非専門家の間では根強いものがある。この通念によると，ソ連解体後，ボリス・エリツィン大統領のもとでロシアは民主化の道を歩んでいたが，2000年にウラジーミル・プーチン大統領が就任した後，民主化は後退し権威主義化していった，という。本章はこうした通念とは異なった立場をとる。すなわち，1990年代の民主化に見えたものは，統治の程度の低下による「不履行による多元主義」であった，と考える。第1節でロシアの状態を詳述するが，この「不履行による多元主義」とは，中央政府による支配が貫徹しないこと（すなわち不履行）によって，各種アクターの競合が存在している状態を指している。この多元主義は，安定した民主制のもとでの多元性とは異なっている。政治秩序自体は存在しており，その秩序の担い手や担い手への影響力行使のために競争が存在しているのが安定した民主制下での多元主義である。他方，「不履行による多元主義」は中央権力による秩序形成が十分でない無政府状態に近い。この「不履行による多元主義」が1990年代のロシアを特徴づけていた。

　そして，2000年代の変化は，民主化の後退というよりも，政治秩序の形成であった。プーチン大統領のもと，統治の程度が向上するのにともなって，ロシア型の競争的権威主義体制が成立した。それは「不履行による多元主義」時代を特徴づけていた自律的な地方の政治マシーンを中央集権化によって束ねた，

重層的なマシーン政治であった。この，民主化ではなく統治の程度を問題にする視角は，ハンチントンになぞらえて言うと『第三の波』（Huntington 1991）から『変革期社会』（Huntington 1968）への関心の回帰でもある。

　もっとも，以上のような，「民主化の後退」ではなく権威主義体制が強化されたとする見解は，ロシア政治研究ではもはや常識的である[1]。たとえば，ゲリマンは，ソ連解体によって諸政治制度が破壊された結果，政治アクターが権力拡大を行なう際に拘束となるものがなく，1990年代の諸アクターの無政府的競合から，2000年代に選挙権威主義体制が生まれたと論じた（Gel'man 2015）。またヘイルや松里は恩顧政治論の立場にたって，集権的・重層的マシーン政治もしくはカシキスモがロシアで成立した，と主張した（Hale 2015；Matsuzato 2001）。本章は，これらロシア政治専門家の間では一般的となりつつある見解を踏まえたうえで，近年の権威主義体制の変容・再強化を考察するものである。具体的には，ロシアに成立した集権的・重層的マシーン政治の弱体化から2014年のウクライナ危機以降のポピュリスト政治の顕在化による再強化を分析する。

　本章は以下のように構成される。第1節では，「不履行による多元主義」から重層的マシーン政治が成立した過程を振り返る。第2節では，その重層的マシーン政治に代わって近年顕在化しつつあるポピュリスト政治を，地方知事政策と2016年に行なわれた国家院（下院）選挙を中心に考察する。第3節で，マシーン政治とポピュリスト政治の関係と，このポピュリスト政治が顕在化した背景を考察する。

---

(1)　ソ連解体以後のロシア政治分析枠組みの変遷に関して，詳しくは，大串（2010, 2016），宇山ほか（2011）を見よ。なお本章の議論は筆者の英語による論文（Ogushi 2017）と多く重なっていることをお断わりしておく。

1　「不履行による多元主義」から重層的マシーン政治へ

ソ連体制の崩壊とロシアの「不履行による多元主義」

　旧ソ連諸国における競争的権威主義体制成立の大前提は，もちろん，ソ連体制の崩壊である。ソ連体制がどのようなものであったのかに関しては，無数の研究があり，それぞれの立場は一様ではない。それでも，ソ連共産党を中核とし，高度の統制・動員力を誇った体制であったことには合意がある。この体制は，ペレストロイカといわれた，ミハイル・ゴルバチョフの政治経済改革によって急速にその統制・動員力を失った（Ellman and Kontorovich, eds. 1998; Ogushi 2008；大串 2017）。連邦中央の側が，まず支配できなくなり，その真空を最終的には各連邦構成共和国が埋めることになり，それがソ連邦の解体となった。もっとも，独立した各共和国も，すぐに実効的な支配が可能になったわけではない。むしろ，ウェイのいう「不履行による多元主義（Pluralism by Default）」，すなわち支配の不在による事実としての競争性が多くの国で常態となった（Way 2015）。これはロシアでも同様であり，ソ連解体後のロシアで課題となったのは，時として主張されてきたような民主制の定着ではなく，支配の確立であった。リンチが『いかにロシアは支配されていないか』という著書を出したように，そもそも支配があるかどうかを疑うべき状況にあった（Lynch 2005）。

　まず，ソ連解体直後から行なわれた「ショック療法」といわれる経済改革が招いた破局的な混乱は非常によく知られているので，ここで再論する必要はないだろう。経済改革に関連して政治的に重要な点は，その結果として誕生したオリガルヒといわれる新興財閥が，とくに1996年の大統領選挙を契機に，政治的役割を大きく向上させ，政治を支配しているかのように見える状況が生まれたことであった（ゴールドマン 2003）。

　ついで，1993年10月の議会砲撃を契機として，ロシアは，形式的には大統領

権限が非常に強い憲法を採択した（溝口 2016）。シュガートとキャリーによる指標で測定すれば，ロシアの大統領権限は14ポイントであり，中・東欧諸国のなかではベラルーシに次いで2番目に強い（Shugart and Carey 1992; Elgie and Moestrup 2008: 252-253）。しかしながら，エリツィン大統領は，実効的に支配できたとはいえない。1993年と1995年の国家院（下院）選挙においても，大統領に近い政党は多数をとることができなかった。それゆえ，大統領は議会運営に呻吟し，重要法案の採択にこぎつけないことも多かった。代替として，大統領令を乱発することで対処しようとしたが，これは法秩序を混乱させた（Haspel, Remington, and Smith 2006）。また，議会内では政党規律が弱く，院内会派の投票行動は統制が取れたものではなかった。この無統制に拍車をかけたのは，諸利益集団の圧力活動で，院内委員会などは格好の圧力活動のターゲットとなり，そこで繰り返される修正により法案の採択はいっそう困難になることがあった（Chaisty 2006）。

　さらに重要なことに，1990年代は，地方行政府の自律性が強く，中央政府の統制が行き届かない状況にあった。この時期に地方行政府の長である地方知事は，自己の地方に強力な動員マシーンを築き上げた。ソ連時代からロシアの住民は地元の企業や行政府への生活の依存度が高く，それは冬季の暖房供給や高齢者への生活保護にまで及ぶ。ソ連解体後，そのようなサービスの要の位置にあったのが地方知事である。経済情勢が劣悪であった1990年代には，これらはとくに重要であった。そして日常的な保護の見返りが選挙の際の集票となって表われる。したがって，行政府が肩入れする候補者に対して，野党候補者は当初から不利な立場に立っている。「競争はあるが公平ではない」という競争的権威主義体制（Levitsky and Way 2002, 2010）の地方的な基礎は，この時期に成立している。そして，自己の地方に強力な地盤を築き上げた地方知事は，しばしば封建領主的な自律性を中央に対して獲得した（Shlapentokh 1996; Matsuzato 1999）。このことは，中央と連邦構成主体との間で個別に締結された権限区分条約にもみられた（中馬 2009）。くわえて，地方知事や地方の有力

企業家などは，その政治マシーンの動員力によって選挙戦を戦うことができた
ので，全国政党の発展は阻害された（Hale 2006a; Golosov 2004）。さらに，エリ
ツィン大統領自身は，政党から超越した存在たらんとしたために，全国的な政
党組織形成はいっそう立ち遅れることになった（Colton 2008: 349-350）。

　こうして，大統領は議会とあくなき闘争を続け，封建領主的な地方知事が跋
扈し，中央政府は無能でオリガルヒの言いなりになっているかのような政治が
1990年代には展開することになった。この状況は，特定のアクターが絶対的な
覇権を握っているわけではないので，多元的・競争的には見える。エリツィン
時代を民主的だと考える観察者は，この状態を民主的だととらえたわけである
が，これはウェイのいう「不履行による多元主義」すなわち，中央政府による
実効的な支配の不在による競争性であったと考えるべきであろう（Way 2015）。

集権的・重層的マシーン政治定着の転換としての1999年国家院選挙

　こうした「不履行による多元主義」状況は，2000年代に入って克服されてい
く。その転換点となったのは，1999年12月の国家院選挙である。1998年の金融
危機以降，エリツィン大統領のレイムダック化は明らかであり，憲法上の規定
からも2000年にはエリツィンが政治生活から引退することは疑いなかった。そ
のようななかで，エリツィンの後継を目指して多くの政治エリートの離合集散
が生じた。当時ロシアでは国家院選挙のおよそ半年後に大統領選挙が行なわれ
る予定になっていたので，国家院選挙は大統領選挙の前哨戦として，この離合
集散の中核的イベントとなった。[2]とくに注目されたのは，ユーリー・ルシコ
フ・モスクワ市長，ミンチメル・シャイミーエフ・タタールスタン大統領など
当時最有力の地方知事を束ね，エヴゲニー・プリマコフ元首相を大統領候補者
に担ぎ上げた祖国・全ロシアであった。この祖国・全ロシアに対抗して，クレ

---

(2)　実際にはエリツィンの早期の辞任により，国家院選挙の約3カ月後に大統領選挙と
　　いう，よりタイトな日程となった。

ムリン側が即興的に作り上げた政治運動が統一であった。こうして，1999年12月の選挙は主に有力地方行政府が作り出した祖国・全ロシアと中央政府が推進した統一という2つの権力党（執行権力が作り上げた政党をロシアでは権力党と呼ぶ）の間で争われた。比例区第一党こそ24.29％を獲得したロシア連邦共産党であったが，統一は23.32％で比例区第二党の座に就き，祖国・全ロシアは13.33％で水をあけられた第三党の座に甘んじた（Hale 2004）。

この選挙で統一が勝利したことにより，中央政府（クレムリン）の地方に対する優位が確立した。最有力の地方政治家は，結集してもクレムリンが即興的に作り出した政治運動に勝てなかったのである。この1999年国家院選挙は，中央政府による集権化と，その集権化を基礎にした重層的マシーン政治の成立，そして，その集権的・重層的マシーン政治の制度的表現としてのヘゲモニー政党制もしくは圧倒的一党優位体制創設への大きな刺激となった。1999年12月31日には，エリツィン大統領は唐突に辞任を表明し，プーチン首相が大統領代行となった。2000年3月には大統領選挙でプーチンは勝利し，プーチン時代の政治が始まる。

プーチン政権下における集権的・重層的マシーン政治の定着

プーチンが大統領に就任して最初に行なった政策のひとつは，一連の中央集権化策である。1999年国家院選挙に敗北した有力地方知事たちは，その政策を順次受け入れていった。まず，2000年5月には軍管区に一致する7つの連邦管区を導入した。つぎに，2000年8月には地方知事と地方議会議長によって構成されていた連邦院（上院）を改革し，別途選出される地方行政府と議会の代表によって構成されるようになった。さらに，2003年7月には，大統領は地方知事の解任権や地方議会の解散権を得た。そして2004年のベスランでの惨劇の後，地方知事は大統領による事実上の直接任命制（地方議会による承認は必要）となった。また，2003年ごろまでに権限区分条約も廃止された（中馬 2009）。これらの一連の施策は中央権力が確かに強化されたことを示した（Ross 2005；大串

2008)。こうして，全国政党組織の発達を阻害してきた，地方政治家の影響力は弱体化したのである。

　中央集権化と並んで，プーチンが早期に行なった政策のひとつは，オリガルヒの政治活動への監督強化である。敵対的なオリガルヒは軒並み排除された。著名なものを挙げると，祖国・全ロシアに肩入れしていたとみられたウラジーミル・グシンスキーは逮捕され，その後国外へ逃亡した。オリガルヒのなかでもっとも強い影響力を行使したように考えられたボリス・ベレゾフスキーも国外へ逃亡，2013年ロンドンで死去した。さらに，2003年には，ミハイル・ホドルコフスキーも逮捕・起訴され，実刑判決を受けた（2013年12月に恩赦により釈放）。これらの施策によって，クレムリンに従順でないオリガルヒはおおよそ排除された（栢 2007：25-43）。

　また，政党組織の形成に意欲を見せなかったエリツィンとは異なり，プーチンは政党組織を強固にすることに関心を持ち，いくつかの法が採択された。まず，政党法が2001年7月に採択され，当時の規定では，政党の要件として，連邦構成主体の半分以上に支部を持っていることや1万人以上の党員を必要とした。また，2002年6月のロシア市民選挙権およびレファレンダム参加権法では，連邦構成主体の議会選挙では，議席の少なくとも半数は比例区で行なわれなければならないことも規定された（大串 2008）。これらは政党組織の発達を促した。

　さらに，1999年国家院選挙で勝利した統一は祖国・全ロシアを吸収合併するような形で，2001年12月，統一ロシアを形成した。事実上の大統領与党が議会の多数派を占めるようになって，議会運営も格段と円滑になった（Chaisty and Schleiter 2002）。大統領令の交付数も減少した（Hasple, Remington, and Smith 2006）。2003年12月の国家院選挙で統一ロシアは大勝し，国家院議員の3分の2以上が統一ロシアの会派に入るに至った。

　中央集権化とプーチン大統領の統一ロシアへの明確なコミットメント，さらに2003年国家院選挙での統一ロシアの大勝によって，地方知事たちは統一ロシ

アにつぎつぎと加入していく（Reuter and Remington 2009; Reuter 2010；油本 2015）。換言すれば，地方レベルで個別に成立していた競争的権威主義体制が，執行権力の集権化を背景に全国レベルで成立するようになった。住民への生活保障を背景にした動員力を持つ執行権力が中央から地方に至るまで支持している統一ロシアに対して，野党勢力は不利な立場に立たざるをえない。こうしてロシアにヘゲモニー政党制，もしくは圧倒的一党優位制が成立した。くわえて，地方知事を統一ロシアに取り込む過程で重要だったのは，この時点までには中央権力の地方に対する優位が明らかになっていたとはいえ，クレムリンも有力な地方知事を解任しなかったことである。地方知事任命制が導入された2004年12月以降，2008年4月のプーチン第1期の終わりまでの間，65％の地方知事は再任された。とくに動員力の強い地方知事はクレムリンにとっても容易に更迭できない存在だった。クレムリンは有力地方知事を再任用することで身分を保障し，その代償として選挙では統一ロシアとプーチンへの動員を求める，という中央と地方の互恵関係にもとづいた重層的なマシーン政治がロシアの権威主義体制の基礎を形成するようになる（大串 2013）。

　このことは，統一ロシアの議会での活動からもおおよそ確認できる。たしかに統一ロシアは多くの法案を採択することで，立法を円滑にし，一部では議会をラバースタンプ化したともいわれてきた。しかしながら，そのような円滑な立法過程の背後では，政府関係者と議会関係者（主に統一ロシア関係者）が，議会に提出する前に法案の内容を話し合う非公式の会合，いわゆる「ゼロ読会」が制度化された。また，2003年から2009年の間は，その前後と比べても議員立法（事実上，統一ロシア党の議員発議の法案）の数が多い。これは，統一ロシア党が，この時期に法案作成能力を向上させていたことを意味しているように思われる。さらに，予算案採択過程を観察しても，年々修正が少なくなる傾向は看取されるが，それでも社会保障費の増額などに関しては毎年のように修正が入る。これらは，統一ロシア党の議員は大量の法案を採択することで，クレムリンの議会統制を助けている半面，統一ロシア党の議員が利益誘導を行な

ってきたことも意味している。中央政府の統制を助ける代償として利益誘導も許容するという，互恵関係にもとづいた議会政治が行なわれてきたのである（Ogushi 2016）。

　こうして，プーチン第1期の間に，1990年代の「不履行による多元主義」から脱却し，ロシアの「統治の程度」は改善すると同時に，権威主義的な集権的・重層的マシーン政治が成立した。

2　重層的マシーン政治からポピュリスト政治へ

地方エリートへの攻撃

　しかしながら，この重層的マシーン政治はその後弱体化を見せ，ウクライナ危機以降ポピュリスト体制へと変貌することで権威主義体制を再強化する傾向を見せはじめた。そのメカニズムに関しては第3節で議論する。ここではポピュリスト政治がどのような局面に表われているのか確認しよう。第3節で詳説するように，ポピュリスト政治のひとつの大きな特徴は「悪い」「腐敗した」既存エリートに対する攻撃である。このことはプーチンが大統領に復帰して以降の地方知事政策にみられる。

　2011〜12年の反政府デモを受けて，2012年5月2日，ロシアでは知事選出方式の法が変更され，政党による推薦や自薦による3人までの複数候補者からの直接選挙制に変更され，この方式は10月より施行された。[3]しかしながら，中央による地方の統制は強化されているとさえいえる。[4]プーチンが就任した月の

---

(3)　連邦法「ロシア連邦構成主体の立法執行権力機関組織化の一般原則法」第18条第3項。法の最新版は中央選挙委員会ウェブサイトより入手（http://cikrf.ru/law/federal_law/）。なお，候補者に対して，大統領による事前の相談が可能，候補者には現職地元地方議員などからの推薦が必要，大統領が候補者を3人に絞るなど制限はある。また翌2013年に知事の直接選挙を行なわないことを許容する修正がなされたが，ここでは詳述しない。

2012年5月から2016年10月までの段階で，代行を含む40人の知事が退任した。[5]
現在では長期政権を敷く知事はますます少なくなっており，「外部者」が知事
に就任することも少なくない。時には，いわゆる「シロヴィキ」（軍・諜報機
関・警察などの保安分野での職務経験を持つものを総称してこのように呼ばれる）
や中央の役人が地方知事に就任している。たとえば，ヤロスラヴリ州では，
KGB その他保安機構で長年勤務してきたドミトリー・ミロノフが2016年に知
事代行に就任した。トゥーラ州でも，2016年9月に元国防省次官が知事に就任
している。

　いくらか具体的な事例を観察すると，クレムリンが地方ボスの支配に対して，
腐敗対策を理由に攻撃し，それによって中央指導者への支持を増進させること
を試みていると考えられる。2015年に入って，汚職を理由に知事を逮捕する事
例がみられるようになった。2015年から2016年10月までで，5人の現職（前職
を含めれば6人）の知事が逮捕された。[6] なかでもサハリン州の事例は広く報道
された。2007年に知事に就任し，2011年8月に再選されたアレクサンドル・ホ
ロシャヴィン前知事は，2015年3月4日に逮捕された。捜査委員会によれば，
地元建設企業から560万米ドル以上の収賄を受けたとされる。これ以後も，彼
の収賄の事例は多く報告され，財産を没収されることになった。[7] より最近では，

(4)　地方知事に関するデータは，「ロシアの立法」（http://pravo.gov.ru/proxy/ips/?start
　　_search&fattrib=1），大統領府ウェブサイト（http://kremlin.ru/）などいくらかのイ
　　ンターネット・サイトから筆者が集めたものである。

(5)　ただし，そのうち2人（オレグ・コジェミャコ，ニコライ・メルクシキン）は他の
　　地方の知事に転出。なお，プーチンの就任は正式には5月7日だが，5月1〜7日ま
　　でに退任した知事もデータベース作成の便宜上プーチン大統領就任後としてカウント
　　している。実際にはスタヴロポリ地方知事ヴァレリー・ガエフスキーはメドヴェージ
　　ェフ期に退任。

(6)　RIA Novosti, 6 October 2016, https://ria.ru/spravka/20161006/1478642458.html, last
　　accessed on 31 October.

(7)　RIA Novosti, 4 March 2016, https://ria.ru/spravka/20160304/1382907834.html, last
　　accessed on 31 October 2016.

キーロフ州知事も2016年6月24日に収賄の廉で逮捕された。[8] 逮捕された知事が
ほかの知事に比べてとくに腐敗している，という確たる証拠はない。ロシアの
高官のほとんどは多かれ少なかれ腐敗していると考えたほうが現実的であろう。
ただし，クレムリンが地方知事を攻撃し，彼らが地元で過度に影響力を持たな
いようにする口実として腐敗を利用しているのは明らかである。シロヴィキの
知事への登用も，腐敗・ボス支配対策と関係があると考えることもできる。

　こうして，地方ボスという既存エリートへの攻撃がプーチン大統領復帰後の
政治のひとつの特徴をなしている。とはいえ，かつては地方ボスが集票のかな
めであったにもかかわらず，地方ボスへの攻撃を行なえば選挙での動員が心も
となくなる。つぎに，2016年国家院選挙でのこの問題に対する政権の対応を考
察しよう。

ポピュリスト政治と2016年国家院選挙

　このように地方ボスの支配が弱体化しつつあるなかで迎えたのが，2016年9
月18日の国家院選挙であった。[9] この選挙でのクレムリンの第一の目標は，統一
ロシアの大勝ではなく，2011年国家院選挙後に生じたような大規模デモの再発
を避けることであった。すなわち，選挙不正によって都市部住民を刺激してデ
モに至ってしまったという反省から，「公正な選挙」のイメージを作り上げる
ことに全力を注いだ。モスクワ市ではすべての投票所にカメラが設置され，投
票の様子がネット上でも公開され，他の多くの投票所でも同様の措置がなされ
た。2016年3月28日には，クリーンな政治家として著名で，元社会保護相・元
国家院議員のエラ・パンフィーロヴァが新しい中央選挙委員長に選出された。

---

(8)　*Kommersant*, 25 June 2016, http://kommersant.ru/Doc/3023187, last accessed on 31
　　October 2016.
(9)　本節の議論は，筆者が参加した日本からの選挙監視活動時の調査に多くを負ってい
　　る。ただし議論の内容は筆者個人の見解であり，いかなる意味においても選挙監視活
　　動にともなう政府見解を代表するものではない。

彼女は、「選挙は、行政的資源の使用なしに、公正・公開・競争的に行なわれなければならない、という点で中央選挙委員会と大統領府の立場は一致している」と発言し、行政的資源の濫用に反対した[10]。

当時大統領府第一副長官で、2016年国家院選挙の準備を担当したヴェチェスラフ・ヴォロージンは、今次の選挙では行政的動員に訴えないことを決意していたようにみえる。パンフィーロヴァの先の発言は明らかにクレムリンの支持を得たうえでなされている。そのような「公正な」外見を作り出す努力は、統一ロシアの選挙キャンペーンにも関連していたと考えられる。

第一に、統一ロシア内で代議員候補者予備選挙を行なった。かつてもこの予備選挙は行なわれていたが、実質がともなっていなかった。予備選挙で落選したものが最終的に候補者になることはよく観察されていた。今回の予備選挙は、少なくとも外見上はより実質的なものと考えられる。当時国家院副議長で、統一ロシア総評議会幹部会副書記のセルゲイ・ジェレズニャクは、筆者によるインタヴューで、この予備選挙を誇り、ペルミ州での事例について語った[11]。ペルミ州では、2011〜16年国家院の国際問題委員会委員長が予備選挙で落選し、統一ロシアの候補者リストに入ることができなかった。最終的には州議会選挙の候補者になり、当選後連邦院議員になることで彼は救われることになるが、このような有力議員が候補者になれなかった事実は、「公正な選挙」の外見を作り出す努力をそれなりに真剣に行なっているのを意味している。コミ共和国では、統一ロシア内の「リベラル」な会派の支持者としても著名な、雑誌『エクスペルト』の編集長が統一ロシア予備選挙に参加したが、落選した[12]。最終的に

---

(10) Central Electoral Commission Website, http://cikrf.ru/about/board/int/2016/pamfilova/20160606_1.html.

(11) セルゲイ・ジェレズニャク（国家院副議長）とのインタヴュー、2016年9月16日。なお肩書は当時のもの。

(12) Meduza news website, 24 May 2016, https://meduza.io/feature/2016/05/24/novye-litsa-edinoy-rossii.

は，49人の現職議員が予備選挙に落選するか，参加しないかによって，候補者
とならなかった。[13]予備選挙はただの外見であるというよりは，やや厳しい措置
であったように考えられる。予備選挙に落選したいくらかの当時の現職議員の
なかには，企業家の率いる新政党の成長党に参加したものもいた。[14]

　第二に，2016年国家院選挙には，地方知事の参加が少なかった。かつての国
家院選挙では，ほとんどの地方知事が統一ロシアの候補者に名を連ね，彼らが
各地方で動員の動力源（ロシアでは「機関車」〔lokomotiv〕としばしばいわれる）
となっていたことはよく知られている。しかし，今回はわずか19人の知事が統
一ロシアの候補者に名を連ねたにとどまった。[15]この事実に言及して，ジェレズ
ニャクは今回の選挙がより競争的になることに期待感すら示した。[16]これはたし
かに外国の選挙監視員である筆者に対するリップサービスともとれるが，クレ
ムリンが「公正・公開・競争的」な選挙の印象を作り出すことに真剣であった
ことは確かだろう。

　しかしながら，あまり行政的資源に訴えなければ，選挙結果はより不確実に
なる。それゆえ，クレムリンは統一ロシアとプーチン大統領をいくらか差別化
するよう試みたと考えられる。これまでと異なり，この国家院選挙では，統一
ロシアはプーチンとの直接的関係をあまり強調しなかった。たしかに，統一ロ
シアの選挙前綱領はプーチンとドミトリー・メドヴェージェフ首相・統一ロシ
ア党首の発言をいくらか引いたり言及したりしている。それでも，かつて見ら
れた「プーチンの党」「プーチン計画」などの言葉は見られない。[17]これは，部

---

(13)　RBK website, 24 May 2016, http://www.rbc.ru/politics/24/05/2016/574474909a
7947060d7c2e82.

(14)　Gazeta. ru, 4 July 2016, https://www.gazeta.ru/politics/2016/07/04_a_8364587.shtml.

(15)　RBK website, 27 June 2016, http://www.rbc.ru/politics/27/06/2016/577134c29a
79476c29dc4c53?from=newsfeed.

(16)　ジェレズニャクとのインタヴュー。

(17)　統一ロシア選挙前綱領（http://er.ru/party/program/userdata/files/2016/07/28/
predvyibornaya-pozitsiya.pdf）。

分的には，候補者でないものの写真の使用を禁じた法的制限によるものだろう
が，統一ロシアが勝利できなかったときにプーチンに対して責任を問う声が生[18]
じる事態を避けるためでもあったと考えられよう。事実，ロシアの世論調査機
関レヴァダ・センターの世論調査によると，プーチンの支持率は高止まりして
いた半面，統一ロシアへの支持率は漸減傾向にあった。[19]

　いまやプーチンは，すべての政党の上に立とうとしているように見えるし，
ポピュリスト政治に特徴的な，政党を超えた支持の調達を試みているように見
える。プーチンを支持する社会団体「全ロシア人民戦線」が，2011年選挙とは
異なり，2016年選挙では統一ロシア支持を明確に打ち出さなかったことは示唆
的である。多くの人民戦線の活動家は統一ロシアの候補者リストに入ったが，
いくらかのものは祖国のような他の政党から出馬した。ジェレズニャクは，人
民戦線は政党よりも広い，多様な社会を代表する団体だから，と述べて，この
現象を説明した。ポピュリスト政治の観点からみれば，統一ロシアのイメージ[20]
を刷新すると同時に，プーチンと統一ロシアを差別化する試みは，非合理的で
はない。

　選挙結果はよく知られている。統一ロシアは343議席と，全議席数450の3分
の2以上を優に獲得し，大勝した。この理由としてはつぎのものが考えられる。
第一に，47.8％（中央選挙委員会の数値にもとづいて筆者が計算）という低投票
率が統一ロシアの勝利に貢献したという見解がある。低投票率のもと，一定の
組織票を持っている統一ロシアが多くの議席を獲得したとする。とくに都市部[21]
での低投票率は，反統一ロシア票の低下につながったであろう。ただし，この
低投票率の理由として，人々の政党政治への無関心と現状変更することへの諦

⒅　イヴァン・ロージン，独立新聞編集者とのインタヴュー，2016年9月16日。

⒆　プーチンの支持率は，http://www.levada.ru/indikatory/odobrenie-organov-vlasti/
　　統一ロシアの支持率は，http://www.levada.ru/2016/09/01/gotovnost-golosovat-i-
　　predvybornye-rejtingi/を見よ。

⒇　ジェレズニャクとのインタヴュー。

めに加えて，行政的動員をあまり行なわなかったことが挙げられよう。たしかに選挙不正はいくらか報告され，パンフィーロヴァは，ダゲスタン，アディゲ，モルドヴィヤ各共和国などの9の投票所で不正があり，この投票所の結果を無効にすべきであると述べた[22]。また，識者によれば，野党のテレビ出演などに関して制限があったという[23]。それでも，パンフィーロヴァが行政的資源の濫用を抑えようと努力したことを疑うものはほとんどいないだろうし，2016年選挙が2011年選挙と比べて公正に運用されたことは広く認められている[24]。この動員に対する制止によって，動員がなければ投票に行かないような選挙民が投票せずに自宅にいたり，外出したりしたことにつながったと思われる。

　第二に，最大の要因として，選挙制度変更が統一ロシアの大勝に貢献したと考えられる。2016年選挙では，全議席の半分を比例代表，半分を小選挙区から選出する，小選挙区比例代表並立制に戻っている。そして，統一ロシアは比例区ではわずか54.2%の票，議席にして140議席を得たにすぎない。小選挙区部分で圧勝したのである。小選挙区部分のほうが行政的動員に訴えやすいことは一般に知られており，今回もそのような効果がなかったとはいえないが，いまのところそのような動員が広範に用いられたという証拠はない。むしろ，小選挙区制では相対多数をとれば勝利できるので，統一ロシアの候補者は，つぎに

---

[21]　ちなみに，選挙日程の変更（当初の予定であった12月から9月への変更）もこの投票率低下を狙った，という説があるが，筆者はこの説を支持しない。ロシアで気温低下の著しい12月に選挙を行なったほうが，投票率は低下するのではないだろうか。むしろ，冬季は経済状況が暖房・温水供給に反映されやすいので，経済制裁の影響が出ないように，できるだけ前倒ししたということではないかと考えている。

[22]　*Rossiiskaya gazeta*, 21 September 2016, https://rg.ru/2016/09/21/rezultaty-vyborov-v-gosdumu-otmeneny-na-deviati-uchastkah.html

[23]　レフ・グトコフ，レヴァダ・センター所長とのインタヴュー，2016年9月16日。

[24]　アンドレイ・コレスニコフ，モスクワ・カーネギー・センター上級研究員とのインタヴュー，2016年9月20日。また，レヴァダ・センターによる世論調査でも，2011年選挙時よりも，選挙の公平性に対する一般市民の評価は向上している。http://www.levada.ru/2016/10/03/vybory-informirovannost-i-itogi/

述べる野党の無策とあいまって，相対多数をとれる程度には強かったと考えるべきであろう。

　第三に，野党は，与党に対抗できるような新しいアピールをまったく行なえなかった。ロシア共産党は，ゲンナジー・ジュガーノフのような古い指導者を抱えたままであった。ロシア自由民主党が野党のなかで相対的にみればよい結果を収めたのは若い幹部を取り立てたからだ，という識者がいたが，共産党はそれもできなかったことになる。[25] いわゆるリベラル政党はいつものように分裂し，互いに衝突し続けた。野党の無力は小選挙区で統一ロシアが相対多数をとるのに大きく貢献しただろう。他方，政権による野党に対するいやがらせ，報道の偏向などの通常権威主義体制に強くみられる傾向は，2016年の選挙に関してはそれほど大きくなかった。

　統一ロシアの勝利がいかに浅い支持にもとづいていようとも，その勝利はヴォロージンの戦略を正当化し，選挙後，彼は国家院議長に就任した。[26] 統一ロシアを，（少なくとも表面上は）「普通の」政党にし，あまり行政的資源に訴えず，統一ロシアと選挙過程全体に公正なイメージを作り上げる試みは，マシーン政治の外側にいる都市部住民を刺激せず，2011〜12年に生じたようなデモの再発を防いだ。他方，統一ロシアおよび政党政治一般とプーチンを差別化する試みは，政党政治に関心を持たない，人民一般を意識した試みであったとみなせる。このような戦略は，マシーン政治が弱体化しつつあるという認識にもとづいていると考えられよう。マシーン政治の外側にいる人々の不満は，政党・議会政治に反映されることがない一方で，2016年選挙では，クレムリンは少なくとも彼らを刺激しないことには成功した。ポピュリスト政治が安定的になったかどうかは，2018年に予定されている次の大統領選挙で明らかになるであろう。

---

[25]　アレクサンドル・クィネフ，上級経済学院講師とのインタヴュー，2016年9月20日。
[26]　なお，ヴォロージンの国家院議長就任は降格であるという意見もあるが（実際，本人に議長就任への意欲はあまりなかったとも伝えられる），大勝ゆえに多様な勢力を抱えることになった統一ロシアをまとめる役目は重要である。

3 ポピュリズム体制成立の条件

マシーン政治とポピュリスト政治

なぜ、マシーン政治の弱体化にともなってポピュリスト政治が顕在化するのであろうか。その背景には、両者の緊張関係があると考えられる。概念を整理しておこう。まずマシーン政治からみると、18世紀から20世紀初頭にかけてアメリカの都市で発達したマシーン政治はつぎのような特徴を持っていた。第一に、利益供与と票の交換である。ボスが都市民（とくにまだ英語ができない、もしくは苦手な新規移民）に、金、仕事、安全、共同体のなかでの信頼関係などを供与する代償として、そのボスが選挙の際にその人々を動員し、特定の候補者を支援する。第二に、それゆえ、ボスたちの支配がマシーン政治の本質的な要素となる。政治マシーン（政党）やその指導者は、強い動員力を持つボスに、かなりの程度依存しなければならない。第三に、このマシーン政治は汚職をともなう。ボスに依存する政治指導者は、彼らに特別な利益を提供しなければならない。マシーン政治は住民に生活を保障する半面、きわめて腐敗した政治とみなされてきた（Banfield and Wilson 1963: 115-127）。

マシーン政治がどのようなものであるかに関してはおおむね研究者の間で合意があるのに対して、ポピュリズムはきわめて多義的で、概念的な合意があまりないように思われる。実際、ベネズエラのチャベス大統領やアメリカのトランプ大統領、日本の小泉元首相や安倍首相、スターリンからベラルーシのルカシェンコに至るまで、実に多くの政治指導者が「ポピュリスト」と呼ばれてきた。彼らのなかに何か共通する中核を見いだそうとするのは、あまり生産的なこととは思われない。本章のようにロシアの実証研究を目指した論文に必要なのは、この語をどのように使用しているのかを明確にすることである。

マシーン政治とポピュリスト政治の緊張関係を重視する観点からみると、再度アメリカ政治の展開が参考になる。アメリカのマシーン政治は19世紀後半か

ら挑戦を受けてきた。いわゆる「改革の時代」に，ボスの支配やマシーン政治は改革運動の批判を受けた。この改革運動がアメリカ的文脈では本来のポピュリスト運動である。この運動はマシーン政治に巻き込まれていない中間層を主な担い手とし，既存の政治組織への不信感から，より直接民主制を求める運動となった（Hofstadter 1955: Chap. 6, section 3）。このようなポピュリズムは運動としての，下からのポピュリズムとみなすことができよう。

以上のようなアメリカでの政治分析をロシアと対比すると，つぎの点で，ロシアの権威主義性は際立っている。まず，マシーン政治に関しては，アメリカのような民主制のもとでは，しばしば複数のボスが競合関係に立つことで，競争性が維持され（それでも特定の都市に強力なボスが誕生することがあった），また，特定の都市を超えて全国レベルに至る重層的なマシーン政治が形成されたことはなかった。この点，ロシアではマシーン政治は執行権力を握る地方ボスが，その地方で相当程度独占的な権力を行使できた点，またプーチン時代にマシーン政治の全国的単一ピラミッドが形成された点で，競争の不公正が際立つことになる。

つぎに，アメリカの下からの改革運動と異なり，今日，ポピュリスト政治は政治指導者による，上からの政治指導スタイルとみなされることが多いが，ロシアでも同様である[27]。ウェイランドがポピュリズムを「政治権力を求めたり行使したりする独特な方法」と述べたとおり（Weyland 2001: 11），「ポピュリスト」といわれる政治指導者の多くは，特定の階級ではなく，人民一般からの支持を求め，人民全体の利益を体現していると主張する[28]。このようなポピュリズ

---

[27] ただし，ロシアで下からのポピュリズムを見いだすことは可能である。ロシアの反体制運動家ナヴァリヌィの言説を分析した Lassaili（2016）は，ナヴァリヌィをポピュリストと考えているが，これは「下から」のロシアポピュリズム分析といえる。

[28] ちなみに Weyland（2001）は，執筆時にはラテンアメリカ諸国の民主制下におけるポピュリズムを念頭に置いていたが，その議論はのちにチャベス大統領時代のベネズエラなどの権威主義的ポピュリズムにも援用されている（Weyland 2013）。

ムは，つぎのような特徴を持つ。第一に，人々は「強い」指導者を支持する。第二に，人民の利益を体現する「善」と特殊利益の「悪」との対立として政治を描く。第三に，その「悪い」既存エリート・政党への挑戦を行なう。第四に，特定の階級などではなく，人民一般からの支持を調達しようと試みる。第五に，その支持はしばしばナショナリズムにもとづいている（大嶽 2003）。このような政治指導は，しばしば水平的アカウンタビリティを破壊する。この破壊の度合いが大きければ，権威主義の名に値するものとなる。たとえば，ロシアでは，「悪い」既存エリート層を攻撃するのに，レトリックだけではなく，上述のとおり，逮捕などの物理的な暴力が行使される。くわえて，垂直的アカウンタビリティを見せかけるために，メディア操作などを行なえば，容易に権威主義体制へと移行する。水平的アカウンタビリティの破壊の程度と，メディア操作の程度から，ロシアが上からの権威主義的ポピュリズムの特徴を示すようになったといえよう。

　「上から」にせよ「下から」にせよ，このようにポピュリズムを理解した場合，ポピュリスト政治にはマシーン政治と相いれない性格があることが理解できる。たしかに，利益誘導を旨としつつもポピュリスト的人気を博した田中角栄にみられるように，この両者が共存する場合はある[29]。それでも，原理的にいえば，マシーン政治の本質となる特殊な利益供与は，政治家がより広範な人々からの支持調達を試みるときに困難に直面するだろう。小泉純一郎元首相が特定郵便局を攻撃したときにもっとも効果的に選挙民と動員したことや（大嶽 2006），ベラルーシのルカシェンコが，とくに初期には，「腐敗した」高位の政治家を攻撃することで人気を獲得したこと（Matsuzato 2004）はマシーン政治

---

[29]　私見では，田中角栄のポピュリスト的人気は，官僚の出身でないたたき上げだった点で，当時既存エリートとみなされた官僚層への反対のシンボルとしての意味を持っていた。彼が腐敗にまみれていたことが暴露されたとき，急速にポピュリストとしての支持を失った事実は，ポピュリスト政治とマシーン政治の原理的な緊張関係を示唆していると考えられる。

とポピュリスト政治との間の緊張関係の存在を示唆しているし，南欧やラテンアメリカ政治の文脈で，マシーン政治と類似した概念であるクライエンテリズムと，ポピュリズムの緊張関係が議論されたこともある（Mouzelis 1986: Chap. 2)。

　マシーン政治とポピュリスト政治に緊張関係があるとすると，ロシアでマシーン政治の弱体化した後にポピュリスト政治が顕在化した理由が理解できる。具体的には，以下の3点があげられよう。まず，マシーン政治の外側にいる人々の増加（社会変動）である。第二に，腐敗した既存エリートへの反発と指導者によるその政治利用である。第三に，ナショナリズムのようなマシーン政治の外側にいる人々を糾合する仕組みである。順にみてみよう。

社会変動

　ポピュリスト政治顕在化の第一の背景として考えられるのは，社会変動である。社会学者たちの議論によると，2000年代の経済成長の結果，ロシアにもミドルクラスが誕生してきている。この「ミドルクラス」の内実には諸説ある。所得，消費生活，教育水準などの指標で測る場合と，ミドルクラス意識という主観によってこれを定義する場合もある。指標が異なるため，ミドルクラスがどの程度増加したといえるのかは，きわめて複雑であり，社会学者たちの間で合意を見ていない。とはいえ，2000年代に，格差の増加もともないながらも人々の収入が増加したしたことは間違いがない。また，ミドルクラス意識も，質問方法によってかなりの差が出るとはいえ，8割にのぼるという推計もある（Remington 2011: 99)。さらに，ロシアのミドルクラスの人々はかなりの程度国家に関係した部門（たとえば資源関連の国営企業など）に勤務している（Remington 2011: 106-107)。それでも，大都市部のミドルクラスに限って言えば，多くが国家関連部門に勤務しているとはいえないだろう。

　さらに，ロシアにおける抗議運動の形態・場所・要求も1990年代から変化した。1990年代での典型的な抗議形態はストライキなどの直接的行為だったのが，

2000年代後半にはデモなどの象徴的行為が多数を占めるようになった。また1990年代の抗議行動は，補助金などを要求するために地方エリートが中央に対して地元住民を使嗾した側面があり，多くの抗議運動は地方で生じていたが，これも2000年代後半にはモスクワやサンクト・ペテルブルクといった大都市中心になっている。さらに，抗議運動の要求内容についても，未払い賃金の支払いなど物質的要求から，環境保護や市民的権利などの非物質的要求への変化がみられる。上述の社会変動とこれらの抗議運動の変化がどのように結びついているのかはまだわからない。それでも，2000年代の経済発展が影響を及ぼしたことは間違いないだろう（Robertson 2007, 2013）。抗議運動もマシーン政治の外側にいる人々によって担われるようになった。

地方政治マシーンの弱体化

　プーチン第1期が重層的なマシーン政治を基礎とした権威主義体制であったとすると，メドヴェージェフ期（2008～12年）に，このマシーン政治の地方的基礎が弱体化する傾向を示した。そのことは，2011年国家院選挙，2012年大統領選挙，そしてこの選挙結果にともなうモスクワを中心にした大規模デモによって明らかになった。

　この弱体化の原因のひとつして考えられるのは，メドヴェージェフ時代の地方知事任命政策である。プーチン時代の基本方針が有力知事の再任用であったことは先に述べた。しかし，メドヴェージェフ時代に入り，大規模な更迭が行なわれた。2008年5月にメドヴェージェフが大統領に就任した後，国家院選挙の2011年12月までに65人の知事が任命されたが，うちわずか26人（約40％）が再任用であった。すなわち，39人（約60％）の知事は新人であった。そして，再任されなかった知事のなかには，ルシコフ，シャイミーエフなど最有力のものを含んでいた。とくにルシコフは明確にクレムリンと対立して更迭された。さらに，この39人の新人知事のなかで，14人はその地方での社会的・政治的な経験のない「外部者」であった。これは知事の動員力を大きく傷つける政策で

あった。[30]

　メドヴェージェフがなぜこのような政策を行なったのか，理由は定かではない。多くの知事があまりにも高齢化したという物理的な事情が影響した可能性はある。しかし，メドヴェージェフが当初から課題としていた腐敗撲滅や近代化を達成するのに，地元企業と強固に癒着した地方知事は障害だったであろう（大串 2013）。また，メドヴェージェフが大統領に就任してまもなく，リーマン・ショックに端を発する世界金融危機が生じた。ロシア政府は対策として大量の資金を市場に放出したが，この過程で，多くの有力地方政治家は利益誘導を図ったとも推測できる。クレムリンとしては，金融危機脱出策を地方政治家によって歪められていると判断し，いっそうの統制強化に至ったと考えられる。いずれにしても，このような統制強化策は，クレムリンは有力地方知事を再任用することで身分を保障し，その代償として選挙では統一ロシアへの動員を求める，というかつての中央と地方の互恵関係を破壊し，2011年国家院選挙で統一ロシア党の動員力の下落となって表われたのである。

　2011年12月の国家院選挙では，統一ロシア党の集票は49.32％と，50％を割り込み，議席数は238（総数450）で，かろうじて過半数は維持したが，2007年の選挙での得票率64.30％，議席数315議席という圧倒的な勝利からすれば，敗北といってもいいような結果となった。もちろん，地方知事らの動員力の低下のみがこの選挙結果の原因ではない。経済問題やプーチン復帰に対する「飽き」なども大きな理由であった。しかし，ロイターやロバートソンが主張するように，知事任命政策は他の要因を勘案しても，選挙結果に影響を持った（Reuter 2013; Reuter and Robertson 2012）。

　そして，上述したとおり，2012年にプーチンが大統領に復帰し，知事選出方法が既述のように変更された後も，地方ボスへの攻撃は変化していない。辞任

---

[30]　大串（2013），Reuter（2013），Reuter and Robertson（2012），Ogushi and Adachi（2015）を参照。

表 6-1　地方知事の平均在任期間（月数）

	エリツィン期 （1991〜1999年）	N	プーチン1 （2000年1月〜 2008年4月）	N	メドヴェージェフ （2008年5月〜 2012年4月）	N	プーチン2 （2012年5月〜 現在）	N
退任済みの知事	81.7	175	67.0	61	43.3	23	22.5	8
現職を含んだ知事（退任時期を2016年10月とした場合）	84.6	177	80.8	76	59.0	50	26.2	46

注：Nは知事数。
出所：筆者のデータベースより作成。

に追い込むだけではなく，逮捕をともなっている点では，いっそう激しくなっているとみることもできる。地方知事の在職期間を長期的にみても，地方ボスへの攻撃が行なわれ，地方ボスの支配が弱体化していることが確認できよう。表6-1は知事の平均在任月数を示したものである。エリツィン期を例にとると，この時期に就任した177人の知事のうち175人が退任しており（2016年10月現在），その平均在職期間は81.7カ月（約6年10カ月）であることを示している。エリツィン期から順に徐々に知事の平均在任期間が短くなっている。むろん，これはある程度自然である。昔に就任すればするほど，在職できる可能性のある期間は長くなるからである。それでも，2008年5月から2012年4月までの（メドヴェージェフ期）に任命された50人の知事のうち，半数近くの23人がすでに退任していることは注目に値する。長期に在職し，地元に強い地盤を有する大物地方知事は誕生しにくくなっている。

　地方政治マシーンの弱体化と社会変動が組み合わさり，2011年の国家院選挙をきっかけに顕在化したのが，2011〜12年の反政権デモであった。多くの選挙不正が報告され，「公正な選挙」を求めてモスクワだけでも10万を超えるとみられる人々がデモンストレーションを行なった。プーチン大統領は2012年の大統領選挙で再選されたが，かつてのような圧倒的な支持率はないような状況であった。

ナショナリズムと国際環境

　最後に，ポピュリスト政治顕在化の第三の背景として，地域大国ロシアを取り巻く国際環境とナショナリズムが挙げられる。NATO の東方拡大，欧米によるコソヴォ独立承認，防衛ミサイルのポーランドとチェコへの配置をはじめとするブッシュ（ジュニア）時代の対ロ政策など，冷戦終焉後からロシアは被害者意識・対外脅威意識を蓄積してきた（Sakwa 2008；塩川 2011：121-157）。この「傷つけられた大国意識」ともいうべきものは，多様なロシアのナショナリズムの諸潮流に共通してみられるものである。

　こうして，マシーン政治の弱体化，社会変動，ナショナリズムというポピュリズム政治が顕在化する要素がそろった。この 3 つを結合させ，「強い指導者」への支持を与える発火点なったのが，2014年 2 月のウクライナのキエフでの政変とクリミア併合であった。

　キエフでの政変は，ロシア政治のあり方をポピュリズムへと大きく転換するポイントとなったと考えられる。キエフでの政変の過程をここで論じることはできないが，これによってロシア国内世論は，被害者意識を爆発させた。キエフでの政変の陰謀論的解釈（アメリカが裏で糸を引いてヤヌコーヴィチ政権を打倒したなど）は，ロシアではごくありふれたものである。冷戦終焉後から蓄積してきた対外脅威意識は鋭く刺激された。そして，クリミア併合のロシア国内への政治的効果は，不安定だったプーチンへの支持率を劇的に向上させたことにみられる。レヴァダ・センターによると，プーチンへの支持率は，クリミア併合前は 6 割台だったが，併合以後 8 割を下回ったことがない[31]。

　この強い支持の原因はすでにいくらかの研究者によって議論されている。ヘイルは，ウクライナでの政変に直面して，プーチンは，彼がこれまで利用に慎重だったナショナリズム感情に訴えた，という。ロシアのナショナリズムには

---

[31]　Levada Center Website, http://www.levada.ru/indikatory/odobrenie-organov-vlasti/ なお，本章のサイトへのリンクは2016年10月29日段階でのアクセスを確認している。

少なくとも２つのナショナリズム，すなわちエスニック・ナショナリズムと帝国的ナショナリズムがあり，その間に緊張関係がある。多民族が居住しているロシアでは，ロシア民族のエスニック・ナショナリズムは国内の民族間関係を複雑にしてしまう。他方，帝国的ナショナリズムは拡張主義的であるが，ロシア民族純粋主義ではありえない。ナショナリズムに訴えるとこの両者の緊張関係を複雑にしてしまうために，プーチンはこれまでナショナリズム感情の政治利用に慎重だったが，クリミア併合は，ロシア人が多数を占める民族構成上も，歴史的記憶上も，両者の緊張関係を顕在化させない（Hale 2016）。コルストは，この議論を発展させ，クリミア併合はナショナリストのプーチン支持を激増させたが，ドンバス（東ウクライナ）での戦争は，２つのナショナリズムの矛盾を顕在化させ，彼らの支持を失いつつあると主張する（Kolstø 2016）。

　もっとも，ヘイルもコルストもナショナリズムばかりがもっぱらプーチン支持の源泉であると説いているわけではない。アレクセーエフとヘイルが主張するように，「旗の下への集結効果」（rally-around-the-flag-effect），すなわち，戦争などの危機時に指導者への国民の支持が急増する現象の一種と考えるべきであろう（Alexseev and Hale 2016）。いずれにせよ，プーチンは，ウクライナ政変に直面して，巧みにナショナリズムと対外脅威感情を利用し，これまでマシーン政治の外側にいた人々にまでアピールした。

　こうして，地方マシーン政治の弱体化と社会変動によって，維持困難になった重層的マシーン政治は，そのマシーン政治の外側にいる人々にアピールするポピュリスト政治によって取って代わられたのである。

ロシア・ポピュリスト政治の展望

　本章の主張をまとめるとつぎのようになる。ソ連解体後の民主化に見えたものは「不履行による多元主義」，すなわち統治の程度が低いゆえに各種派閥による競争が生じている状況であった。その後，中央政府が派閥を糾合する形で生じたのが，集権的・重層的マシーン政治であった。これは「民主化の後退」

ではなく，中央政府による統治の回復であった。しかしながら，メドヴェージェフ大統領の就任後，マシーン政治は弱体化の傾向を示した。2014年のウクライナ危機以降，その弱体化をポピュリスト型権威主義体制へ転換することで，克服しつつあると考えられる。この転換の要因としては，社会変動，地方政治マシーンの弱体化，ナショナリズムがあり，ウクライナ危機がこのすべてを結びつける結節点となった。現在のロシアは，弱体化しつつあるマシーン政治型の権威主義体制から，ポピュリスト型権威主義体制として再強化されつつあると考えられる。

　このようなポピュリスト政治は，指導者が利害調停者やバランサーの役割をしばしば演じるマシーン政治型の権威主義体制よりも，個人支配の程度が強い。2000年代のプーチン第1期の政治に関して，比較的肯定的な判断をしていた識者が，プーチン復帰以降のロシア政治に関しては，行き詰まりや家産制化を指摘している（Sakwa 2014）のは，本章で議論してきたマシーン政治の弱体化およびポピュリスト政治の顕在化に関連していると考えられる。このロシアのポピュリスト型権威主義体制が，長期的にも安定的なものかは依然として未知である。何らかの理由で，プーチンは現在の絶大な人気を急速に低下させ，マシーン政治への回帰を必要とする可能性もある。それでも，現在のようなポピュリスト的手法によって，プーチンがその人気を長期にわたって維持し，さらにマシーン政治の外側にいる人々が圧倒的多数になるほどロシアの社会変動が続くのであれば，ロシアのマシーン政治は質的な転換を遂げるだろう。

参考文献
日本語文献
油本真理（2015）『現代ロシアの政治変容と地方——「与党の不在」から圧倒的一党優位へ』東京大学出版会。
宇山智彦（司会）大串敦・杉浦史和・平田武・渡邊日日（2011）「ソ連崩壊20年とその後の世界」『ロシア東欧研究』40：1-33の大串報告。
大串敦（2008）「政府党体制の制度化——『統一ロシア』党の発展」横手慎二・上野俊

彦編『ロシアの市民意識と政治』慶應義塾大学出版会，63-87。

――――（2013）「支配政党の構築の限界と失敗――ロシアとウクライナ」『アジア経済』54(4)：146-167。

――――（2016）「ロシアにおける混合体制の成立と変容」川中豪編『発展途上国における民主主義の危機』調査研究報告書，アジア経済研究所，89-102。

――――（2017）「ペレストロイカと共産党体制の終焉」松戸清裕・浅岡善治・池田嘉郎・宇山智彦・中嶋毅・松井康浩編『ロシア革命とソ連の世紀・第3巻・冷戦と平和共存』岩波書店：171-195。

大嶽秀夫（2003）『日本型ポピュリズム――政治への期待と幻滅』中央公論新社（中公新書）。

――――（2006）『小泉純一郎――ポピュリズムの研究』東洋経済新報社，2006年（Kindle 2015年）。

栢俊彦（2005）『株式会社ロシア』日本経済新聞社。

ゴールドマン，マーシャル（2003）『強奪されたロシア経済』日本放送出版協会。

塩川伸明（2011）『民族浄化・人道的介入・新しい冷戦――冷戦後の国際政治』有志舎。

中馬瑞貴（2009）「ロシアの中央・地方関係をめぐる政治過程――権限分割条約の包括的な分析を例に」『スラヴ研究』56：91-125。

溝口修平（2016）『ロシア連邦憲法体制の成立――重層的転換と制度選択の意図せざる帰結』北海道大学出版会。

外国語文献

Banfield, Edward C. and James Q. Wilson (1963) *City Politics*, Cambridge, MA.: Harvard University Press and the MIT Press.

Colton, Timothy J. (2008) *Yeltsin: A Life*, New York: Basic Books.

Chaisty, Paul (2006) *Legislative Politics and Economic Power in Russia*, Basingstoke: Palgrave Macmillan.

Chaisty, Paul and Petra Schleiter (2002) "Productive but Not Valued: The Russian State Duma, 1994-2001," *Europe-Asia Studies*, 54(5): 701-724.

Elgie, Robert and Shophia Moestrup, eds. (2008) *Semi-presidentialism in Central and Eastern Europe*, Manchester: Manchester University Press.

Ellman, Michael and Vladimir Kontorovich, eds. (1998) *The Destruction of the Soviet Economic System: An Insiders' History*, Armonk: M. E. Sharp.

Golosov, Grigorii V. (2004) *Political Parties in the Regions of Russia: Democracy Unclaimed*, Boulder: Lynne Rienner Publishers.

Hale, Henry E. (2004) "The Origin of United Russia and the Putin Presidency: The Role of Contingency in Party-System Development," *Demokratizatsiya*, 12(2): 169-194.

──────── (2005) "Regime Cycles: Democracy, Autocracy, and Revolution in Post-Soviet Eurasia," *World Politics*, 58(1): 133-165.

──────── (2006a) *Why Not Parties in Russia? Democracy, Federalism, and the State*, New York: Cambridge University Press.

──────── (2006b) "Democracy or Autocracy on the March? The Colored Revolutions as Normal Dynamics of Patronal Presidentialism," *Communist and Post-Communist Studies*, 39(3): 305-329.

──────── (2015) *Patronal Politics: Eurasian Regime Dynamics in Comparative Perspective*, New York: Cambridge University Press.

──────── (2016) "How nationalism and machine politics mix in Russia," in Pål Kolstø and Helge Blakkisrud, eds., *The New Russian Nationalism: Imperialism, Ethnicity and Authoritarianism*, Edinburgh: Edinburgh University Press, 221-248.

Hofstadter, Richard (1955) *The Age of Reform: From Bryan to F. D. R.*, Kindle, ed., New York: Vintage Books.

Huntington, Samuel P. (1968) *Political Order in Changing Societies*, New Haven, CT.: Yale University Press.

──────── (1991) *The Third Wave: Democratization in the Late Twentieth Century*, Norman: University of Oklahoma Press.

Kolstø, Pål (2016) "Crimea vs. Donbass: How Putin Won Russian Nationalist Support- and Lost it Again," *Slavic Review*, 75(3): 702-725.

Lassila, Jussi (2016) "Aleksei Naval'nyi and Populist Re-ordering of Putin's Stability," *Europe-Asia Studies*, 68(1): 118-137.

Levitsky, Steven and Lucan A. Way (2002) "The Rise of Competitive Authoritarianism," *Journal of Democracy*, 13(2): 51-65.

──────── (2010) *Competitive Authoritarianism: Hybrid Regimes After the Cold War*, New York: Cambridge University Press.

Lynch, Allen C. (2005) *How Russia Is Not Ruled: Reflection on Russian Political Development*, New York: Cambridge University Press.

Matsuzato, Kimitaka (1999) "Progressive North, Conservative South?: Reading the Regional Elite as a Key to Russian Electoral Puzzles," in Kimitaka Matsuzato, ed., *Regions: A Prism to View the Slavic-Eurasian World -Towards a Discipline of "Regionology,"* Sapporo: Slavic Research Center, Hokkaido University, 143-176.

————（2001）"From communist boss politics to post-communist caciquismo: the meso-elite and meso-government in post-communist countries," *Communist and Post-Communist Studies*, 34(2): 175-201.

————（2004）"A Populist Island in an Ocean of Clan Politics: The Lukashenka Regime as an Exception among CIS Countries," *Europe-Asia Studies*, 56(2): 235-261.

McFaul, Michael（2001）*Russia's Unfinished Revolution: Political Change from Gorbachev to Putin*, Ithaca: Cornell University Press.

Mouzelis, Nicos P.（1986）*Politics in the Semi-Periphery: Early Parliamentarism and late Industrialisation in the Balkans and Latin America*, Basingstoke: Macmillan.

Ogushi, Atsushi（2008）*The Demise of the Soviet Communist Party*, Abington: Routledge.

————（2016）"Executive Control over Parliament and Law-Making in Russia: The Case of the Budget Bills,"『法学研究』89(3)：276-292 (61-77).

————（2017）"Weakened Machine Politics and the Consolidation of a Populist Regime? Contextualization of the 2016 Duma Election," *Russian Politics*, 2(3): 287-306.

Ogushi, Atsushi and Yuko Adachi（2015）"The Power and Limitations of Dominant Party Control: United Russia, the Chinese Communist Party, and the Indian Congress from a Comparative Perspective," in Shinichiro Tabata, ed., *Eurasia's Regional Powers Compared: China, India, Russia*, Abingdon: Routledge, 67-84.

Remington, Thomas F.（2011）"The Russian Middle Class as Policy Objective," *Post-Soviet Affairs*, 27(2): 97-120.

Reuter, Ora John（2010）"The Politics of Dominant Party Formation: United Russia and Russia's Governors," *Europe-Asia Studies*, 62(2): 293-327.

————（2013）"Regional Patron and Hegemonic Party Electoral Performance in Russia," *Post-Soviet Affairs*, 29(2): 101-135.

Reuter, Ora John and Graeme B. Robertson（2012）"Subnational Appointment in Authoritarian Regimes: Evidence from Russian Gubernatorial Appointments," *The Journal of Politics*, 74(4): 1023-1037.

Reuter, Ora John and Thomas F. Remington（2009）"Dominant Party Regimes and the Commitment Problem: The Case of United Russia," *Comparative Political Studies*, 42(4): 501-526.

Robertson, Graeme（2007）"Strikes and Labor Organization in Hybrid Regime," *American Political Science Review*, 101(4): 781-798.

———— (2013) "Protesting Putinism," *Problems of Post-Communism*, 60(2): 11-23.

Ross, Cameron. (2005) "Federalism and Electoral Authoritarianism," *Demokratizatsiya*, 13(3): 347-371.

Sakwa, Richard (2008) "'New Cold War' or Twenty Years' Crisis? Russia and International Politics," *International Affairs*, 84(2): 241-267.

———— (2014) *Putin Redux: Power and Contradiction in Contemporary Russia*, Abingdon: Routledge.

Shugart, Matthew Soberg and John M. Carey (1992) *Presidents and Assemblies: Constitutional Design and Electoral Dynamics*, New York: Cambridge University Press.

Shlapentokh, Vladimir (1996) "Early Feudalism: The Best Parallel for Contemporary Russia," *Europe-Asia Studies*, 48(3): 393-411.

Way, Lucan (2015) *Pluralism by Default: Weak Autocrats and the Rise of Competitive Politics*, Baltimore: Johns Hopkins University Press.

Weyland, Kurt (2001) "Clarifying a Contested Concept: Populism in the Study of Latin American Politics," *Comparative Politics*, 34(1): 1-22.

———— (2013) "The Threat from the Populist Left," *Journal of Democracy*, 24(3): 18-32.

謝辞：本研究は JSPS 科研費15KK0094, 15H03309, 15KT0048, 26380183の助成を受けたものです。

第7章

民主主義と非民主主義の併存
—— メキシコにおける地方の競争的権威主義体制 ——

馬 場 香 織

　本章では，民主主義の後退の第四のパターンである一国内の民主主義と非民主主義の「体制併存」について，メキシコを事例にして論じる。序章および第1章で述べられたとおり，この第四のパターンは中央レベルの民主主義体制が崩壊するようなパターンとは性格を異にするものの，地方の非民主主義体制の問題は近年ラテンアメリカを含む発展途上国の民主主義国の「質」を低めている要素のひとつとなっている（Mainwaring and Pérez-Liñan 2015）。中央レベルで民主化が進み，その後も民主主義体制が安定的に維持されるなかで，地方の非民主主義体制はなぜ，どのように維持が可能となったのだろうか。

　この現象の典型的事例であると考えられるメキシコでは，1929年から2000年までの71年間にわたって制度的革命党（PRI）（とその前身政党）が政権を担当するヘゲモニー政党型の権威主義体制がみられ，PRI の勝利が保証された選挙を前提として，州レベルでは大統領が事実上指名する PRI 州知事の統治が行なわれていた（Camp 2013: 208）。1980年代末になると北部諸州を中心に反対派の州知事が登場し，1990年代には中央レベルでの選挙制度改革を通した民主化が急速に進む。そうしたなかで，PRI 州知事による地方の非民主主義体制の問題が「遅れた地方」，「権威主義の飛び地」として認識されていく（Fox 1994; Cornelius 1999）。最終的に中央レベルでは，2000年の大統領選で中道右派の国民行動党（PAN）が勝利して政権交代が実現し，民主化が「完了」する。しかし，中央レベルで民主主義体制が安定的に維持されるなか，地方レベルでは非

民主主義体制が存続するという「体制併存」がみられることとなった。

このようにメキシコでは，以前から存在した地方の政権党による非民主主義体制が民主化後も体制を維持する形でこの問題が表出した。また，域内の同じ連邦制国家であるブラジルやアルゼンチンと対照的に，PRIヘゲモニー体制の下で中央レベルの政治においては元来力が弱かった州知事が，民主化および地方分権化のなかで影響力を強めていった。このため，ラテンアメリカの民主化に関する研究のなかでも早くから「体制併存」のテーマに関心が集まり，多くの研究が提出されてきた。これまでの議論を整理し，メキシコの事例をあらためて検討することは，他国への示唆の観点からも意義が大きいと考える。本章では，20世紀メキシコ政治史における「地方」の位置づけとその影響力の変遷を概観したうえで，中央レベルの民主化と民主主義の安定のなかで，なぜ，どのように「体制併存」が可能となったのか，そのメカニズムを再検討する。

1　PRI権威主義体制下の「地方」

1910年に始まるメキシコ革命は，1876年以来続いていたポルフィリオ・ディアス将軍による独裁の打倒を目指して始まったが，ディアスが失脚し全国的に権力の空白が生まれると，各地でカウディージョと呼ばれる軍事頭領が台頭し，メキシコは長い内乱状態に陥った。内乱による多くの流血を経て，政治的安定のためのひとつの解決策となったのが，1924年から1928年まで大統領を務めたプルタルコ＝エリアス・カジェス将軍による国民革命党（PNR）の創設（1929年）である。PNRの創設によって，カジェスは大統領後継者への権力移譲を党内で円滑化し，各地に割拠する革命カウディージョたちを包摂，あるいは従属させることを意図していた（Lewis 2005: 155-156）。

1929年から1934年にかけて，カジェスが大統領引退後も政府および議会に影響力をもった政治はマキシマート（Maximato）と呼ばれ，この時期にPNRはカウディージョの地理的統合を強め，PNRを通したカウディージョどうしの

権力闘争の解決がある程度制度化した。しかし，実際のところ PNR は1800も
の「政党」の寄せ集めの組織であり，党内の利害調整は容易ではなかった
（Meyer 2010: 117）。近年の研究では，従来強かった「マキシマート期の PNR
を通じた集権的な地方カウディージョの統制」という見方は修正され，当時の
議会が大統領に従うだけでは必ずしもなかったことや，地方にかなりの自律性
が存在したことが広く明らかにされている（Weldon 1997: 232; Lewis 2005: 156）。

　地方の強力なカウディージョとカジェスの影響力に対抗するために，1934年
に政権についたラサロ・カルデナス大統領は，1938年に PNR をメキシコ革命
党（PRM）に改組し，組織化された諸セクター（農民，労働，人民，軍の4セク
ター[1]）に党内の権力の比重を移した[2]。とはいえ，PNR が PRM というコーポラ
ティズム政党に再編されたことによって，単に地方の重要性が減じたわけでは
ない。ギブソンが論じるように，ポピュリスト政党としての PRM[3]，のちに
PRI は，内部に地理的に異なる2つの支持基盤連合を抱える運動であった。そ
のひとつは，労働組合およびビジネス層からなり，開発志向の経済政策を推進
する「都市」（metropolitan）連合である。これに対して地方は，もうひとつの
「周縁」（peripheral）連合を形成して，選挙における PRM/PRI の圧倒的強さ
を支えるという役割を担った。周縁に位置する地方の連合は，農民や農村労働
者に加えて地方エリート・有力者（カシーケ）からなり，選挙の際に党への票
と支持を集めた[4]（Gibson 1997: 340-342）。

　こうしたなかで，革命の軍事頭領であったカウディージョたちは，中央と地

---

(1)　軍セクターは1940年に人民セクターに統合された。

(2)　PRM のコーポラティズム構造を構成するそれぞれのセクターからは，党の最高意思
　決定機関である全国執行委員会（CEN）に代表が送られ，党の運営を担った。

(3)　ギブソンは論文のなかで明確に「ポピュリスト政党」を定義していないが，ここで
　はいわゆる古典的ポピュリズムとして想起されるもの，すなわち「オリガルキアの支
　配に対抗するために中産階級が主導する，労働者階級を中心とする大衆層との階級縦
　断的な連合を形成し，国家主導型の開発志向の経済政策を展開する政治運動」を担っ
　た政党を指すものと読める（Gibson 1997: 339）。

方，政治権力と市民社会を結ぶブローカーである「カシーケ」として新たな秩序に順応していった（Knight 2005: 11-13）。カルデナスが実施した農地改革によって，その恩恵を受けた農民セクターは以後強固な PRM/PRI の支持基盤となったが，地方におけるこの農民セクターの動員は，カルデナスおよび党に忠誠を誓い，農地改革の直接の担い手となったカシーケによって行なわれ，PRM/PRI の集票マシーンが形成されていった。他方，農地改革の影響が比較的弱かった地方では，従来からのカシーケによる地方支配が続いたが，これらのカシーケも，地方の自律性と引き換えに，選挙時には大規模な PRM/PRI 票の動員を担った。[5]

　他方で，PRI 体制下のメキシコの政治システムが，しばしば「超大統領主義」（"hiperpresidencialismo"）と表現されるように，1940年代から1990年代にかけて，公式・非公式の権力が PRI 党首でもある大統領に圧倒的に集中してきたことも広く知られている（Weldon 1997; Beer 2012: 121）。大統領による「地方」の統制は，なにより州知事の統制を通じてのものだった。PRI 党首として大統領は州知事選の PRI 候補者を直接指名し，PRI が支配する上院を通して，州知事の罷免権[6]も有していたからである[7]（Beer 2012: 122-126）。

　メキシコでは，州知事は大統領と同様に任期6年で，再選は禁止されている。

---

(4)　ある研究によれば，1964年から1976年までの期間，都市部では PRI の平均得票率が70%程度だったのに対し，農村地帯での同じ期間の平均得票率は90%を超えた（Gibson 1997: 350, n. 23）。

(5)　この点については，Gibson（1997: 350），Schryer（1990: 128-134），Knight（2005: 28, 30）などを参照。

(6)　1929年から1988年まで，上院の議席はすべて PRI およびその前身政党で占められていた（Weldon 2004: 135）。また，反対派政党がわずかに議席を有した下院でも，1980年代末までは PRI が憲法改正に必要な3分の2の特定多数を保持していた。

(7)　大規模な党改革が行なわれたカルデナス政権期とサリナス政権期には，それぞれ17人と16人という比較的多くの州知事が罷免されたが，1940年代から80年代にかけての歴代政権下では，罷免された州知事はそれぞれ10人以下にとどまった（Beer 2012: 125）。

州議会議員，市長，市議会議員（任期3年）も同様である。[8]このため，一般的にPRI政治家は中央と地元のさまざまな公職を渡り歩くのが常であり，その政治的キャリアは大統領および党中央に委ねられていた。政府が選挙を統制していたなかで，PRI候補者に指名されることは当選を意味した。大統領がPRI候補者の指名権を有していたことは強い党規律を生み，これによって大統領のパワーは再び強化されていった。[9]

　州知事が有権者ではなく大統領に対して応答性を持つようなシステムの下で，州知事の役割は，州における安寧を維持し，選挙の際にはPRI票を動員することであった（Beer 2012: 123）。ただしこのことは，PRI体制下の州知事が大統領や党中央によって完全にコントロールされていたことを意味するのではない。地元のさまざまな政治集団をまとめあげ，秩序を維持できる州知事が，連邦中央から重宝され，地方における自律性を保証されたからである（Hernández-Rodríguez 2008: 50-51）。

　地方のエリートは，けっして一枚岩ではなかった。州内の諸地域（región）や市町村レベルでは，エリートたちが派閥を形成してPRM/PRIを通じた国家資源の分配をめぐって争っていた（Schryer 1976: 5）。たとえば，イダルゴ州の北部高原に位置するウアステカ地域のカシーケであるカルデナス派のフベンシオ・ノチェブエナは，カジェスに近い地元ライバル一族の影響力の強い市町村

---

[8] 2014年に実施された憲法改正およびそれにもとづく二次法による選挙制度改革によって，基本的には同じ党から立候補する場合に限り，連続再選が認められることとなった。ただし，州議会議員の連続在任期間の上限は12年で，市長および市議会議員については，1度に限り連続再選が認められた。この規定は2018年選挙当選者から適用されることになっている（http://sil.gobernacion.gob.mx/Glosario/definicionpop.php?ID=266）。なお，州知事，州議会議員，市長はそれぞれ有権者の直接選挙によって選出され，州知事選と市長選は相対多数制，州議会選挙は小選挙区比例代表並立制が採用されている。市議会議員については，政党が市長選候補とセットで提出する議員候補者リストから選出されるため，各議員を有権者が直接選ぶことはできない。

[9] 地方選（市レベル）のPRI候補者選抜制度の変遷と，大統領および党中央が直面していたジレンマについては，豊田（2013）が詳しい検討を行なっている。

で反対派をまとめて組織し，ライバルの追放や弱体化を試みた。その手段は，しばしば暴力をともなうものであった。ノチェブエナは，カルデナスの指名を受けて1936年にイダルゴ州知事に選出されたハビエル・ロホ＝ゴメスの庇護を背景に，自身の支持者をウアステカ各市の地方選候補者として送り込み，ライバルである有力者を追放するか，あるいは取り込んで忠誠を誓わせることで，地元での影響力を絶対的なものとしていった（Schryer 1990: 128-131; Menes Llaguno 2006: 220）。

　また，1970年代になると，連邦中央と地方を結ぶ財政システムが統一され，州政府は公的支出および公共事業資金のほとんどを，連邦中央からの財政移転に頼ることとなった。ディアス＝カジェーロスによれば，このような財政システムの中央集権化が進められる過程で，地方の政治家は地方レベルの徴税権限を放棄することと引き換えに，地方交付金制度によって予算を確保し，地方の自律性と政治的キャリアの保証を得た（Diaz-Cayeros 2006: 124）。

　以上のように，PRI権威主義体制下では，PRI党首としての強い大統領権力に対する州知事をはじめとする地方エリートの服従がみられた一方で，「地方」は主に票の動員によって体制を支えるPRIの支持基盤連合の一翼を担い，地方エリートは地元での自律性を享受した。

2　中央レベルの民主化と地方の非民主主義

　前節で確認したようなPRIヘゲモニー体制下の中央‐地方関係は，中央レベルで民主化が進むなかでしだいに変容していく。しかしそれは，地方が中央の民主化に足並みをそろえることを必ずしも意味しなかった。むしろ1990年代になると，PRI大統領に対するPRI州知事の自律性が高まり，複数の州で知事が大統領の意向に従わないケースが散見するようになる。こうした州は，中央レベルの民主化が進むなかで「遅れた地方」，あるいは「権威主義の飛び地」として注目され，「サブナショナル権威主義体制」と呼ばれた（Cornelius 1999,

2001）。本節では，中央レベルの民主化のなかで地方の非民主主義体制が勃興し，維持された要因を検討する。

メキシコにおける地方の非民主主義体制の勃興

メキシコの場合，中央レベルの民主化とは，PRI 権威主義体制下で PRI の勝利が事実上約束されていた選挙を，自由・公正で実質的な競争のあるものに変えていくことを意味した。1970年代後半には，選挙制度改革を経て，反対派が連邦下院や市議会で議席を増やした[10]。1988年の大統領選で，PRI の選挙不正が疑われつつ同党候補のカルロス・サリナス＝デゴルタリが勝利すると，以後，反対派との協議のもとでの選挙制度改革が漸進的に進む。最終的に，エルネスト・セディージョ PRI 政権下の1996年に行なわれた改革によって，選挙を管理する連邦選挙機構（Instituto Federal Electoral: IFE）が政府から自律的な機関となり，より公正な選挙資金制度や選挙司法制度の整備も進んで，民主的な選挙の制度的基盤が整った。

実際，改革後に行なわれた1997年の連邦下院選挙で PRI は初めて単独過半数を失い，また同年の首都・連邦特別区（Distrito Federal）[11] 首長選[12]では，反対派のクアウテモク・カルデナスが中道左派の民主的革命党（PRD）候補として出馬し，勝利することとなる。そして2000年，PAN 候補のビセンテ・フォックスが大統領選で勝利し，中央レベルの民主化が達成された。

---

(10)　ただしその後，PRI 内部において政党間競争の高まりに対する不満が強まり，ホセ・ロペス＝ポルティージョ政権後半の1979年から1982年にかけて，反対派への締めつけがふたたびみられた（豊田 2013：139-140）。つづくミゲル・デラマドリー政権初期には，北部諸州の地方選で反対派 PAN の勝利が容認されたが，その後 PRI 内部からの反発を受けて再び揺り戻しがみられた（Cornelius 2001: 250）。

(11)　2016年 1 月の改革によって連邦特別区は消滅し，州と同様の権限を有するメキシコシティ（Ciudad de México）に改編された。

(12)　従来，連邦特別区の首長は，大統領によって指名されていた。1997年の選挙は，公選制を導入した初めての選挙である。

このように中央レベルで民主化が進んだなか，地方レベルでも広く選挙の競争性が増し，バハ・カリフォルニアやチワワなどの工業化の進んだ北部の州を中心に，反対派が州知事選に勝利するケースがみられた。その一方で，民主化から取り残された「権威主義の飛び地」たる一部の州では，非民主主義体制が存続することとなる。こうした州の PRI 州知事たちは，自州選出の連邦 PRI 会派議員への影響力や，PRI 党中央の幹部とのパイプを駆使してセディージョ大統領に挑戦し，非民主的な統治を維持した。[13]

典型例としては，タバスコやゲレロ，プエブラなどの州があげられる。タバスコ州知事を務めたロベルト・マドラソは，選挙法で定められる選挙キャンペーン資金上限を10倍も超過して州知事選に勝利した。マドラソは，反対派政党からの圧力を受けたセディージョ政権による罷免の試みをかわしただけでなく，2000年大統領選の PRI 候補として有力視され，その後，2006年の大統領選では実際に PRI 候補として擁立された。ゲレロ州のルベン・フィゲロア州知事は，1995年に起こった17人の農民殺害事件を含め，PRD 支持者を中心に反対派を厳しく弾圧したが，州知事がコントロールする州検察はフィゲロアの責任を退けた。プエブラでは，マヌエル・バルトレット州知事が，PRI 集票マシーンの強化を目的として，反対派が押さえる都市部から PRI の地盤が堅い農村部へ予算の一部を移す州法を制定した（Cornelius 2001: 252-258）。

このように，これらの地方では，反対派の弾圧や市町村への予算の恣意的な分配，地方選管を通じた地方選挙の操作や選挙不正によって体制の維持が目指された。上述のように，初期の研究では，これらの体制は「サブナショナル権威主義体制」と呼ばれたが，本章では反対派が事実上勝てない選挙権威主義体制（electoral authoritarianism）（Shedler 2006）と区別するため，混合体制の下位類型としての競争的権威主義体制（competitive authoritarianism）（Levitsky and Way 2010）という概念を用いる。

---

(13) 詳しくは，Cornelius (1999: 13-14)，Fox (1994)，Snyder (1999)などを参照。

　レヴィツキーとウェイが概念化した競争的権威主義体制とは，複数政党が競合する選挙によって文民の公職者が選出されるが，その選挙が自由，公正でない，あるいは反対派が現職（政権党）に比べて著しく不利な競争を強いられているような体制をさす。これはすなわち，選挙による権力へのアクセスの側面に着目した混合体制のひとつのタイプである。競争的権威主義体制は，反対派が勝つ可能性がなくはない（選挙の結果に不確実性が存在する）点で，より「閉じられた」権威主義体制とは区別される。しかしその一方で，民主主義体制とも異なり，現職および政権党による選挙不正や反対派キャンペーンの妨害，地方メディアの偏った報道，公的資金の流用などによって，競争の場に歪みが存在する。少なくとも1990年代以降，メキシコの地方でも選挙に不確実性が存在しなかったとはいえないことを重視し，以下では「地方の競争的権威主義体制」を用いる。[14]

中央レベルの民主化と州知事の自律性拡大

　それでは，なぜ1990年代に州知事の自律性が高まり，その影響力が拡大したのだろうか。大きく2つの要因が挙げられる。

　第一は，州財政の自律性強化である。先に論じたように，従来のPRI体制下でも地方はある程度の自律性を有していたが，州知事が自由に使える財源は限られていた。しかし，1970年代以降，地方交付金が飛躍的に拡大し，1990年代末には連邦中央からの州・市政府への一括交付金（使途の定めのないもの）が連邦歳入全体の2割近くに達するようになった（Diaz-Cayeros 2006: 128）。

---

(14)　本章で使用する「地方の競争的権威主義体制」は，ヒラウディのいうSubnational Undemocratic Regime（SUR）と同義である。ヒラウディは，選挙による権力へのアクセスの側面だけに注目することを理由に，競争的権威主義を含む「混合体制」とSUR を区別するが（Giraudy 2015: 7, 36-37），その指標化の方法は異なるものの，概念の定義は競争的権威主義と同じものであると筆者は考えている。中央レベルの民主主義体制と併存する地方レベルの非民主主義体制の概念化および指標について，詳しくは馬場（2016）を参照されたい。

また，デラマドリー政権期の1983年に実施された地方政治改革は，市政府の政治的・財政的自律性強化を目指したものの，徴税にかかわる制度的能力の強化を伴っておらず，結果的に徴税を代行する州政府に市政府向け基金を分配する権限を付与した。このことは，州政府が市政府向け財政移転を実質的にコントロールする余地を拡げることとなった（Hernández Rodríguez 2008: 116; Beer 2012: 129; Falleti 2010: 221）。

さらに1992年には，社会開発省の設置にともない，当初中央集権的な性格が強く，中央政府から市政府に直接基金を移転していた貧困削減政策「国民連帯計画」（PRONASOL）における州の役割が強化され，この基金も州政府を通じて下位の自治体に分配されるようになった。PRONASOL とは，福祉・生産性向上・地域開発の大きく3つの分野からなる，総合的・包括的な社会政策プログラムであり，地域共同体を受け入れ単位としている。PRONASOL が PRI によって選挙目的で利用されたことは早くから指摘されているが（Trejo and Jones 1998: 89），とりわけ1990年代以降，その財源は非民主的な州知事の重要なクライエンテリズム資源となり，州知事は自身に従う市長を利し，逆に歯向かう者を罰する手段として PRONASOL を用いた（Cornelius 2001: 244-245）。

セディージョ政権期になると，PRONASOL の予算は第26予算項目（ramo 26）に編入され，さらに1997年末に，社会インフラ向け予算を含む第33予算項目（ramo 33）へと再編された（"aportaciones" と呼ばれる）。この第33予算項目の成立によって，従来から存在した使途の特定されない州への交付金（"participaciones"）と合わせて，州の歳入に占める連邦中央からの財政移転の比率は1998年以降急増した（Hernández Rodríguez 2008: 138）。こうした政策は，セディージョ大統領の掲げる「新連邦主義」（nuevo federalismo）のもとで進められた。[15]

州への財政移転の強化は，一見，連邦政府に対する州の従属を強めたようにも思われるが，実際はその逆で，かつてない規模の予算を手にした州知事は，より高い自律性と影響力を得ることとなった。[16]第33予算項目については使途が

特定されていたが，州レベルの監査は，PRI が特定多数を占め，州知事が事実上コントロールする州議会を通じて行なわれるため，恣意的な使用が可能であった（Hernández Rodríguez 2008: 139-141; Beer 2001: 431）。非民主的な PRI 州知事とその同盟者である地方エリートは，こうした地方財源をクライエンテリズム・ネットワークの再編や地方選挙における票の買収などに用いた（Cornelius 1999: 14; Trejo and Jones 1998: 91-92）。

　非民主的な州知事の自律性を支えた第二の要因は，選挙における競争性が増すなかでの PRI の党構造の変化である。広く指摘されるように，新自由主義改革による労働組合の弱体化と選挙における競争性の高まりを背景に，サリナス政権期以降，PRI 内部で党を支えていた諸セクターの重要性が低下した[17]（Gibson 1997; Langston 2001; Dion 2010）。かわって党内で力を持つようになったのが，州知事である（Langston 2017: 15-16）。先述のように，かつて PRI の州知事選候補者に選出されるには大統領との近さが重要だったが，とりわけ反対派との競争が激しい州では，地元に基盤を持つ「勝てる候補」の選出が求められた。こうして当選した州知事は PRI 内で影響力を強め，高い自律性を得た（Beer 2012: 130）。PRI 候補として選出されなければ他党に鞍替えする選択肢が生じたことや，同様に競争性の増した連邦議会選での勝利に州知事の協力が欠かせなかったことも，州知事の影響力を強めた背景として指摘されている[18]

(15)　セディージョの「新連邦主義」は彼自身の信念に由来するものであったが（Falleti 2010: 224），同時に財政的・政治的な必要に迫られてのものでもあった。1994〜95年の深刻な経済危機により，国家の役割を州以下の自治体に分権化する必要があったためである。また，PAN や PRD など躍進する反対派政党も，州の財政的・政治的自律性強化に向けて政府に圧力をかけていた（Cornelius 2001: 244, 252; Hernández Rodríguez 2008: 134）。

(16)　各州への移転額は，人口や税収能力といったテクニカルな条件で算出され，政治的に決定されるものではなかった（Hernández Rodríguez 2008: 141）。

(17)　対照的に，ビジネス層とのつながりは強化された。ある研究によれば，1991年の連邦下院選挙における PRI 候補者の17％はビジネス層に属した（Gibson 1997: 361; Cook et al. 1994: 18）。

（Langston 2003: 156）。また，地方選挙を管理・運営する地方の選挙機構が州知事のコントロール下におかれるケースも散見した（Beer 2012: 137）。

さらに，PRI 大統領選出方式の変化は，州知事の影響力の高まりを示すとともに，その力を強めた一因ともなった。セディージョ政権下で，PRI 州知事を中心とするグループは，これまで大統領が絶対的な権限を有してきた次期大統領候補の選出に関わる党規の改変を推進した。1996年の党大会で規則が改められると，大統領は次期大統領候補および州知事候補の指名権を失い，従来にかわる大統領候補者選出制度として，1999年にオープン型予備選挙が開始された（Langston 2001: 488-489）。これは，より多くの選挙区で有権者の票を得た予備選挙候補者を大統領候補者に指名するものであり，地方の票を動員することができる州知事の重要性を高めた（Cornelius 2001: 263; Langston 2001: 504）。

2000年の大統領選に向けた第一回目の PRI 予備選挙で，候補者 4 名中 3 名が州知事経験者であったことは，州知事の影響力の高まりを端的に示している（Beer 2012: 134）。最終的に候補者に選出されたフランシスコ・ラバスティーダは元シナロア州知事であった。以後の大統領選でも PRI 候補者には州知事経験者が続いているが，このことは，1958年から2000年までの PRI 大統領に一人も州知事経験者が存在しなかったことを考えれば，大きな変化であるといえよう（*ibid.*: 135）。

以上のように，地方財政の強化と選挙における競争性の高まりを背景に，大統領や党中央から高い自律性を得た州知事は，自州の州知事選候補者や，州議会および市長候補の指名に大きな影響力を持つようになった（Langston 2017）。こうして，中央レベルで民主化が進むなか，地方の競争的権威主義体制が維持されていくこととなった。[19]

---

(18)　同時に PRI 党内で重要性が高まったのが，全国執行委員会（CEN）である。民主化後，CEN は，議会内党規律の徹底や党のメディア戦略などを担い，PRI 州知事との協力関係を強めた（Langston 2017: 8-9）。なお，競争性を増す選挙で得票を見込めない経済テクノクラートは，党内での力を弱めていった。

3　イダルゴ州にみる体制併存のメカニズム

2000年の政権交代によって PRI が下野し，PAN 政権のもとで中央レベルの民主主義体制が安定化していくなかで，地方の競争的権威主義体制は新たな政治的環境にうまく順応する形で自らを存続させていった。中央レベルの民主主義と地方レベルの非民主主義という「体制併存」は，なぜ可能となったのだろうか。本節では，中央レベルの民主主義体制が安定化するなかで「体制併存」が続いた要因を，イダルゴ州の事例に着目しつつ検討する。

2000年以降の体制併存──イダルゴ州の事例を中心に

2000年の大統領選で PRI が史上初めて敗北し，フォックス PAN 政権が誕生すると，中央政府と地方に残る非民主的な PRI 州政権とのねじれ状態が生じることとなった。中央レベルの民主主義体制が安定的に続くなかで，その後も地方の競争的権威主義体制が維持されていく状況を受けて，研究の関心も，中央レベルの民主化の文脈における地方から，地方の体制自体のダイナミクスへとシフトしていく（Gibson 2005）。

2000年以後も続いた地方の競争的権威主義体制では，地方選挙に政党間の競争は存在したものの，競争の場は不均一で，明らかに政権党に有利なものであった。とりわけ研究が多いのは，オアハカ州やプエブラ州の事例である。両州

---

⑲　地方の PRI 支部には一部「民主派」が存在したが，セディージョが PRI の党内事情に介入しない姿勢をとるなか，力を持てず，ときにパージされた（Cornelius 1999: 14）。

⑳　地方の競争的権威主義体制に関連して，一国内で選挙の自由・公正性に地方によってばらつきがあることは，近年，V-Dem 指標のような世界的なデータにも示されている。V-Dem 指標を用いて，地方選挙の自由・公正性の各国間差異を説明しようとした研究として，マクマンらの分析が発表されている（McMann et al. 2016）。

㉑　代表的な研究として，Gibson（2012），Rebolledo（2012），Giraudy（2015）が挙げられる。

では，2010年の州知事選で反対派連合の候補者が勝利するまで，中央レベルの民主化後も PRI による非民主的な統治が続いた。プエブラでは，マリオ・マリン知事が，地元の反対派メディアやジャーナリストを弾圧し，新聞社やラジオ局の買収や閉鎖を行なった。オアハカでも同様に，反対派の逮捕やメディアのコントロールがみられた。また両州では，州の選管は州知事のコントロールのもとにおかれていた（Giraudy 2015: 131-133, 147）。

　以下，本章で主に取り上げるのは，オアハカやプエブラに比べると注目されることの少なかったイダルゴ州の事例である。イダルゴ州は，2018年3月現在，依然として PRI からの政権交代を一度も経験していない5州のうちのひとつであり，また後述のように州レベルで競争的権威主義体制が維持されたメカニズムの特徴からも重要な事例である。イダルゴではこれまで，州知事選ではすべて PRI（連合）候補が勝利し（表7-1），州議会選挙でも PRI は1999年まで圧倒的な得票率で小選挙区をすべて制していた（Beer 2001: 428-429）。反対派は1999年に初めて小選挙区で2議席を得たが，2002年にはふたたび PRI が小選挙区すべてで勝利している（表7-2）。こうして PRI および同党を中心とする政党連合は，長きにわたって州議会をコントロールしてきた。PRI による州議会のコントロールは，州議会の州政府に対するチェック機能を無効化し，州司法や州選管の州政府への従属を許し，州政府が不透明な予算運営を行なうことを可能とした。

　マヌエル＝アンヘル・ヌニェス＝ソト州知事（任期：1999〜2005）や，ミゲル＝アンヘル・オソリオ＝チョン州知事（任期：2005〜2011）のもとでのイダ

---

(22)　イダルゴ以外には，カンペチェ，コアウイラ，コリマ，メキシコ州で，これまでのところ PRI からの政権交代が起こっていない。

(23)　イダルゴ州議会の総議席数は30議席（2008年選挙までは29議席）で，小選挙区制によって18議席，比例代表制によって12議席（2008年選挙までは11議席）選ばれる。ただし，一党が単独で獲得できるのは小選挙区と比例代表あわせて18議席までとされている。このため，たとえば18の選挙区すべての小選挙区選挙で勝利した場合，比例代表の議席は当該政党には配分されない。

表 7-1　イダルゴ州知事選得票結果

（単位：％）

年	PRI	PRI-PVEM/ PRI-PVEM-NA	PAN/ PAN-PVEM	PRD/ PRD-PT	PAN-PRD-CON	その他
1999	50.9	―	30.4	13.8	―	―
2005	―	52.7	11.5	29.4	―	2.6
2010	―	50.2	―	―	45.2	―
2016	―	43.2	27.7	14.4	―	9.9

注：1）政党名は次のとおり。PRI：制度的革命党，PVEM：緑の党，NA：新同盟党，
　　　PAN：国民行動党，PRD：民主的革命党，PT：労働党，CON：団結党。
　　2）無効票・白票を含む。
　　3）PRI-PVEM は2005年，PAN-PVEM は1999年，PRD-PT は1999年のみ。
出所：イダルゴ州選挙機構のデータにもとづき筆者作成。

表 7-2　イダルゴ州議会における各党の獲得議席数（小選挙区比例代表並立制）

年	PRI	PRI-PVEM/ PRI-PVEM-NA	PAN	PRD/ PRD-PT	PAN-PRD-PT-CON	その他
1999	18(2)	―	7(5)	4(4)	―	0
2002	18(0)	―	4(4)	7(7)	―	0
2005	5(3)	16(0)	2(2)	3(3)	―	3(3)
2008	7(1)	12(0)	3(3)	4(4)	―	4(4)
2010	8(3)	10(0)	2(2)	2(2)	3(0)	5(5)
2013	14(2)	6(0)	2(2)	3(3)	―	5(5)
2016	10(3)	5(0)	7(2)	3(2)	―	5(5)

注：1）（　）内は比例代表選出議席数の内訳。
　　2）PRD は1999年のみ PT との連合議席数。
出所：イダルゴ州選挙機構のデータにもとづき筆者作成。

ルゴの地方選挙では，政権党による選挙不正やメディアの統制，反対派キャン
ペーンの妨害などがみられ，競争の場は政権党に有利なものであった。1999年
のイダルゴ州知事選および州議会選では，PRI による票の買収（金銭や食料品
などと票の交換）をめぐって反対派が州の選挙機構に選挙法違反を訴える届け
出をしたが，州知事が事実上コントロールする州の選挙機構は，そうした訴え
を無視した[24]。また，2005年の州知事選では，PRI 候補として選挙に勝利したオ
ソリオ＝チョンのキャンペーン資金に公金が流用されたことが疑われている[25]。
　ノリスらによる，選挙の公正性の認識に関するメキシコの州レベルのデータ

によれば，イダルゴ州は関連する指標のスコアが総じて低く，他州と比較して選挙の公正性や競争性に問題があることが示唆される[26]（Norris et al. 2016）。選挙が国際的スタンダードを満たしているかについての専門家による総合的な評価を示す「選挙の公正性認識指標」（Perceptions of Electoral Integrity Index）に着目すると，イダルゴ州のスコアは38.7で，30州中28位である[27]。州選管の中立性やパフォーマンスについての評価，および信頼度を示す指標のスコアもおしなべて低い（*ibid.*）。

　イダルゴ州では，選挙に際してメディアの偏った報道も指摘されている[28]。イダルゴの州知事選では，主要紙の報道が政権党である PRI に明らかに偏ったものであることが指摘されてきたが（Hernández y Hernández 2012），この傾向は2016年の州知事選でも引き続きみられる。イダルゴ州の主要紙のひとつ *El Sol de Hidalgo* は，PRI 寄りの報道で知られる全国規模の大手新聞社，メキシコ出版機構（Organización Editorial Mexicana）の配下にある地方紙だが，2016年州知事選キャンペーン期間中（2016年４月１日〜６月１日）の同紙の１面を調査したところ，PRI 連合候補のオマール・ファジャドに偏った報道を確認することができた（表7-3）。

　2016年の州知事選は州議会および市長・市議会選と投票日が同じで，キャンペーン期間も同一だったため，１面の記事には知事選以外の候補者に関するも

[24]　"Pretenden opositores "justificar derrota anticipada" en Hidalgo," *La Jornada*, 20 de febrero de 1999.

[25]　"Hidalgo: Exige PRD renuncia de funcionarios implicados en fraude," *El Proceso*, 20 de mayo de 2005.

[26]　このデータは，全国32州のうち30州（メキシコシティを含む）において2015年から2016年にかけて実施された選挙に関する502人の専門家の回答をもとにしている。本データについてご教示いただいた高橋百合子氏にお礼申し上げたい。

[27]　選挙の公正性認識指標は０から100の値をとる（値が大きいほど公正であるという評価）。30州の平均は49.3で，中央値は49.8となっている（Norris et al. 2016）

[28]　メディアの偏りに関する指標（０から100）では，イダルゴ州のスコアは30で，30州中26位であった。30州の平均は40.3で，中央値は41.2（Norris et al. 2016）。

表7-3　*El Sol de Hidalgo* 紙にみる報道の偏り

候補者	1面記事登場回数	紙面占有率（％）
ファジャド（PRI-PVEM-NA）	42	30.2
ベルガンサ（PAN）	11	3.6
グアダラーマ（PRD）	31	10.2
ラミレス（PT）	2	0.6
トーレス（MORENA）	1	0.4

　注：1）1面記事登場回数は，当該候補者に関する記事1件につき1回カウ
　　　　　ント。紙面占有率は，全49日間の1面に占める，各候補者に関する
　　　　　記事の面積の割合。
　　　2）資料欠如は以下の日付：4月10，20，22，27日。5月1，3，4，
　　　　　7，8，17，18，19，28日。
　出所：筆者作成。

　のや，選挙戦に直接関係しないものも含まれうる。この点を考えると，とりわ
け PRI 連合候補ファジャドのプレゼンスの強さが際立っている。確認できた
49日分の新聞のうち，ファジャドに関する1面記事は42日分の新聞でみられた。
しかも，いずれの日も他党候補と比べて紙面占有率が高く，ファジャドが支持
者に囲まれて笑顔をみせる大きな写真が目を引く。また，キャンペーン最終日
の6月1日の1面では，ファジャドの記事が紙面の約3分の2を占め，その他
の知事選候補者については言及がない。そこでは，PRI が行なった世論調査が
紹介され，ファジャドの勝利が確実視されていることが示唆される。ファジャ
ドについで1面で言及があるのは，PRD 候補のホセ・グアダラーマ[29]だが，記
事の大きさや扱われ方はファジャドには及ばない。

　反対派のメディアへのアクセスの制限や，極端に政権党（現職）に偏った報
道は，選挙における公正な競争を阻害する（Levitsky and Way 2010: 11）。もっ
とも，中央レベルの競争的権威主義体制と異なり，地方の競争的権威主義体制
の場合はテレビやラジオを州営のもので独占することは事実上不可能であるし，
また，地方メディアの報道に政権党（現職）支持のバイアスがかかっていたと

---

(29)　グアダラーマは，もともと PRI の政治家として地元に強固な基盤があった人物であ
　　り，2001年に PRI を離党して PRD に入党した。

しても，人々は全国レベルのメディアにアクセスすることで，代替となる情報を得ることもできる。しかし，都市部以外では地方のメディアの影響は依然大きく，このように地方の民間メディアと政権党のつながりによるバイアスのかかった報道は，公正な競争を阻害している可能性がある。

体制併存はなぜ可能なのか

　それでは，中央レベルの民主主義体制のもとで，こうした地方の競争的権威主義体制はどのように維持が可能なのだろうか。ラテンアメリカに関する先行研究では，地方レベルの要因と中央レベルの要因が指摘されてきた。[30]中央政府からの財政移転という制度・構造的要因を前提として，財政移転の多い地方政府の市民からの高い自律性に着目したヘルバソーニ（Gervasoni 2010）や，地方の非民主的州知事が自らの体制維持のために政治的コンフリクトを地方レベルにとどめ中央の介入を回避する「境界コントロール」戦略に着目するギブソン（Gibson 2012）の議論は，地方レベルの要因をより重視する。これに対して，中央政府の戦略を中心に論じるのがレボジェド（Rebolledo 2012）の研究で，中央の民主主義体制は，中央政府にとって重要性の高い政策の遂行に地方の非民主的州知事が協力する場合，州知事による人権侵害の不処罰や，州知事選で有力な対抗馬を立てないなどの「支援」によって，地方の非民主主義体制の存続を許すと論じた。[31]

　以上の議論をいわば統合し，地方の非民主主義体制維持には2つのメカニズムが存在すると論じたのが，ヒラウディ（Giraudy 2015）の研究である。第一

---

(30)　先行研究の詳しいレビューは，馬場（2016）で行なった。

(31)　レボジェドの議論では，中央の政権党と党派的に異なる地方政権が想定されている。具体的な分析の対象は，PAN 中央政権下のメキシコである（Rebolledo 2011）。なお，詳述はできないが，「上から」のメカニズムで問題となってきたのは大統領および連邦政府の意向であり，メキシコではこれまで地方の非民主主義をめぐって連邦レベルの司法府や，猟官制のもとにある官僚（機構）が自律的に主要な役割を果たすことはなかった。

のメカニズムは大統領による「上からの維持」で，第二は地方の非民主主義体制の「自己再生産による維持」である。前者では，大統領が地方の非民主主義政権を自身の連合相手とし，体制の存続を許す。しかし，中央政府はすべての地方非民主主義政権を取り込むことができるわけではない。一部の地方は中央からの高い財政的・制度的な自律性によって中央政府の影響力を抑え，地方政党エリート内の団結や民衆の支持という地方政府に内生的な要因によって体制を存続させる。これが「自己再生産」のメカニズムである（Giraudy 2015: 18-32）。ヒラウディの議論は，従来対立するかにみえていた体制併存の維持に関する2つの解釈を統合したといえる。

　ただし，ある州における非民主主義体制の維持は，必ずしも2つのメカニズムのうちのひとつだけによるものではないだろう。自己再生産のための資源を多く有する州であっても，中央政府に対抗するとは限らないし，むしろギブソン（Gibson 2012）が論じるように州知事が基本的に中央政府の介入を嫌い，「境界コントロール」を目指すとすれば，わざわざ中央政府との不和を選択するとは考えにくい。つまり，自己再生産のための資源を多く有しつつ，上からの「支援」も受けることによって非民主主義体制を維持する第三のパターンが考えられる。

　この第三のパターンの典型例ともいえるのが，イダルゴ州の事例である。フォックス政権下でイダルゴ州知事を務めたヌニェス＝ソトは，ヒラウディが論じるプエブラ州の事例同様に，2003年の税制改革をはじめ，フォックス政権が推進する重要法案に賛成票を投じた（Giraudy 2015: 141）。フォックス政権下でも上下両院でPRIが第一党の座を保持していた状況で，政策遂行のために

---

(32)　ヒラウディが「自己再生産」型として論じるオアハカの場合も，2003年当時のホセ・ムラット州知事がフォックス政権の進める税制改革法案に反対したのは，法案反対派の主要人物であり，当時PRI幹事長を務めていたマドラソとの近い関係から理解するのが自然であり（Rebolledo 2012: 111），自己再生産のための資源を有していたことは十分条件とはいえないように思われる。

PAN 政権は PRI の一部を取り込む必要があった。ヌニェス＝ソトの行動は直接的には PRI 党内の派閥抗争に由来するところが大きいと筆者は考えているが[33]，中央政府との政策上の連合は，結果的に中央政府による地方政治への介入回避につながった。たとえば，2005年にヌニェス＝ソト政権の公金横領疑惑が浮上した際，連邦検察庁は当該事件を連邦レベルで捜査しない決定を下し，州司法の管轄とした[34]。後述のように，当時もイダルゴ州司法当局は州知事の強い影響下にあり，この決定は事実上，ヌニェス＝ソトの責任を問わない意図のものであったといえる。また，2010年の州知事選で初めて PAN と PRI による統一候補が擁立されるまで，中央政府が有力な対抗馬を立てることもなかった。

　他方，イダルゴ州は，ヒラウディが算出する州の「家産制構造」のスコアがオアハカ並みに高く，「自己再生産」の資源を有していたといえる（Giraudy 2015: 49）。家産制構造は，①監査機構および司法の独占度，②市レベル以下の自治体公務員の規模，③州から市への財政移転の規模から算出される。ある研究では，本章が着目する時期を含む2002年から2007年にかけてのデータ分析から，一般に PRI 州知事による下位の市への財政移転には同じ PRI の市長に有利なバイアスが存在したことが明らかにされているが（Timmons and Broid 2013），州知事の恣意的な予算配分は州政府による監査機構のコントロールによって可能となる。ヌニェス＝ソト政権およびオソリオ＝チョン政権の前半は，州議会を PRI がコントロールしており，その州議会によって任命される会計監査局長の下で，自律的な会計監査が存在しなかった。

　また，2006年にイダルゴ州で実施された表面的な州司法改革は，州司法の州

---

(33) 当時 PRI 内でマドラソと対立していた全国教員組合の当時のリーダー，エルバ＝エステル・ゴルディージョがフォックスとの連合を模索し，ヌニェス＝ソトをはじめ PRI 内の彼女に近いグループの票がフォックスの税制法案賛成に流れた。"Define Edomex votación," *Reforma*, 12 de diciembre de 2003.

(34) "Descarta PGR intervenir en desvío de recursos en Hidalgo," *El Universal*, 25 de mayo de 2005.

政府への従属を強化するとともに，そうした政策を州議会が単に追認するプロセスを端的に示している。全国的に司法の独立性を強化する改革の要請が高まるなか，当時のオソリオ＝チョン州政権も改革の実施を決めたが，改革プロセスは州議会における政権党の特定多数を背景としたトップダウンのもので，事前の話し合いや専門家への諮問などを一切経ず，州政府法案がほぼそのまま州議会で承認されるものだった。その結果，改革後もイダルゴでは州知事に近い人物の裁判官への政治任用が継続し，実際，2005年の州知事選でオソリオ＝チョンのキャンペーン委員長を務めた人物が，改革直後にイダルゴ州最高裁判所長官に任命されている（Ingram 2012: 448-450）。くわえて，州選挙機構も州知事の影響下にあり，既述のように政権党に有利な競争の場を看過するような態度がみられた。このように，当時のイダルゴ州では立法府が行政府に従属する一方で，行政府と司法府，そして選挙機構の境界は曖昧であった。

　政権党が公職などの資源を支持者に分配して票を得るようなクライエンテリズムの慣行も，イダルゴ州の「自己再生産」的な体制維持に寄与してきたと考えられる。大きな社会経済的格差を背景として，一般にメキシコでは，中央レベルの民主化後も政治的クライエンテリズムの慣行が依然として維持されていることは広く指摘されてきた（Hagene and González-Fuente 2016: 6-7）。政治的クライエンテリズムでは，コミュニティ内の世話人がブローカーとなって政党から下りてくる資源（公職，家畜，日用品など）を人々に分配し，逆に下からの要求を吸い上げて政党や選挙候補者に伝え，便益と引き換えに人々の票を動員する役割を担う（ibid.）。

---

(35) PRI 州政権が続いてきた州のいくつかでは，投票・集計段階での選挙不正が PRI 票の伸張に影響を与えたとする研究も近年発表されている（Cantú 2014）。ただ，選挙権威主義体制について指摘されているように，選挙不正だけで事実上の一党支配の維持を説明することは難しく，むしろその役割が限定的であったとすれば（Magaloni 2006: 4-7），地方レベルの競争的権威主義体制でも，政権党の強さには選挙不正以外の説明が必要となろう。なお，上述の研究では，イダルゴ州における選挙不正の PRI 票への効果は確認されていない（Cantú 2014: 943-944）。

表7-4 イダルゴ州公務員率
（2008年）

政権党	市の数	公務員率平均
PRI	44	0.83
PAN	8	0.72
PRD	10	0.99
その他	5	0.77
全 体	67	0.83

注：1）政権党は，当該政党を中
　　心とする選挙連合を含む。
　　2）全84市のうち，17市
　　（PRI：10市，PAN：1市，
　　PRD：4市，その他2市）
　　はデータ欠如。
出所：メキシコ統計局（INEGI）
　　のデータをもとに筆者作成。

　クライエンテリズムの実態に関する詳しい分析は本章の射程を超えたテーマだが，クライエンテリズムによる政権党への票は，地方の競争的権威主義体制の維持につながっているものと考えられる。たとえばヒラウディはオアハカの事例について，2004年の州知事選で多くの市レベルの公務員がPRI候補への集票に動員されたことを指摘するが（Giraudy 2015: 149），イダルゴ州でもPRIの集票マシーンの存在は周知の事実とされており[36]（Hernández y Hernández 2012: 131），同様の動員があったことが指摘されている[37]。

　市レベルの公務員は票の動員の担い手ともなるが，公務員の過剰雇用自体をクライエンテリズムのひとつの現われとする見方もある（Roniger 2004: 354）。表7-4は，イダルゴ州の政権党ごとの市の人口に占める公務員率の平均を示したものである。公務員率とは，市の人口に占める市レベルで採用される公務員の割合を指す。公務員率の平均がもっとも高いのはPRDが首長を務める市であり，これにPRIが続く。PRDは元来，PRI内急進派と左派諸政党が合流して形成された党であり，農村におけるクライエンテリズムの慣行もPRIに類似して強いといわれる（Hilgers 2008）。これに対して，PANが政権党である市では，市公務員率が比較的低い。2008年時点でPRIおよび同党を中心とする選挙連合が首長を務める市は全84市のうち54市を占め，州全体でみればPRI

[36]　"La oposición enfrentará en Hidalgo a la fortalecida maquinaria clientelar del PRI," *La Jornada*, 30 de mayo de 2011.
[37]　イダルゴ州自治大学のアドリアン・ガリンド＝カストロ氏は，筆者によるインタビューのなかで，地方選では毎回，市の公務員にはPRIへの集票ノルマが課せられたと語った。ただし，近年市レベルにおける政党間競争が高まり，多くの反対派市長が誕生するなか，こうした「ノルマ」はPRI以外の政党にもみられるという。筆者によるガリンド氏へのインタビュー（イダルゴ州パチューカ市，2016年7月21日）。

市長のもとで雇われる公務
員が圧倒的に多かったこと
が示唆される。市レベルで
は2000年代になって政党間
競争が強まっているが（表
7-5），2011年までは，イ
ダルゴ州全84市のうち半数以
上を PRI またはその政党
連合が掌握していた。

　また，メキシコでは一般
に，連邦および地方政府に
よる選挙目的での社会政策

表7-5　イダルゴ州84市長選結果と PRI の割合

(単位：%)

政　党	1996	1999	2002	2005	2008	2011	2016
PRI	73	64	46.5	37	34.5	39.16	20
PAN	2	10	23	19	9	11.5	16
PRD	8	7	10	24	14	10.5	12
PT	1	3	1	2	1	5.5	4
PVEM	—	—	3.5	2	6	6.66	11
NA	—	—	—	—	18.5	8.16	9
CON	—	—	—	—	1	2.5	—
その他	—	—	—	—	—	—	12
PRI の割合	86.9	76.1	55.3	44	41	46.6	23.8

注：1）「その他」に含まれるのは，社会会議党，国家再生運動党
　　　　（MORENA），市民運動党，および無党派。
　　2）選挙連合の場合，一党あたりの割り当ては連合構成政党
　　　　数で割った数。
出所：イダルゴ州選挙機構のデータにもとづき筆者作成。

の利用が議論の的となってきた（Contreras Peña 2017: 144-145）。イダルゴ州の
場合，州知事選が行なわれた2016年に州社会開発省によって実施された10の社
会政策プログラムのうち，すべてのプラグラムについて実施規程と便益者名簿
は州社会開発省のホームページなどで確認できた。しかし，予算額が出典によ
って異なっているほか，公開が定められている政策評価はいずれのプログラム
についても確認できなかった。これらの社会政策には，貧困層向けの現金給付
政策や食料給付，住宅建設補助などが含まれる[38]。州社会開発省以外の主体によ
るプログラムも含めて，州政府が実施する一連の社会政策とその選挙への影響
については今後の検討課題だが，例えば，貧困層向け住宅事業で市公職者の家
族の優遇が指摘されているように（*El Independiente de Hidalgo*, 28 de diciembre
de 2017），アカウンタビリティの弱さによってそれらが政治家によるクライエ

---

(38)　参照した web ページは次のとおり。イダルゴ州政府（http://www.hidalgo.gob.mx），
　　　イダルゴ州財務省（https://s-finanzas.hidalgo.gob.mx），イダルゴ州社会開発省（http:
　　　//sedeso.hidalgo.gob.mx），イダルゴ州情報公開局（http://transparencia.hidalgo.gob.
　　　mx）。

ンテリズムの道具となりうることが，メキシコ国内の NGO などによって批判されている（*ibid.*）。

以上のように，イダルゴの競争的権威主義体制は，州選出連邦議員への州知事の影響力を背景に，中央政府が推進する重要法案を支持することで中央による地方政治への介入を回避するとともに，政権党が多数を占める州議会運営や司法，地方選管のコントロール，くわえて政権党への票につながるクライエンテリズムによって，中央レベルの民主主義体制のもとで自らを存続させてきたことが窺える。

民主化，体制併存と民主主義の質

本章では，メキシコにおける20世紀初頭以来の「地方」の政治的位置づけを整理したうえで，中央レベルの民主化から民主主義の安定期にかけて，地方レベルの競争的権威主義体制がどのように存続してきたかを検討してきた。従来，基本的には強い大統領主義原則のもとに中央に従属していた地方だったが，中央レベルで民主化が進むなか，地方分権化と PRI 党構造の変化を背景に，PRI 党内で州知事が自律性を獲得し，地方の競争的権威主義体制が維持・強化されていった。2000年に中央レベルの政権交代で誕生した PAN 政権下では，中央政府による地方政治への介入回避という「上からの維持」，そして州議会や州司法，地方選管のコントロール，およびクライエンテリズム票による政権党の集票にもとづく「自己再生産」という 2 つのメカニズムによって，中央レベルの民主主義のもとで地方の非民主主義体制が維持された。

ただし，2010年ごろからこうした州でも反対派への政権交代が相次いでいる。2010年に行なわれた12の州知事選では，それまで PRI からの政権交代が起こったことのなかった州のうち，オアハカ，シナロア，プエブラの 3 州で，中道右派 PAN と中道左派 PRD の統一候補が勝って PRI 州政権からの政権交代が実現した。また，2016年 6 月に行なわれた11の州知事選でも，キンタナロー，タマウリパス，ドゥランゴ，ベラクルスの 4 州で，初めて PRI から反対派へ

の政権交代が起こった。このうち PAN 候補が勝利したタマウリパスを除いて，PAN と PRD の反対派連合の統一候補が勝利した。

　近年の反対派の勝利による地方の競争的権威主義体制の崩壊は，本章第3節で述べた「体制併存」の要因の重要性を裏返しに示している。まず，2010年および2016年の州知事選における PAN と PRD による州レベルの反対派選挙連合は，州知事選で有力な対抗馬を立てないという，地方の競争的権威主義体制に対する中央政府の消極的支援が消滅したことを意味する。くわえて，2000年代後半以降，地方の競争的権威主義体制でも選挙の競争性が増し，州議会では反対派が議席数を伸ばして，多くの市で反対派の首長が誕生した。また，エンリケ・ペニャ＝ニエト PRI 政権下の2014年に実施された連邦レベルの政治・選挙改革によって，全国的に選挙機構が再編され，かつてのように州知事が州選挙機構を通して地方選挙をコントロールすることが難しくなった。[39] 以上によって，近年，地方の非民主主義体制の維持は著しく困難になったものと考えられる。[40]

　2018年3月時点で，依然として PRI 州知事からの政権交代を一度も経験していない州は，イダルゴを含めて全国32州中5州のみとなった。イダルゴ州でも，2014年の政治・選挙改革後に実施された2016年の州知事選では，はじめて PRI 連合候補者の得票率が5割を切った。政権党に有利な競争の場は引き続き確認されるものの，州議会および市レベルの政党間競争が強まるなかで，州知事選挙においても選挙の不確実性は増している。

---

(39)　連邦レベルの選管であった IFE が「全国選挙機構」(Instituto Nacional Electoral: INE) に再編され，これにともない各州に存在した州選挙機構についても INE への集権化を進める形で改革が行なわれた。

(40)　ペニャ＝ニエト政権が PRI 州知事のパワーを削ぐような政治・選挙改革を実施した理由には諸説あるが，選挙管理制度の機能不全が批判された2012年国政選挙後の政治的文脈に加え，ベラクルス州の事例に代表されるように，長きにわたって PRI 州知事が支配した州の債務破綻・公金横領問題を受けて，PRI 中央が州知事の統制に乗り出したとの指摘もある (Tovar 2016)。

地方の非民主主義政権から反対派への政権交代が起これば，旧体制下のパトロネージ構造の弱体化や州司法改革，地元メディアとの関係の変化などにより，民主主義へと移行する可能性が十分に高い。しかし，ナショナル・レベルでの議論同様に，サブナショナル・レベルでも非民主主義体制の崩壊は必ずしも民主主義体制への移行とその定着につながるわけではない（Behrend 2011: 172-174; Durazo Herrmann 2014）。たとえば，先述の2010年の州知事選で反対派連合候補として勝利したシナロアのマリオ・ロペス＝バルデス政権下では，ふたたび行政府への権力集中が指摘されている（Luque Rojas: 147）。

　以上のように，「体制併存」の典型ともいえる事例であったメキシコでは，地方レベルでの政権交代が潮流となってきてはいるが，それが地方レベルの民主化と，それにともなう「体制併存」の解消を意味するかはまだ不透明である。政権交代が体制の民主主義を高めていない場合もあり，また旧 PRI 体制下の統治様式が弱まっている諸州でも，州議会における PRI の盛り返しによって非民主主義の度合いがふたたび強化される可能性もある。そして以上の考察は，非民主的な地方の体制の基盤に，高レベルの社会経済的不平等の存在を前提として，州政府が権力基盤となる資源を集中的に持ちやすい状況があることも示唆している。こうしたメキシコの経緯を考えても，新興民主主義国の民主主義の質を検討するうえで，今後も「体制併存」の問題は重要となりそうである。

参考文献

日本語文献

豊田紳（2013）「独裁国家における『上からの改革』──メキシコ・制度的革命党による党組織／選挙制度改革とその帰結（1960〜1980）」『アジア経済』65(4)：117-145。

馬場香織（2016）「ラテンアメリカにおける地方の非民主主義体制──メキシコの事例比較研究のための予備的考察」川中豪編『発展途上国における民主主義の危機』調査研究報告書，アジア経済研究所。

外国語文献

Aguilar Camín, Héctor and Lorenzo Meyer（1989）*A la sombra de la Revolución Mexicana*, México: cal y arena.

Beer, Caroline（2001）"Assessing the Consequences of Electoral Democracy: Subnational Legislative Change in Mexico," *Comparative Politics*, 33（4）: 421–440.

―――――（2012）"Invigorating Federalism: The Emergence of Governors and State Legislatures as Powerbrokers and Policy Innovators," in R. A. Camp, ed., *The Oxford Handbook of Mexican Politics*, New York: Oxford University Press.

Behrend, Jacqueline（2011）"The Unevenness of Democracy at the Subnational Level: Provincial Closed Games in Argentina," *Latin American Research Review*, 46（1）: 150–176.

Camp, Roderic Ai（2013）*Politics in Mexico: Democratic Consolidation or Decline?*, New York: Oxford University Press.

Cantú, Francisco（2014）"Identifying Irregularities in Mexican Local Elections," *American Journal of Political Science*, 58（4）: 936–951.

Contreras Peña, Paola（2017）"El uso de programas sociales con fines electorales en México: Candidatos, instituciones y ciudadanía," *FEPADE Difunde*, Núm. 28: 141–173.

Cook, Maria Lorena, Kevin J. Middlebrook, and Juan Molinar Horcasitas（1994）"The Politics of Economic Restructuring in Mexico: Actors, Sequencing, and Coalition Change," in M. L. Cook, K. J. Middlebrook, and J. M. Horcasitas, eds., *The Politics of Economic Restructuring: State-Society Relations and Regime Change in Mexico*, San Diego: Center for U. S.-Mexican Studies, University of California, San Diego.

Cornelius, Wayne A.（1999）"Subnational Politics and Democratization: Tensions between Center and Periphery in the Mexican Political System," in W. A. Cornelius, T. A. Eisenstadt, and J. Hindley, eds., *Subnational Politics and Democratization in Mexico*, La Jolla: Center for U. S.-Mexican Studies, University of California, San Diego.

―――――（2001）"Huecos en la democratización: La política subnacional como un obstáculo en la transición Mexicana," en R. Y. Ortega Ortiz, ed., *Caminos a la democracia*, México: El Colegio de México.

Diaz-Cayeros, Alberto（2006）*Federalism, Fiscal Authority, and Centralization in Latin America*, New York: Cambridge University Press.

Dion, Michelle L.（2010）*Workers and Welfare: Comparative Institutional Change in Twentieth-century Mexico*, Pittsburgh, PA: University of Pittsburgh Press.

Durazo Herrmann, Julián（2014）"Reflections on Regime Change and Democracy in

Bahia, Brazil," *Latin American Research Review*, 49(3): 23-44.

Falleti, Tulia G. (2010) *Decentralization and Subnational Politics in Latin America*, New York: Cambridge University Press.

Fox, Jonathan (1994) "Latin America's Emerging Local Politics," *Journal of Democracy*, 5(2): 105-116.

Gervasoni, Carlos (2010) "A Rentier Theory of Subnational Regimes: Fiscal Federalism, Democracy, and Authoritarianism in the Argentine Provinces," *World Politics*, 62(2): 302-340.

Gibson, Edward (1997) "The Populist Road to Market Reform: Policy and Electoral Coalitions in Mexico and Argentina," *World Politics*, 49(3): 339-370.

———— (2005) "Boundary Control: Subnational Authoritarianism in Democratic Countries," *World Politics*, 58(1): 101-132.

———— (2012) *Boundary Control: Subnational Authoritarianism in Federal Democracies*, New York: Cambridge University Press.

Giraudy, Agustina (2015) *Democrats and Autocrats: Pathways of Subnational Undemocratic Regime Continuity within Democratic Countries*, New York: Oxford University Press.

Hagene, Turid and Íñigo González-Fuente (2016) "Deep Politics: Community Adaptations to Political Clientelism in Twenty-First-Century Mexico," *Latin American Research Review*, 51(2): 3-23.

Hernández García, Aidé y Josefina Hernández Téllez (2012) "Las elecciones de 2010 en Hidalgo y la cobertura de medios en el proceso electoral," en R. T. Delarbre y A. V. Montiel, coordinadores, *Medios de comunicación y elecciones en los estados*, México: Instituto Federal Electoral.

Hernández Rodríguez, Rogelio (2008) *El centro dividido: La nueva autonomía de los gobernadores*, México: El Colegio de México.

Hilgers, Tina (2008) "Causes and Consequences of Political Clientelism: Mexico's PRD in Comparative Perspective," *Latin American Politics and Society*, 50(4): 123-153.

Ingram, Matthew C. (2012) "Crafting Courts in New Democracies: Ideology and Judicial Council Reforms in Three Mexican States," *Comparative Politics*, 44 (4): 439-458.

Knight, Alan (2005) "*Caciquismo* in Twentieth-century Mexico," in A. Knight and W. Pansters, eds., *Caciquismo in Twentieth-century Mexico*, London: Institute for the Study of the Americas.

216

Langston, Joy (2001) "Why Rules Matter: Changes in Candidate Selection in Mexico's PRI, 1988-2000," *Journal of Latin American Studies*, 33(3): 485-511.

———— (2006) "The Birth and Transformation of the *Dedazo* in Mexico," in G. Helmke and S. Levitsky, eds., *Informal Institutions & Democracy: Lessons from Latin America*, Baltimore: Johns Hopkins University Press.

———— (2017) *Democratization and Authoritarian Party Survival: Mexico's PRI*, New York: Oxford University Press.

Levitsky, Steven and Lucan A. Way (2010) *Competitive Authoritarianism: Hybrid Regimes After the Cold War*, New York: Cambridge University Press.

Lewis, Stephen E. (2005) "Dead-end *Caudillismo* and Entrepreneurial *Caciquismo* in Chiapas, 1910-1955," in A. Knight and W. Pansters, eds., *Caciquismo in Twentieth-century Mexico*, London: Institute for the Study of the Americas.

Luque Rojas, José Manuel (2016) *La democratización en Sinaloa: 1980-2015. Transición, alternancia y calidad de la democracia*, Culiacán, Sinaloa: Universidad Autónoma de Sinaloa, Juan Pablo Editor.

Magaloni, Beatriz (2006) *Voting for Autocracy: Hegemonic Party Survival and Its Demise in Mexico*, New York: Cambridge University Press.

Mainwaring, Scott and Aníbal Pérez-Liñán (2015) "Cross-Currents in Latin America," *Journal of Democracy*, 26(1): 114-127.

McMann, Kelly M., John Gerring, Matthew Maguire, Michael Coppedge, and Staffan I. Lindberg (2016) "Governing Countries: A Theory of Subnational Variation," The Varieties of Democracy Institute Working Paper, March 2016.

Menes Llaguno, Juan Manuel (2006) *Historia Mínima del Estado de Hidalgo*, México: Miguel Ángel Porrúa.

Meyer, Jean (2010) "El PNR/PRM como la nueva maquinaria electoral," en L. Medina Peña, coordinador, *El siglo del sufragio: De la no reelección a la alternancia*, México: Fondo de Cultura Económica, Consejo Nacional para la Cultura y las Artes, Instituto Federal Electoral, Consejo Nacional de Ciencia y Tecnología.

Norris, Pippa, Ferran Martínezi Coma, Alessandro Nai, and Max Grömping (2016) *The Expert Survey of Perceptions of Electoral Integrity, Mexico Subnational Study 2015*.

Rebolledo, Juan (2012) "Voting with the Enemy: A Theory of Democratic Support for Subnational Authoritarians," Ph. D. Dissertation, Yale University.

Roniger, Luis (2004) "Political Clientelism, Democracy, and Market Economy," *Comparative Politics*, 36(3): 353-375.

Schedler, Andreas (2006) "The Logic of Electoral Authoritarianism," in A. Schedler, ed., *Electoral Authoritarianism: The Dynamics of Unfree Competition*, Boulder: Lynne Reinner Publishers.

Schryer, Frans J. (1976) *Faccionalismo y patronazgo del PRI en un municipio de la huasteca hidalguense*, México: El Colegio de México.

――――― (1990) *Ethnicity and Class Conflict in Rural Mexico*, Princeton: Princeton University Press.

Snyder, Richard (1999) "After the State Withdraws: Neoliberalism and Subnational Authoritarian Regimes in Mexico," in W. A. Cornelius, T. A. Eisenstadt, and J. Hindley, eds., *Subnational Politics and Democratization in Mexico*, La Jolla: Center for U. S.-Mexican Studies, University of California, San Diego.

Timmons, Jeffrey F. and Daniel Broid (2013) "The Political Economy of Municipal Transfers: Evidence from Mexico," *Journal of Federalism*, 43(4): 551-579.

Tovar, Jesús (2016) "Las metarreglas del juego político: Reformas electorales en México en el siglo XXI," Documento preparado para el IDE-JETRO, Tokio, Japón. 6 de diciembre de 2016.

Trejo, Guillermo and Claudio Jones (1998) "Political Dilemmas of Welfare Reform: Poverty and Inequality in Mexico," S. Kaufman Percell and L. Rubio, eds., *Mexico under Zedillo*, Boulder: Americas Society.

Weldon, Jeffrey (1997) "Political Source of *Presidencialismo* in Mexico," in S. Mainwaring and M. S. Shugart, eds., *Presidentialism and Democracy in Latin America*, New York: Cambridge University Press.

――――― (2004) "Changing Patterns of Executive-Legislative Relations in Mexico," in K. J. Middlebrook, ed., *Dilemmas of Political Change in Mexico*, London: Institute of Latin American Studies, University of London.

▨ 付記：本研究は JSPS 科研費16H03575，17K13667の助成を受けたものです。

第8章

表現の自由・水平的アカウンタビリティ・地方の民主主義
——定量データでみる世界の新興民主主義——

菊 池 啓 一

近年，民主主義の優位性に疑念が呈されている。たとえば，ダイアモンドは，民主主義の崩壊や退行の増加，新興国における政治的権利・市民的自由・法の支配の後退，アメリカ合衆国に代表される先進民主主義国における民主主義のパフォーマンスの悪化などを指摘し，2006年ごろから長期的な「民主主義の後退」が生じていると論じている（Diamond 2015）。たしかに，多くの国々で代表制民主主義の機能不全に対する不信が募っており（たとえば，上谷 2014），また，2014年のタイのクーデタや2016年のトルコのクーデタ未遂は，「クーデタ」という手段による権力奪取が決して過去の手段とはなっていないことを物語っている。

しかしその一方で，「第三の波」の恩恵を受けて民主化した国々の大半で，民主主義の定着がみられるのも事実である。レヴィツキーとウェイによれば，2000年代半ば以降フリーダムハウスの「世界の自由度」（Freedom in the World，以下，フリーダムハウス指標）やポリティⅣ指標（Polity IV scores，以下，ポリティ指標）といった民主主義指標の値にほとんど変化はみられず，量的なデータからはむしろ新興国に定着した民主主義の頑健性を読み取ることができるという（Levitsky and Way 2015）。それでは，民主主義の後退は世界的に発生しているのであろうか。また，もし発生しているとすれば，民主主義のどのような側面が危機にさらされているのであろうか。

この疑問について検討すべく，本章ではソビエト連邦が崩壊した1991年から

2014年までの新興民主主義国の政治体制の全体的な傾向を，近年開発された CGV 指標や V-Dem 指標（後述）を用いて把握する。具体的には，民主主義の「手続き的」定義を紹介したうえで，その代表格であるシュンペーターの定義に近い基準によって作成された CGV 指標を用いて世界各国を民主主義国と非民主主義国とに区別する。そして，新興民主主義国について結社の自由・表現の自由・水平的アカウンタビリティ・地方選挙における自由公正さの度合いの変遷を分析し，そのなかにこれまでの各章で取り上げられてきたタイ，バングラデシュ，トルコ，南アフリカ，ロシア，メキシコの 6 カ国の事例を位置づけていく。以上の作業を通じ，民主主義体制の後退自体は発生していないものの，表現の自由と水平的アカウンタビリティ，地方における「手続き的」民主主義に問題を抱えていることが示される。

1　民主主義の定義と各国の政治体制

民主主義の定義と民主主義指標

「民主主義」という概念は多義的であるが，比較政治学では異なる政治文化的・社会的な背景を持つ国家間の比較を可能にすべく，シュンペーターやダールによる「手続き的」定義が用いられることがほとんどである。シュンペーターは，民主主義を「政治決定に到達するために，個々人が人民の投票を獲得するための競争的闘争を行なうことにより決定力を得るような制度的装置」（シュムペーター 1995：430）と定義し，そこでは，権力を行使する人間を選出する選挙における自由競争が民主主義であるか否かを判定する唯一の基準となる。他方，ダールは，民主主義は現実には存在せず，実在しているのは公的異議申し立てと包括性について比較的民主化の進んだポリアーキー（polyarchy）という政治体制であるとした。彼によれば，「組織を形成し，参加する自由」「表現の自由」「投票の権利」「公職への被選出権」「政治指導者が，民衆の支持を求めて競争する権利」「多様な情報源」「自由かつ公正な選挙」「政府の政策を，

投票あるいはその他の要求の表現にもとづかせる諸制度」（ダール　2014：10）がその必要条件となる。いずれの議論も選挙の自由競争性に焦点を当てており，その意味でミニマリストな定義とも呼ばれている[1]。ただし，シュンペーターが選挙のみを問題とするのに対し，ダールは競争的選挙の実現に必要な制度的条件も構成要素に含んでいる。

　それでは，比較政治学において，民主主義はどのように測定されているのであろうか。数多くある民主主義指標のうち，比較政治学の教科書でも必ず紹介されているのがフリーダムハウス指標とポリティ指標である。前者は国際 NGO のフリーダムハウスが毎年発表するもので，1972年以降の各国の民主主義の状況を「政治的権利」と「市民的自由」についてそれぞれ 7 点尺度で採点し，その平均値によって「自由」「部分的自由」「自由でない」と評価する（Freedom House 2016）。一方，後者は国によっては最長で1800年から現在までを対象としている指標で，各国の執政長官（chief executives）選出の競争性と開放性，行政府に対する制度的制約，政治参加の競争性・ルールにもとづいて −10点から+10点までの点数がつけられ，それに応じて各国を「独裁体制」「中間政体」「民主主義」に分類する（Marshall, Gurr, and Jaggers 2016）。

　フリーダムハウス指標もポリティ指標も比較政治学で頻用されているが，シュンペーターやダールによる定義と必ずしも一致するものを測定しているわけではない点に留意する必要がある。たとえば，フリーダムハウス指標の「市民的自由」の構成要素には，「手続き的」民主主義の実現によって期待される結果のひとつである社会・経済権に関するものまで含まれている（Munck and Verkuilen 2009；粕谷 2014）。また，ポリティ指標についても，ポリアーキーの必要条件である表現の自由や結社の自由などが測定されない一方で[2]，「手続き的」民主主義による定義のなかには必ずしも含まれない行政府に対する制度的

---

(1)　ただし，ダールの定義がミニマリストであるか否かについては研究者の間で見解が分かれている。

制約と同指標自体との相関がきわめて強くなってしまっている（Gleditsch and Ward 1997；鎌原 2011）。

　以上のような問題を受け，近年の民主主義指標の開発には2つの傾向がみられる。第一の傾向は，シュンペーターの定義により忠実なミニマリストな指標作成を目指す動きであり，その代表例がCGV指標である[3]。同指標は経済発展の体制移行への影響をあらためて検証したプシェヴォルスキらのデータセットをアップデートしたものであり（Przeworski et al. 2000），1946〜2008年について202カ国を対象としている。そして，執政長官を選出する選挙の有無，議員を選出する選挙の有無，選挙での複数政党の競合の有無，当該年度と同じ制度下での政権移譲の有無が評価の対象となり，これらの要件をすべて満たした国のみを民主主義国，それ以外の国を非民主主義国（独裁国）とみなす（Cheibub, Gandhi, and Vreeland 2010）。一方，もうひとつの傾向は，コペッジらの「民主主義の多様性」（V-Dem）プロジェクトの指標群にみられる，ダールの定義やさらに「厚い」民主主義概念を測定する指標を開発する動きである。同プロジェクトのデータベースには，2017年1月時点で1900〜2014年ののべ173カ国に関する350の変数が含まれており，その組み合わせによってポリアーキー（同プロジェクトでは「選挙民主主義」と呼ばれる）だけでなく，自由民主主義や参加民主主義，熟議民主主義，平等民主主義も測定できる（Coppedge et al. 2016）。

　そこで，以下では，CGV指標とV-Demの指標群に依拠しつつ，各国の民主主義の様相を把握してみたい。

---

(2)　この点については，鎌原（2011），Munck and Verkuilen（2009），Norris（2008）を参照のこと。なお，両指標のそのほかの短所については，以上の文献にくわえて Boix, Miller, and Rosato（2013）も参照されたい。
(3)　DD指標とも呼ばれている（粕谷 2014；久保・末近・高橋 2016）。

シュンペーターの定義と各国の政治体制

　民主主義は本当に「危機」に瀕しているのであろうか。ダイアモンドによれば，2006年ごろから民主主義の「後退」が始まっている（Diamond 2015）。したがって，この問いについて考察するためには，2006年以降の各国の民主主義がどのような状態にあるのかをシュンペーターの定義にもとづく指標と，さらに「厚い」概念を測定する指標の双方を用いて多面的に検討する必要がある。しかし，前者の代表格である CGV 指標は，2008年までしかカバーしていない。そこで，上記の問いについて考察するため，筆者自身で同指標を2014年までアップデートする作業を行なった。[4]

　前章までで扱われた事例に注目すると，タイ，バングラデシュ，メキシコの3 カ国が体制移行を経験している。すなわち，タイは1992〜2005年・2008〜2013年が民主主義，1991年・2006〜2007年・2014年が非民主主義，バングラデシュは1991〜2006年・2009〜2013年が民主主義，2007〜2008年・2014年が非民主主義にそれぞれ分類されるのに対し，メキシコは2000年に民主主義に移行している。一方，CGV 指標によれば，1991〜2014年のトルコは一貫して民主主義，ロシアは一貫して非民主主義とみなされる。

　南アフリカについては若干の説明が必要であろう。同国に関し，フリーダムハウス指標は1994年以降を「自由」，ポリティ指標は1992年以降を「民主主義国」とそれぞれ評価しているが，1994年のアパルトヘイト完全撤廃後の同国では常にアフリカ民族会議（ANC）が政権の座についている。その結果，CGV 指標における民主主義国の要件のひとつである「当該年度と同じ制度下での政

---

(4)　CGV 指標で評価の対象となる 4 つの要件のうち，当該年度と同じ制度下での政権移譲の有無に対する評価は「遡及的」なものとなる（Przeworski et al. 2000）。よって，筆者も，すでに CGV 指標による評価が行なわれている2008年以前の時期の再検討を行なった。その結果，本章では，1991〜2008年のザンビア（2011年に政権交代），2006〜2008年のハイチ（2011年に政権交代），2002〜2008年のレソト（2012年に政権交代）を，もともとの CGV 指標のデータと異なり民主主義国と評価している。

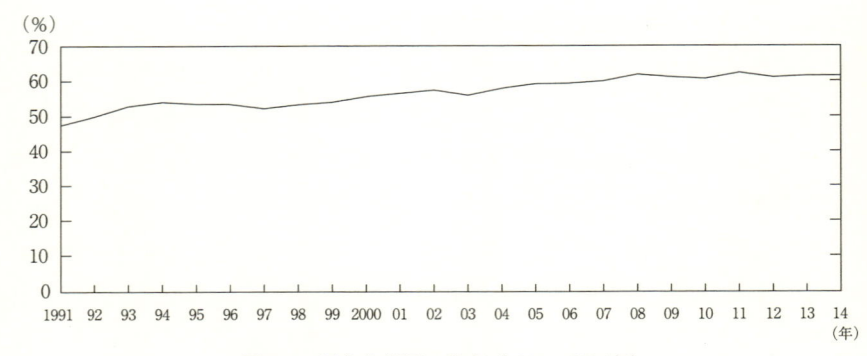

図 8-1 民主主義国の比率（1991〜2014年）

出所：Cheibub, Gandhi, and Vreeland（2010），およびそれにもとづく筆者のコーディングをもとに作成。

権移譲の経験」が満たされていないため，1991〜2014年について一貫して非民主主義体制であると捉えられてしまっている。[5] ただし，次節以降の分析で明らかになるように，多くの側面において同国の民主主義指標の値は高いものとなっている。

図 8-1 は，筆者によってアップデートされた CGV 指標にもとづき，1991〜2014年について民主主義国と判定された国の比率の変化を示したものである。[6] 1991年には全体の47.8%にすぎなかった民主主義国は，翌1992年には50%を超え，2011年には62.8%に達した。その後多少の増減はみられるものの，2007年以降は60%台をキープしつづけている。すなわち，図 8-1 が示しているのは，民主主義の「後退」ではなく，その頑健性である。

しかしその一方で，「第三の波」以降も体制移行が観察されているのも事実

---

(5) 類似のミニマリストな民主主義指標でも，ボイシュらは1994年以降の同国を民主主義国に分類している（Boix, Miller, and Rosato 2013）。

(6) CGV 指標と V-Dem の指標群の双方にカバーされている国が対象であり，1991年については157，1992年については159，1993年については161，1994〜2001年については162，2002〜2005年と2013〜2014年については163，2006〜2012年については164が比率を計算するうえでの母数（対象国数）となっている。

表 8-1　体制移行事例（1991〜2014年）

年	非民主主義→民主主義	民主主義→非民主主義
1991	スリナム，アルバニア，ベナン，サントメ・プリンシペ，ザンビア	タイ
1992	マリ，タイ，フィジー，コンゴ共和国	
1993	ガーナ，ニジェール，ブルンジ，中央アフリカ，マダガスカル	
1994	マラウイ	
1995		コモロ
1996	シエラレオネ，台湾	ニジェール，ブルンジ
1997		シエラレオネ，コンゴ共和国
1998	シエラレオネ，ケニア	
1999	ナイジェリア，インドネシア	パキスタン
2000	メキシコ，ユーゴスラビア，ニジェール，セネガル，ギニアビサウ	エクアドル，フィジー
2001	ペルー	
2002	エクアドル，レソト	ネパール
2003		ギニアビサウ，中央アフリカ
2004	ジョージア，ギニアビサウ，コモロ	
2005	キルギス，ブルンジ	
2006	リベリア，ハイチ	タイ
2007	モーリタニア，ブータン	バングラデシュ
2008	タイ，ネパール，パキスタン，モルディブ	モーリタニア
2009	バングラデシュ	ニジェール，マダガスカル
2010		ブルンジ
2011	ニジェール，チュニジア，コートジボワール	
2012		マリ，ギニアビサウ
2013	マリ	
2014	ギニアビサウ，マダガスカル	バングラデシュ，タイ

出所：Cheibub, Gandhi, and Vreeland（2010），およびそれにもとづく筆者のコーディングをもとに作成。

である。表 8-1 は，1991〜2014年の間に CGV 指標の値に変化がみられた国を
体制移行事例として列挙したものである。[7]

　表 8-1 も民主主義への移行事例数が非民主主義への移行事例数を大きく上回
ることを表わしており，図 8-1 と同じく民主主義の頑健性を裏づけている。た
だし，非民主主義への移行事例に注目すると，つぎの 2 つの特徴を見いだすこ
とができる。第一に，地域的な偏りである。1991〜2014年の22の民主主義崩壊

---

(7)　あくまで CGV 指標にもとづいているため，他の既存の研究とは体制移行事例の解
　　釈が異なる場合があることに留意されたい。

事例のうち，13がサブサハラアフリカで発生したものであった。たとえば，2010年のブルンジでは憲法違反にあたる三選を目指したピエール・ンクルンジザの出馬に抗議した野党が大統領選をボイコットして民主主義が崩壊したが，サブサハラアフリカでは過去の内戦における反政府勢力を起源とする政党が政権の座にある場合，最高指導者が権力を手放さない傾向があるという（武内2016）。

　第二に，近年の短期的な体制変動の多さである。表8-1に挙げられている2006〜2012年の8つの事例のうち，民主主義崩壊から民主主義への復帰まで2年以内であったケースが5つあり，5年以内に民政復帰した事例も含めるとその数は6になる。そのほとんどが軍の介入をともなうものであったが，その実態は，2012年のマリのようにアザワド解放国民運動（MNLA）との戦闘への装備の拡充を国軍兵士が求めたものから（佐藤2012），2010年のニジェールのように本来は違憲である三選を新憲法の制定によって前年に果たしていたママドゥ・タンジャ大統領を一部の兵士が拘束したものまで（鈴木2016），さまざまである。

　本書で扱われている事例のうち，CGV指標にもとづく非民主主義への移行が観察されたのはバングラデシュ（2007，2014年）とタイ（1991，2006，2014年）である。両国の所在する地域との関連を検討すると，南アジアはサブサハラアフリカについで民主主義が不安定な国の数が多く，バングラデシュのほかにも1999年のパキスタンでは軍のクーデタによってナワーズ・シャリフ政権が崩壊し，2002年のネパールではギャネンドラ国王が議会を停止した。また，タイの加盟する東南アジア諸国連合（ASEAN）では民主主義の推進が謳われているものの，同時に内政不干渉原則が重要視されており（鈴木2012），2014年時点でCGV指標によって民主主義国と判断される東南アジア諸国はインドネ

---

(8)　前年の2009年に新憲法制定による「体制からのクーデタ」が生じていた（鈴木2016）時点で，非民主主義への移行が生じていたと解釈できる。

シアとフィリピンの2カ国だけである。

　民政復帰へのサイクルについても，2007年のバングラデシュと1991年および2006年のタイのケースは短期であった。バングラデシュでは非政党選挙管理政府（NCG）の人事をめぐる政治的混乱が2007年初めの軍部の政治介入を招いたが，2008年末に総選挙が実施され前野党のアワミ連盟（AL）が勝利した（本書第3章）。また，タイにおいても，1991年クーデタの翌年には民衆との衝突によって軍政が打倒され，2006年のクーデタの際にも軍部は早期の民政移管を約束し，2007年12月に選挙が実施された（本書第2章）。一方，2014年の両国における非民主主義への移行は，上記のケースと異なっている。主要野党のボイコットした選挙で大勝した与党がそのまま政権を維持しているのは，軍政の崩壊した1990年以降のバングラデシュでは初めてである（本書第3章）。さらに，第2章で述べられているように，タイの政治史においてクーデタ自体は決して珍しいものではないものの，2014年のクーデタは一般市民とも対峙しており，国会成立後の5年間は軍部が首相選出に影響力を保持することを前提としている。

　本節では，シュンペーターのミニマリストな民主主義の定義に忠実なCGV指標にもとづき，各国の政治体制を概観した。2007年以降民主主義国の比率が60％台を保っており，1991～2014年の民主主義への移行事例数が非民主主義への移行事例数を大きく上回っているなど，CGV指標から得られるデータは民主主義の頑健性を示唆している。また，本書の事例のなかではタイとバングラデシュが非民主主義への移行を経験しているが，両国とも民主主義へのコミットメントが弱い地域に位置している点や，2014年の非民主主義への移行がこれまでの軍の介入による民主主義崩壊のケースとは異なる特徴を持つ点に留意する必要があろう。

2　ポリアーキーの構成要素と新興民主主義国

　前節では，CGV指標にもとづき，各国の政治体制の様相を概観した。しか

し，「民主主義の後退」に関する議論でダイアモンドが重視するのは，選挙の自由競争性における変化ではなく，自由の後退や行政による権力の濫用である（Diamond 2015）。このうち，本節では新興民主主義国における自由の後退に注目し，V-Dem の指標群を用いて，ポリアーキーの構成要素でもある結社の自由と表現の自由の度合いの変遷を検討したい。

　本節と次節で分析する各変数のうち，「議会による喚問」（後述）は名義尺度であるが，それ以外は順序尺度である。[9]これらの変数から傾向を見いだすためには，つぎの2点に注意する必要がある。第一に，民主主義国と非民主主義国を同時に分析することの危険性である。上記のダイアモンドの議論では民主主義国における民主主義指標の「劣化」が焦点となっているが，すべてのサンプルを同時に分析するとその理由が「民主主義の後退」によるものなのか，非民主主義国での「権威主義の深化」によるものなのかを峻別することができない（本書第1章）。したがって，本節と次節では民主主義国と非民主主義国とを分け，前者について検討する。そして第二に，レヴィツキーとウェイのように，平均値の変化から傾向を読み取ること（Levitsky and Way 2015）の危険性である。平均値は外れ値の影響を大きく受けやすい。そこで，本節以降では各変数の中央値に注目することにより，新興民主主義国における民主主義の諸側面の傾向を把握していく。

結社の自由

　前節ではシュンペーターの定義にもとづいて各地域の民主主義の様相を検討したが，そこで満たされるポリアーキーの要件は，「政治指導者が，民衆の支持（投票）を求めて競争する権利」と「自由かつ公正な選挙」の2点にすぎな

---

(9)　本章で使われる変数は，複数の各国事情の専門家が順序尺度で採点したものを，いったん間隔尺度変数に標準化し，それを再度順序尺度に変換したものである。ただし，この新たな順序尺度の変数は，専門家による平均的な採点と捉えて問題ない（Coppedge et al. 2016）。

い。したがって，本節ではまず現代の「民主主義の後退」について検討するうえで重要な，各国における「組織を形成し，参加する自由（結社の自由）」「表現の自由」「多様な情報源」の現状を分析する[10][11]。

それでは，世界各地域における結社の自由はどのような状況にあるのだろうか。V-Dem において，結社の自由という概念は「政党禁止」「結党制限」「野党の自律性」「選挙における複数政党競争」「市民社会組織の結成解散」「市民社会組織への抑圧」という 0 〜 4 の 5 点尺度で採点される，6 つの変数を使って測定される[12]。そこで，ここでもこれらの変数の値の変化に注目して，各国における結社の自由の傾向を把握する。なお，いずれも 5 点尺度の変数ではあるが，変数間の比較は不可能であり，たとえば「結党制限」が 3 である状態が，「野党の自律性」が 3 である状態と同等に「民主主義的」だとはいえないことを強調しておきたい。

図 8-2 は1991〜2014年の新興民主主義国における結社の自由に関する各変数[13]の中央値の変化を表わしたものである。同図から明らかなように，本章が対象とする期間に関し，5 つの変数の採点が常に満点である。すなわち，半数以上

---

(10) なお，「多様な情報源」は「表現の自由」の一部であるという捉え方が一般的である。

(11) 「投票の権利」と「公職への被選出権」は普通選挙権に関する項目であり，とくに第一次世界大戦前の時期を分析する際にはきわめて重要であるが（Boix, Miller, and Rosato 2013），本章の対象となる1990年代以降の世界ではすべての民主主義国が普通選挙権を認めていると考えられるため，ここでは取り上げない。また，「政府の政策を，投票あるいはその他の要求の表現にもとづかせる諸制度」についても，他の必要条件をすべて満たすことによって自動的に実現されるという性格が強いため（Teorell et al. 2016），本章の分析の対象外とする。

(12) 詳細については，Coppedge et al. (2016)を参照のこと。なお，各変数の英語名は，それぞれ party ban（禁止された政党の有無），barriers to parties, opposition parties autonomy, elections multiparty, CSO entry and exit（市民社会組織の結成解散への政府統制の程度），CSO repression である。

(13) 本節以降の分析では，CGV 指標によって民主主義国と判定された国のうち，CGV 指標と V-Dem 指標群の双方にカバーされており，かつ，「第三の波」以降に最後の民主化を経験した78カ国が対象となっている。

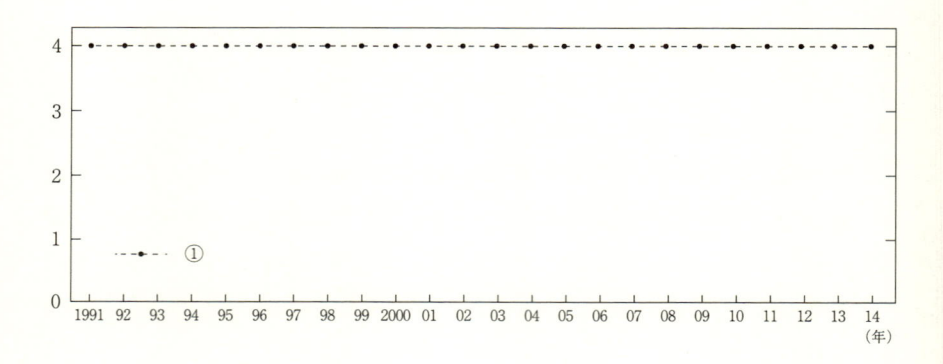

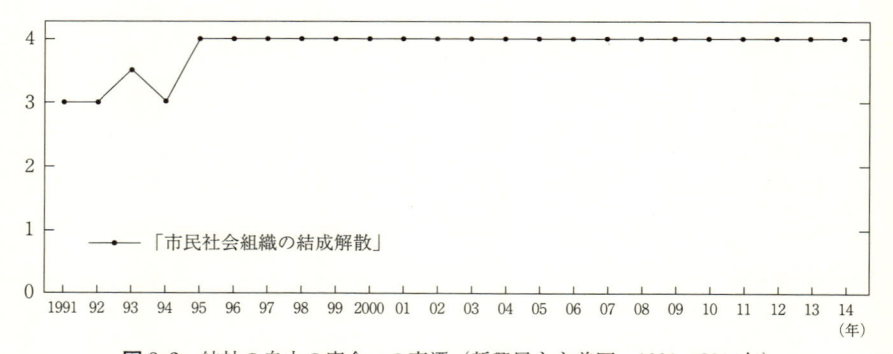

図 8-2 結社の自由の度合いの変遷（新興民主主義国，1991～2014年）

注：①は「政党禁止」「結党制限」「野党の自律性」「選挙における複数政党競争」「市民社会組織への抑圧」である。

出所：Coppedge et al. (2016) をもとに筆者作成。

の国では，禁止された政党はなく，新党結成の制限もなく，野党は自律的であり，選挙は複数の政党によって争われ，政府も市民社会組織に対して圧力をかけていない。唯一変化のあった「市民社会組織の結成解散」も1995年には 4 の値を取るようになっており，市民社会組織は結成や解散に関して政府の統制をまったく受けない。このように，結社の自由については，世界的な危機は生じていないように見受けられる。

　前章までの事例も，政党活動の自由はほぼ問題なく保障されていることを示している。政党に関する 4 変数に注目すると，トルコと南アフリカは2014年時

点で全変数満点であり，メキシコも当時の連邦選挙管理委員会（IFE）への国政政党登録の難しさが浮き彫りとなった2013年に「結党制限」の値が３となった以外は４である。また，バングラデシュも，非政党選挙管理政府制度復活をめぐる政治的混乱と主要野党のボイコットした第10回国民議会選挙の強行を受け，2014年時点の「野党の自律性」と「選挙における複数政党競争」は３と採点されているが，2012年までは全変数満点であった。

　しかし，非民主主義国においては，政党活動の自由は制限される。2005年までは全変数満点であったタイも，2014年には大きくスコアを落とした。とくに，国家平和秩序維持評議会が政党活動を禁止したため（本書第２章），「政党禁止」と「結党制限」の値は１と２にそれぞれ下がった。また，ロシアでも2001年の政党法が，党員１万人以上，連邦構成主体の半分以上への党支部の設置，などといった要件を政党に課したため（本書第６章），野党の再編が起こり，「野党の自律性」が２に低下している。

　一方，市民社会組織の活動の自由度にはかなりのばらつきがある。南アフリカ社会には結社の自由が根づいており（本書第５章），市民社会組織の結成解散に対する政府の統制は民主化以降なく，2014年時点での市民社会組織への抑圧も弱い。メキシコの市民社会組織についても，政府は結成解散について最低限のコントロールしかしておらず，抑圧もしていないと評価できる。また，バングラデシュでは，NGO は主に国家の提供できない公共サービスを供給する役割を担っているため（Nobusue 2002），2007～2008年の非常事態が宣言されていた時期を除いて市民社会組織の活動の自由度が高く，2014年時点で南アフリカと同じスコアが与えられている。

　逆に，市民社会組織の活動の自由が制限される傾向にあるのは，トルコ，タイ，ロシアの３カ国である。2013年にイスタンブルで始まった市民の抗議行動に対する弾圧（本書第４章）や同年８月の世俗派組織のオフィスへの警察の家宅捜索（Freedom House 2014）に象徴されるように，トルコでの市民社会組織の活動の自由は近年悪化しており，同年以降「市民社会組織の結成解散」も

「市民社会組織への抑圧」も2と評価されている。タイでは，タクシン派の反独裁民主主義統一戦線（UDD）の反政府街頭行動が2010年に軍によって鎮圧されるなど（本書第2章），2006年のタクシン・チナワット政権の崩壊以降市民社会組織への抑圧が目立つようになった。その後，いったん改善したものの，2014年のクーデタによって誕生した国家平和秩序維持評議会は政府に対する示威行為を禁止しており（本書第2章），市民社会組織に対する強い統制を行なっている。ロシアではウラジーミル・プーチン政権下の2006年に成立した法律によってNGOの登記に対する大幅な裁量が政府に与えられ，また，2008年には外国の財団やNGOからの助成に対する免税措置を廃止する一方で，国内NGOに対する包摂を行なった（Freedom House 2012）。その結果，2014年の同国の「市民社会組織の結成解散」は1，「市民社会組織への抑圧」は2と採点されるに至っている。

表現の自由

それでは，「表現の自由」と「多様な情報源」はどうであろうか。V-Demでは，これらの概念は「政府のメディア検閲」「インターネット検閲」「ジャーナリストへのハラスメント」「野党に対するメディアバイアス」「メディアの自己検閲」「メディアの政府批判」「メディアの視点の多様性」「議論の自由（男性）」「議論の自由（女性）」「学術的・文化的な表現の自由」という10の変数にもとづいて測定される[14]。これらの変数のうち，「メディアの自己検閲」「メディアの政府批判」「メディアの視点の多様性」は0〜3の4点尺度，それ以外の

---

[14] 詳細については，Coppedge et al. (2016)を参照されたい。なお，各変数の英語名は，それぞれ government media (print/broadcast) censorship effort, internet censorship effort, harassment of journalists, media bias, media self-censorship, print/broadcast media critical to the government, width of print/broadcast media perspectives, freedom of discussion for men, freedom of discussion for women, freedom of academic and cultural expression である。

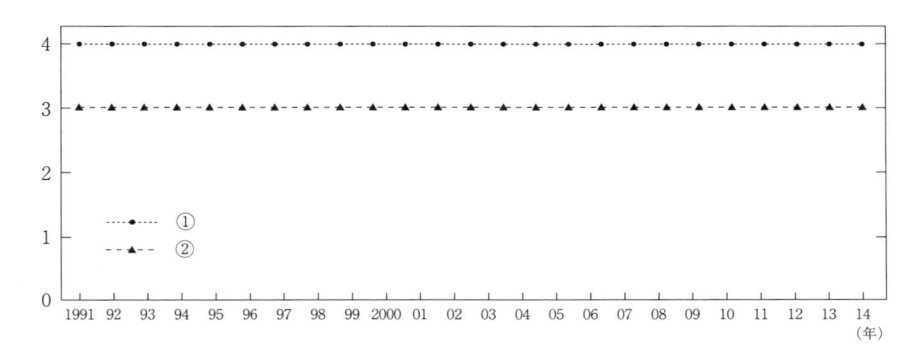

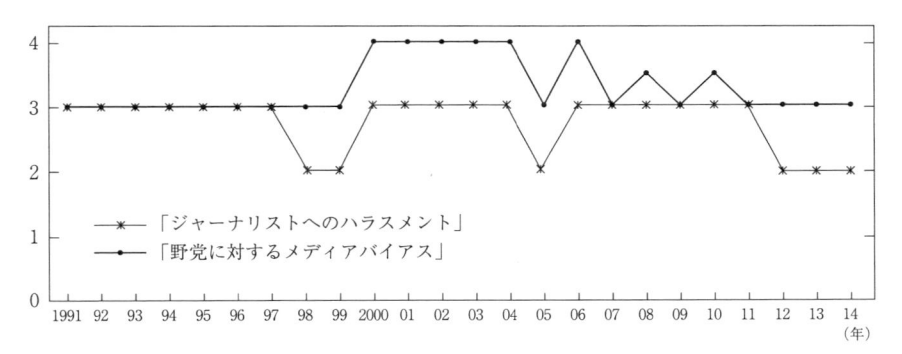

図 8-3　表現の自由の度合いの変遷（新興民主主義国，1991〜2014年）

注：0〜3の値をとる指標については，1〜4の値をとるよう変換してある。また，①は「メディアの政府
批判」「メディアの視点の多様性」「議論の自由（男性）」「議論の自由（女性）」，②は「政府のメディア
検閲」「インターネット検閲」（1993年以降のデータ）「メディアの自己検閲」「学術的・文化的な表現の
自由」である。

出所：Coppedge et al. (2016) をもとに筆者作成。

変数は0〜4の5点尺度であるが，前者を1〜4の値をとるかたちに変換した。
なお，「インターネット検閲」については，データの存在する1993年〜2014年
に関して検討する。

　1991〜2014年の新興民主主義国における表現の自由に関する各変数の中央値
の変化を示した図8-3は，多くの国が表現の自由にさまざまな問題を抱えてい
ることを示している。「メディアの政府批判」「メディアの視点の多様性」「議
論の自由（男性）」「議論の自由（女性）」の中央値は常に4であり，半数以上の

国ですべての大手出版社・新聞社・放送局が少なくともときおりは政府批判の報道を行ない，当該国の社会で重要なすべての視点が大手メディアによって代表され，男性にも女性にも議論の自由が完全に保障されていることが分かる。しかし，「政府のメディア検閲」「インターネット検閲」「メディアの自己検閲」「学術的・文化的な表現の自由」の中央値は1991年以降一度も４に達しておらず，３のままである。変数の値が４でない場合，当該国はその項目に何らかの問題を抱えていることを意味するが，とくに政治的にセンシティブな問題に対しては間接的な政府検閲やメディア側の自己検閲，ウェブサイトへのアクセスの遮断が行なわれ，学術的・文化的な表現の自由についても稀に弱い制裁が科せられることがある，というのが新興民主主義国における表現の自由の実態である。

　以上のデータは，そもそも多くの新興民主主義国では表現の自由が完全に保障されたことが一度もない可能性を示唆しており，ダイアモンドの「民主主義の後退」をめぐる議論（Diamond 2015）に挑戦する知見である。ただし，2000年代から後退がみられる側面があるのも事実である。「野党に対するメディアバイアス」の中央値は，いったんは４に達したものの，2005年以降動揺がみられ，2011〜2014年は３である。また，「ジャーナリストへのハラスメント」の中央値も，2012年に２まで低下している。すなわち，2000年代初頭のメディアはいずれの政党もニュースバリューに応じて等しくカバーし，ジャーナリストへのハラスメントも皆無ではないものの稀であったが，2014年時点では，メディアの報道は与党およびその候補者に関するものが野党に関するものを大きく上回り，権力者の逆鱗に触れたジャーナリストは辞めざるをえなくなることもある，という評価に後退している。フリーダムハウスによれば，2014年のメディアの自由の状況は過去10年あまりの期間で最悪であり，ジャーナリストが生命の危険に晒されるケースも増えている（Freedom House 2015）。

　本書の事例研究で扱われている国々のうち，1991〜2014年に表現の自由が促進される傾向が確認された唯一の国は南アフリカである。1993年の暫定憲法の

制定以降表現の自由をめぐる状況が改善され、「メディアの政府批判」「メディアの視点の多様性」「野党に対するメディアバイアス」「議論の自由（男性）」の評価が満点である。ただし、2014年時点でのそのほかの項目の評価は3で、国営メディアへの政治的干渉などが指摘されている（本書第5章）。

　メキシコも、2014年の評価で満点なのは「議論の自由（男性）」だけであり、「ジャーナリストへのハラスメント」が2、そのほかの項目が3である。同国の放送業界では二大ネットワークのシェアがきわめて大きいが、2012年の大統領選では、そのうちのひとつのテレビサと密接な関係を持つエンリケ・ペニャ＝ニエトが勝利した（馬場 2014）。同選挙によって選挙キャンペーンとメディアの問題が脚光を浴びたことにより、2013年以降「政府のメディア検閲」は3に改善されているが、テレビサとの距離の近いペニャ＝ニエトの大統領就任は「メディアの政府批判」と「メディアの視点の多様性」のスコアをそれぞれ2と3に低下させている。

　他方、そのほかの4カ国では、表現の自由が明らかに後退している。バングラデシュでは2007〜2008年の非常事態宣言下で報道規制が敷かれたが、2009年のシェイク・ハシナ政権誕生以降も政府系パラミリタリーによるジャーナリストの拷問や情報機関によるジャーナリストへの脅迫なども相次ぎ（Freedom House 2010）、2007〜2010年に「政府のメディア検閲」「野党に対するメディアバイアス」「メディアの自己検閲」「メディアの政府批判」「メディアの視点の多様性」のスコアがそれぞれ2、3、2、3、3に低下した。

　トルコでも、公正発展党（AKP）政権第2期に入ると表現の自由の後退が顕著になり、とくに2008年に改正された刑法第301条がトルコ国家侮辱罪を定めると、条文の拡大解釈によるジャーナリストの逮捕が発生した。また、2007年にはムスタファ・ケマル批判などを内容とするウェブサイトへのアクセスを規制する権限を政府に与える法案が成立するなど（Freedom House 2010）、2006〜2010年に「政府のメディア検閲」「インターネット検閲」「野党に対するメディアバイアス」の評価が2に、「メディアの視点の多様性」の評価が3に

下がった。公正発展党政権が第3期に入ると首相のレジェップ・タイイップ・エルドアンはさらに表現の自由を制限する方向に進み，反テロリズム法の適用によるジャーナリストや知識人の投獄の増加などにより（Freedom House 2014），「議論の自由（男性）」や「学術的・文化的な表現の自由」も2013年以降それぞれ2と1に後退している。

もともと各項目のスコアが高くなかったタイでも，2006年のクーデタ以来の政治的混乱のなかで表現の自由が後退している。2007年憲法が表現の自由を謳い，インラック・チナワット政権成立後はタクシン派ウェブサイトやコミュニティラジオ局への規制は解除されたが，逆に反タクシン派のメディアや作家らに対する圧力が強まった（Freedom House 2012）。その後，2013年には「政府のメディア検閲」「インターネット検閲」「ジャーナリストへのハラスメント」の評価がそれぞれ0，1，1となり，2014年のクーデタによって「インターネット検閲」「野党に対するメディアバイアス」「メディアの政府批判」「メディアの視点の多様性」「議論の自由（男性）」「議論の自由（女性）」「学術的・文化的な表現の自由」が0，2，1，1，1，0，0になるなど，表現の自由が存在しない状態になっている。

ロシアでは，プーチン政権の誕生とともに表現の自由も後退した。就任早々の2000年には政府に批判的であったオリガルヒのメディア・モストを経営するウラジーミル・グシンスキーが横領容疑で逮捕され，腐敗について報道したジャーナリストが殺害されるなど（Freedom House 2001），「メディアの自己検閲」「メディアの政府批判」「メディアの視点の多様性」「議論の自由（男性）」「議論の自由（女性）」「学術的・文化的な表現の自由」が3に，「政府のメディア検閲」「野党に対するメディアバイアス」が2に後退した。その後も法規制やジャーナリストに対する人権侵害によって表現の自由が侵されており（Freedom House 2015），2014年の評価は「議論の自由（男性）」「議論の自由（女性）」が3，「政府のメディア検閲」「野党に対するメディアバイアス」が1，そのほかの項目が2である。

以上みてきたように，半数以上の新興民主主義国では結社の自由の保障は確立されているが，表現の自由についてはそもそも完全に保障されたことのない項目も少なくなく，また，野党やその候補者に対するメディアバイアスやジャーナリストへのハラスメントは2000年代後半以降悪化しているというのが全体的な傾向である。ただし，本書で扱われている 6 つの事例は必ずしもこの図式には当てはまらない。結社の自由のうち，政党活動の自由についてはトルコ・南アフリカ・メキシコ・バングラデシュでは2014年時点でほぼ問題なく保障されているが，非民主主義国のタイ・ロシアでは制限されている。一方，市民社会組織の活動の自由については，タイ・ロシアのほかにトルコでも近年抑圧される傾向にある。また，表現の自由については，各変数の値の改善傾向がみられたのは南アフリカのみであり，メキシコは項目によって異なる変化，そのほかの 4 カ国は後退傾向にある。

3　「厚い」民主主義概念と新興民主主義国

前節では，ポリアーキーの必要条件である結社の自由と表現の自由の新興民主主義国における様相を検討した。つづいて，本節ではダイアモンドが「民主主義の後退」に関して挙げたもうひとつの論点，すなわち，行政による権力の濫用の度合いと（Diamond 2015），近年の比較政治学で注目されている地方における「手続き的」民主主義の様相について考えてみたい。

水平的アカウンタビリティ

「手続き的」定義では，選挙における競争性とそれを担保する制度的条件に焦点が当てられており，行政の立法や司法に対する「水平的」アカウンタビリティは必ずしも民主主義の必要条件ではない。しかし，オドンネルは1990年代初頭の新興民主主義国でみられた大統領への権限の集中を「委任型民主主義」（delegative democracy）と形容し，否定的に捉えた。これらの国では，大統領

は自らの信ずる方法で統治する権利を選挙によって与えられたという前提に立ち，立法・司法に対する説明責任を軽視する傾向が強まる。その結果，「手続き的」定義は満たすものの，代表制民主主義の制度化が阻害される（O'Donnell 1994）。したがって，行政に対する制度的制約の様相も各国の民主主義に大きく影響すると考えられるのである。

行政に対する制度的制約は，V-Dem の「行政に対する立法制約指数」（legislative constraints on the executive index）と「行政に対する司法制約指数」（judicial constraints on the executive index）を構成する各変数の検討によって把握できる。前者は，「議会による喚問」「行政監視」「議会調査」「議会野党」の4変数で構成され[15]，「議会による喚問」はその有無のみを問う名義尺度（0または1），「議会野党」は0～2の3点尺度，そのほかの2変数は0～4の5点尺度で採点される。一方，後者は，「行政の憲法遵守」「下級裁判所の裁定遵守」「最高裁判所の裁定遵守」「最高裁判所の独立性」「下級裁判所の独立性」の5変数から成り[16]，いずれも0～4の5点尺度で採点される。なお，本節でも，名義尺度の「議会による喚問」は3～4，3点尺度の「議会野党」は2～4の値をとるように変換し，分析を進める。

図 8-4 は1991～2014年の新興民主主義国における水平的アカウンタビリティの度合いに関する各変数の中央値の変化を表わしたものである。同図も，表現

---

[15] 詳細については，Coppedge et al.（2016）を参照のこと。なお，各変数の英語名は，それぞれ legislature questions officials in practice, executive oversight（議会以外のアクターによる行政府の非合法的行為に対する調査の程度），legislature investigates in practice（議会による行政府の非合法的行為に対する調査の程度），legislature opposition parties（野党による行政府に対する調査の可能性の有無）である。

[16] 詳細については，Coppedge et al.（2016）を参照されたい。なお，各変数の英語名は，それぞれ executive respects constitution, compliance with judiciary（下級裁判所の下した不利益な裁定に対する政府の裁定遵守の程度），compliance with high court（最高裁判所の下した不利益な裁定に対する政府の裁定遵守の程度），high court independence, lower court independence である。

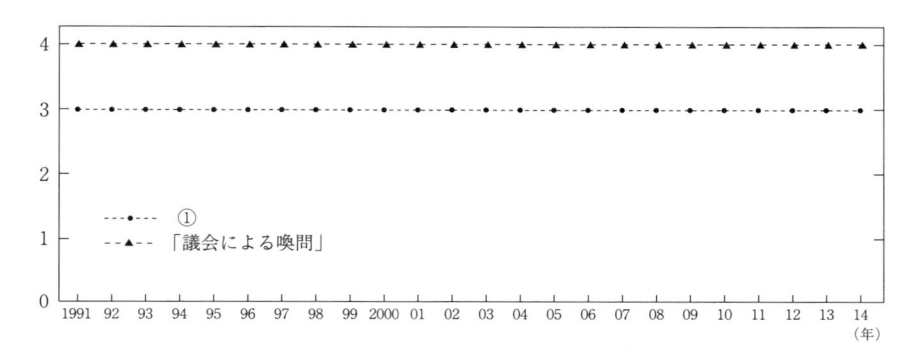

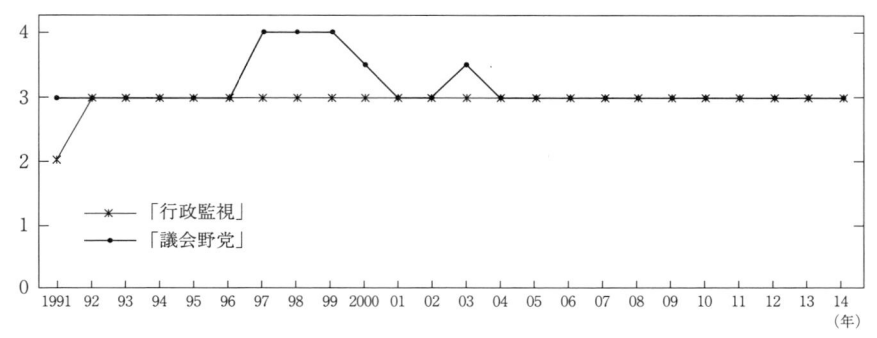

図 8-4　水平的アカウンタビリティの度合いの変遷（新興民主主義国，1991〜2014年）
注：0〜2の値をとる指標については2〜4の値をとるように，名義尺度の「議会による喚問」については
　　3〜4の値をとるよう変換してある。また，①は「行政の憲法遵守」「下級裁判所の裁定遵守」「最高裁
　　判所の裁定遵守」「最高裁判所の独立性」「下級裁判所の独立性」「議会調査」である。
出所：Coppedge et al.（2016）をもとに筆者作成。

の自由と同様に，水平的アカウンタビリティが完全に確立されたとは言い難い
ことを示唆している。唯一「満点」であったのは名義尺度の「議会による喚
問」であり，民主化後半数以上の国で行政府高官に対する議会喚問が定期的に
行なわれる傾向にあることがわかる。しかし，それ以外のほとんどの変数の中
央値は3であり，議会もしくは議会以外のアクターによる行政府の非合法的行
為に対する調査は絶対に行なわれるとは言い切れず，国家元首・執政長官・閣
僚による憲法無視や政府による最高裁判所・下級裁判所の裁定の無視，最高裁

判所・下級裁判所による政府選好を反映した判決の提示などが発生することもある，というのが「第三の波」以降の「平均的」な新興民主主義国における傾向である。さらに，興味深いのが「議会野党」の中央値の変化であり，1990年代後半には行政府・与党に対する監視や調査を野党が積極的に行なっていたが，2000年代に入るとその頻度が減少していることが読み取れる。

水平的アカウンタビリティについても，本書の事例研究の6カ国のなかでもっとも評価が高いのは南アフリカである。同国では議会による喚問が定期的に行なわれ，そのほかの変数も1990年代後半までには3と評価されている。ただし，水平的アカウンタビリティをめぐってはジェイコブ・ズマ政権（2009～2018年）と司法府や護民官との間のせめぎ合いがつづき，2014年時点ではまだ満点にならない状態で膠着していた（本書第5章）。また，そのなかで，「議会調査」の評価が2013年に3から2に後退している点は注目に値しよう。

そのほかの5カ国では，水平的アカウンタビリティは後退する傾向にある。メキシコの1990年代までの制度的革命党政権（PRI）下では司法制度の弱さが指摘されていたが，2000年に誕生したビセンテ・フォックス政権がさまざまな改革を試み（Freedom House 2002），同年を機に「下級裁判所の裁定遵守」「最高裁判所の独立性」「下級裁判所の独立性」のスコアが2から3に上昇した。また，「議会による喚問」と「議会野党」は満点という評価になり，「議会調査」は2に，「行政監視」は2001年には3に改善された。しかし，2012年にペニャ＝ニエトが大統領選に勝利し，12年ぶりに制度的革命党政権が復活すると，水平的アカウンタビリティが後退傾向を見せはじめ，2013年以降は「議会野党」が3，「行政の憲法遵守」が2，「行政監視」と「議会調査」が1という評価に低下した。

トルコでは，とくに2013年以降各変数の評価が後退している。立法と行政の関係では，現在の一党優位制のきっかけとなった2002年総選挙での公正発展党による議席の単独過半数の獲得により，同年以降「議会調査」の値が動揺を見せ，2004年には「議会野党」が3に低下した。その後2011年以降の一党優位制

の定着期における公正発展党のイスラム的価値観に重きを置いた政策・言説は委任型民主主義助長の一因となり（本書第4章），2013年には「議会による喚問」と「議会調査」，2014年には「議会野党」の評価がそれぞれ3，1，1となった。また，司法制約については，公正発展党政権誕生前は全変数のスコアが3であったが，「行政の憲法遵守」の値が2013年に2に下がり，「下級裁判所の独立性」の値も2012年に動揺を見せた。

　2014年のクーデタにより，タイでは行政に対する立法制約がまったく存在しない状態である。それ以前の時期に注目すると，1997年憲法下での小選挙区比例代表並立制の導入によってタクシンという「強い首相」が誕生し，2006年以降の政治的混乱がタクシン派対反タクシン派という構図になったことから（本書第2章），1998年の「議会調査」のスコアは2にとどまった。ただし，2007～2013年の「議会による喚問」と2008～2013年の「議会野党」は満点，2008～2013年の「行政監視」は3であった。他方，独立性の低かった司法府も1997年憲法で強化され（川村 2012），2013年時点での司法制約はほとんどの変数の値が3で「下級裁判所の独立性」のみ2であったが，クーデタにより2014年の「行政の憲法遵守」と「下級裁判所の独立性」のスコアが1に下がっている。

　バングラデシュの水平的アカウンタビリティは，非常に低い水準にある。非政党選挙管理政府制度が導入されていたことから明らかなように，立法の行政に対するチェック機能はきわめて低く，議会による行政府高官に対する喚問は定期的に行なわれず，「行政監視」と「議会野党」のスコアはそれぞれ1と3である。また，「議会調査」については，ハシナ首相が返り咲いた2009年に評価が1に「上昇」したものの，2013年にふたたび0に戻った。さらに，司法制約は「行政の憲法遵守」は2，「下級裁判所の独立性」は1という評価であるが，そのほかの変数は後退している。フリーダムハウスが高いとしていた「最高裁判所の独立性」も（Freedom House 2002），2002～2008年は2，2009～2012年は1と評価され，2013年にはついに0となった。また，「最高裁判所の

裁定遵守」は2009年に3から2に，「下級裁判所の裁定遵守」は2013年に2から1に，それぞれ評価が下がっている。

　ロシアでも，「不履行による多元主義」の時期をピークに水平的アカウンタビリティが後退している。立法と行政の関係では，議会による行政府高官に対する定期的な喚問は行なわれていないものの，ボリス・エリツィン政権下の1993年時点で「行政監視」「議会調査」「議会野党」はそれぞれ2，3，3と採点されていたが，プーチン政権の誕生により「行政監視」と「議会調査」は2000年にそれぞれ1と2に，「議会野党」も2004年に2に後退した。また，「議会調査」は2014年には0まで評価が下げられている。一方，司法制約の各変数では，「行政による憲法遵守」と「最高裁判所の裁定遵守」は第1期プーチン政権下の2001年以降ほぼ2と評価されているが，そのほかの変数のスコアは2013年に1から0に低下している。

地方における「手続き的」民主主義

　最後に，従来の民主化論では軽視されてきた地方における「手続き的」民主主義の様相について検討したい。それまでも特定の国の地方政治における非民主主義体制を取り扱う研究は存在したが，複数の国における国政上の民主主義と地方政治レベルでの民主主義の程度の差異に，最初に明示的に注目したのはギブソンであった（Gibson 2005）。彼は，メキシコとアルゼンチンの事例を示し，国政レベルで民主化が進んでも，地方政治レベルには「サブナショナル権威主義」（subnational authoritarianism）[17]が残存する可能性を示唆した。彼の議論は，あくまで民主主義の定着に至る過渡期にこのような状況が発生すると想定しているが，実態はどうであろうか。

　地方の非民主主義については近年その測定方法の検討が盛んに行なわれてい

---

[17]　なお，第7章では敢えてこの用語の使用を避け，メキシコの事例を「地方の競争的権威主義体制」もしくは「地方の非民主主義体制」と形容している。

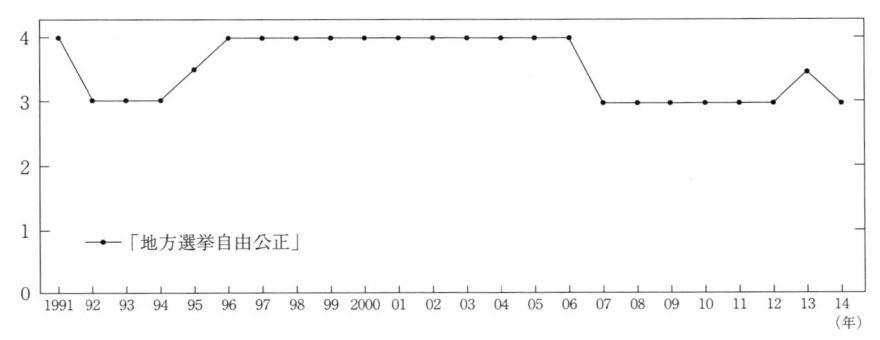

図 8-5　地方選挙での自由公正さの変遷（新興民主主義国，1991〜2014年）
出所：Coppedge et al. (2016) をもとに筆者作成。

るが（たとえば，Gervasoni 2010），地域を越えた国家間比較に資する指標は開発されていない。そこで，ここでは V-Dem の「地方選挙自由公正」（subnational elections free and fair）変数を用いて，地方政治における民主主義度を検討したい。なお，同変数は 0 〜 4 の値を取る順序尺度変数である。

　図 8-5 は，1991〜2014年の新興民主主義国の地方選挙における自由公正度の中央値の変化を表わしたものである。ダイアモンドは，2006年ごろから民主主義の後退が生じていると論じたが（Diamond 2015），「地方選挙自由公正」の中央値の変化の傾向は彼の議論と合致している。多くの新興民主主義国では，民主主義の定着にともなって完全に自由公正な選挙が地方政治レベルでも実施されるようになっていたが，2007年以降後退が見られ，2014年時点では「平均的」な新興民主主義国で選挙結果に影響を及ぼさない程度の選挙不正が生じているのである。

　このように，全体としては地方における「手続き的」民主主義に後退傾向が観察されるが，前章までで扱われた 6 カ国の事例には多様な傾向がみられる。そのうち，もっとも安定的に自由公正な地方選挙を行なってきたのはトルコであり，全期間について満点と評価されている。また，南アフリカも2000〜2009年の評価は 3 であったが，2010年以降は 4 とされている。バングラデシュの地方選挙の自由公正度に対する評価は，2000年代後半は上昇傾向にあり，2013年

には値が4となったが、翌2014年には3に後退した。さらに、国政レベルで体制移行を繰り返してきたタイでは、以前から選挙で選ばれていたバンコクの知事などにくわえ、1994年の法改正でタンボン自治体（TAO）の執政官や議員も直接選挙で選ばれるようになったが（本書第2章）、クーデタ前年の2013年までのスコアは3で一定していた。

残りの連邦制の2カ国のうち、ロシアではエリツィン政権下で中央政府の統制が届かないことによって地方政府の自律性が高まったが（本書第6章）、そのなかで「不履行による多元主義」も強まり、1994年以降は2、すなわち、地方選挙も十分自由公正ではあるものの、選挙結果に影響を及ぼす可能性のある不正も行なわれる状態であった。その後、プーチン政権下の2004年に地方知事任命制が導入されるなどの中央集権化が進み、2012年の知事選復活後も地方に強固なマシーンを有する知事は誕生しにくい状況にあるが、V-Dem におけるロシアの「地方選挙自由公正」の値に変化はみられない。

一方、メキシコでは地方における「手続き的」民主主義が後退傾向にある。かつては制度的革命党に支配され、「地方の競争的権威主義体制」が維持されてきた州でも、2010年ごろから政権交代が観察される（本書第7章）。しかしその一方で、2013年には市長選候補者が党派にかかわらず相次いで殺害されるなど、[18]「手続き的」民主主義を脅かす暴力が相次いだ。そのため、2013年に評価が3から2に後退している。

本節では、「手続き的」定義を超えた「厚い」民主主義構成要素である、水平的アカウンタビリティと地方における「手続き的」民主主義を検討した。前者については、多くの新興民主主義国ではほとんどの項目で確立されたとは言い難く、とくに、野党の行政府・与党に対する監視や調査は後退傾向にある。また、後者についても、2007年以降後退傾向にあるという全体像が示された。

---

[18] "Matan a candidato de MC a alcalde en Durango," *El Universal*, 1 de julio de 2013; "Asesinan a candidato a alcalde en Chihuahua, México," *BBC Mundo*, 12 de junio de 2013.

一方，本書の事例研究で取り上げられている 6 カ国で1991～2014年にみられた傾向はさまざまであり，水平的アカウンタビリティに関しては南アフリカ以外の 5 カ国が後退傾向にある。そして，地方における「手続き的」民主主義に関してはメキシコが後退傾向にあり，また，ロシアが低水準で推移しているものの，そのほかの 4 カ国は比較的安定していることが明らかになった。

新興民主主義の問題点と不完全な政党システムの制度化

民主主義の後退は世界的に発生しているのであろうか。また，もし発生しているとすれば，民主主義のどのような側面が危機にさらされているのであろうか。本章では，CGV 指標・V-Dem の指標群に依拠しつつ，1991～2014年の新興民主主義国における全体的な民主主義の傾向を描き，そのなかに本書の事例研究で取り上げられてきたタイ，バングラデシュ，トルコ，南アフリカ，ロシア，メキシコの 6 カ国を位置づけることを試みた。本章での分析を通じた上記の問いに対する解答は，民主主義体制の全般的な後退自体は発生していないものの，表現の自由と水平的アカウンタビリティには後退傾向にある側面とそもそも確立されていない側面があり，また，地方における「手続き的」民主主義は後退傾向にある，というものである。

それでは，なぜ以上のような特徴がみられるのであろうか。むろんその要因の断定は難しいが，政党システムの制度化が進んでいない国が多いことが理由のひとつになりうると思われる。政党と有権者のリンケージに注目したキッチェルトらは，ラテンアメリカの多くの国で「政策プログラムをめぐる政党制の構造化」（Programmatic Party Structuration）[19] が進んでいないとし（Kitchelt et al. 2010），その後の分析で，アジア・中東やサブサハラアフリカの新興民主主義国でもその「構造化」の程度が低いことを明らかにした（Kitchelt and Freeze

---

(19) 政治家が，当選した際にコミットする政策パッケージの選択肢を示すことによって選挙の際に票を争う状態（Kitchelt et al. 2010: 16）。

2011）。このような状況下では，政党のプラットフォームが軽視され，ときにはポピュリスト的な選挙キャンペーンが行なわれる（Siavelis and Morgenstern 2008）。その結果，「委任型民主主義」が生まれ，水平的アカウンタビリティが軽視されると考えられる。

　以上の議論は，表現の自由や地方における「手続き的」民主主義の問題とも無縁ではない。V-Dem での表現の自由の構成要素の多くはメディアに関するものであるが，1993～2013年のラテンアメリカ諸国におけるメディアの自由の変遷をもとに議論を構築したケラムとスタインは，大統領と主要メディアのイデオロギー位置が異なり，かつ，従来の政党システムが崩壊して国内に有力な野党勢力が存在しない場合，メディアの自由が制限されやすいと論じた（Kellam and Stein 2016）。このように，国政レベルでは主要メディアと政府の敵対関係が表現の自由の制限につながると考えられるのに対し，地方政治レベルでは地方政府と地方メディアの間の距離の「近さ」が問題となる。第7章のメキシコのイダルゴ州知事選の事例が示唆的であるように，地方では民間メディアと政権党の結びつきによる偏った報道が，地方における「手続き的」民主主義を阻害しているといえよう。

　このように，新興民主主義国の抱える問題点の特徴は，政党システムの制度化の程度の低さを軸として整理できると思われる。既存の民主主義指標の分析や比較政治学の議論の整理から得られた以上の知見と第2章～第7章の事例研究の知見とを組み合わせることにより，新興国における民主主義の様相に対する理解がよりいっそう深まるものと考えられる。

参考文献
日本語文献
上谷直克（2014）「なぜ『ポスト新自由主義期』のラテンアメリカにおける『政治参加』なのか」上谷直克編『「ポスト新自由主義期」ラテンアメリカにおける政治参加』アジア経済研究所。
粕谷祐子（2014）『比較政治学』ミネルヴァ書房。

川村晃一（2012）「司法制度」中村正志編『東南アジアの比較政治学』アジア経済研究所。

鎌原勇太（2011）「民主主義指標の現状と課題」『法学政治学論究』90：103-136。

久保慶一・末近浩太・髙橋百合子（2016）『比較政治学の考え方』有斐閣。

佐藤章（2012）「北部の『独立』宣言に揺れるマリ共和国」『アジ研ワールド・トレンド』205：6-9。

鈴木早苗（2012）「国際制度―― ASEAN」中村正志編『東南アジアの比較政治学』アジア経済研究所。

鈴木亨尚（2016）「大統領の多選制限をめぐる政治――アフリカを中心として」『亜細亜大学アジア研究所紀要』42：69-126。

武内進一（2016）「冷戦後アフリカの紛争と紛争後――その概観」遠藤貢編『アフリカ潜在力2　武力紛争を越える――せめぎ合う制度と戦略のなかで』京都大学学術出版会。

馬場香織（2014）「民主制下メキシコにおける PRI の勝利――2012年大統領選再考と『メキシコのための協定』」『ラテンアメリカ・レポート』31（2）：17-29。

外国語文献

Boix, Carles, Michael Miller, and Sebastian Rosato（2013）"A Complete Data Set of Political Regimes, 1800-2007," *Comparative Political Studies*, 46（12）: 1523-1554.

Cheibub, José Antonio, Jennifer Gandhi, and James Raymond Vreeland（2010）"Democracy and Dictatorship Revisited," *Public Choice*, 143（1/2）: 67-101.

Coppedge, Michael, John Gerring, Staffan I. Lindberg, Svend-Erik Skaaning, Jan Teorell, David Altman, Frida Andersson, Michael Bernhard, M. Steven Fish, Adam Glynn, Allen Hicken, Carl Henrik Knutsen, Kelly McMann, Valeriya Mechkova, Farhad Miri, Pamela Paxton, Daniel Pemstein, Rachel Sigman, Jeffrey Staton, and Brigitte Zimmerman（2016）"V-Dem Codebook v6," Varieties of Democracy Project.

Dahl, Robert A.（1971）*Polyarchy: Participation and Opposition*, New Heaven: Yale University Press（ロバート・A・ダール／高畠通敏・前田脩訳『ポリアーキー』岩波書店，2014年）.

Diamond, Larry（2015）"Facing Up to the Democratic Recession," *Journal of Democracy*, 26（1）: 141-155.

Freedom House（various years）*Freedom in the World*, Washington D. C.: Freedom House.

―――（2013）*Freedom of the Press 2013*, Washington D. C.: Freedom House.

————— (2015) *Freedom of the Press 2015*, Washington D. C.: Freedom House.

Gervasoni, Carlos (2010) "Measuring Variance in Subnational Regimes: Results from an Expert-Based Operationalization of Democracy in the Argentine Provinces," *Journal of Politics in Latin America*, 2(2): 13-52.

Gibson, Edward L. (2005) "Boundary Control: Subnational Authoritarianism in Democratic Countries," *World Politics*, 58(1): 101-132.

Gleditsch, Kristian S., and Michael D. Ward (1997) "Double Take: A Reexamination of Democracy and Autocracy in Modern Polities," *Journal of Conflict Resolution*, 41(3): 361-383.

Kellam, Marisa, and Elizabeth A. Stein (2016) "Silencing Critics: Why and How Presidents Restrict Media Freedom in Democracies," *Comparative Political Studies*, 49(1): 36-77.

Kitschelt, Herbert, and Kent Freeze (2011) "Programmatic Party System Structuration: Developing and Comparing Cross-National and Cross-Party Measures with a New Global Data Set," Democratic Accountability and Linkages Project, Duke University.

Kitschelt, Herbert, Kirk A. Hawkins, Juan Pablo Luna, Guillermo Rosas, and Elizabeth J. Zechmeister (2010) *Latin American Party Systems*, Cambridge: Cambridge University Press.

Levitsky, Steven, and Lucan Way (2015) "The Myth of Democratic Recession," *Journal of Democracy*, 26(1): 45-58.

Marshall, Monty G., Ted Robert Gurr, and Keith Jaggers (2016) *Polity IV Project, Political Regime Characteristics and Transitions, 1800-2016: Dataset Users' Manual*, Vienna, VA: Center for Systematic Peace.

Munck, Gerardo L., and Jay Verkuilen (2009) "Conceptualizing and Measuring Democracy: An Evaluation of Alternative Indices," in Gerardo L. Munck, ed., *Measuring Democracy: A Bridge between Scholarship and Politics*, Baltimore: Johns Hopkins University Press.

Nobusue, Ken'ichi (2002) "Bangladesh: A Large NGO Sector Supported by Foreign Donors," in Shinichi Shigetomi, ed., *The State and NGOs: Perspective from Asia*, Singapore: Institute of Southeast Asian Studies.

Norris, Pippa (2008) *Driving Democracy: Do Power-Sharing Institutions Work?* Cambridge: Cambridge University Press.

O'Donnell, Guillermo (1994) "Delegative Democracy," *Journal of Democracy*, 5(1):

55-69.

Przeworski, Adam, Michael E. Alvarez, José Antonio Cheibub, and Fernando Limongi (2000) *Democracy and Development: Political Institutions and Well-Being in the World, 1950-1990*, Cambridge: Cambridge University Press.

Siavelis, Peter M., and Scott Morgenstern (2008) "Political Recruitment and Candidate Selection in Latin America: A Framework for Analysis," in Peter M. Siavelis and Scott Morgenstern, eds., *Pathways to Power: Political Recruitment and Candidate Selection in Latin America*, University Park, PA: The Pennsylvania State University Press.

Schumpeter, Joseph A. (1942) *Capitalism, Socialism and Democracy*, New York: Harper and Brothers（ヨーゼフ・A. シュムペーター／中山伊知郎・東畑精一訳『資本主義・社会主義・民主主義』東洋経済新報社，1995年）.

Teorell, Jan, Michael Coppedge, Svend-Erik Skaaning, and Staffan I. Lindberg (2016) "Measuring Electoral Democracy with V-Dem Data: Introducing a New Polyarchy Index," Varieties of Democracy Project: Working Paper Series #25.

▨ 謝辞：本研究は JSPS 科研費16K17064の助成を受けたものです。

新興民主主義はどこへ

川 中　　豪

　1980〜90年代の民主化のうねりのなかで生まれた民主主義に対する期待は，2000年代になって萎みはじめている。民主主義が必ず経済成長をもたらすというわけでない。経済格差も高いまま維持され，あるいはさらに拡大しうる国も少なくない。また，民主主義のもとで新たな汚職の機会が生まれ，期待されたような経済政策，社会政策が実施されないのもまれではない。くわえて，民主主義的でない国の国際的な影響力がますます大きくなっている。こうした現実は，民主主義に対する幻滅を引き起こし，これが民主主義の後退をめぐる議論の基礎を形づくっている。

　とはいえ，すでにみたように，実際には，1960年代で多くの国で発生した民主主義の崩壊に匹敵するような政治変動の大きな波が国際的に発生しているわけでもなく，1980年代以降の民主化の波が大きくゆり戻されるような後退が見られるわけではない。

　しかし，本書が取り上げた国々のように，国際社会において影響力の大きい国々で，民主主義が崩壊したり，侵食されたり，権威主義としての傾向を強めたり，さらには権威主義的な部分を内包しているような事例が見いだされることも無視できるものではない。

４つの類型と３つの要因

　本書では，一般に「民主主義の後退」と認識されているものを４つの類型に

分け，該当すると思われる事例に即してその特徴を記述した。そのうえで，それぞれの事例の因果プロセスについて検討した。4つの類型はそれぞれ，①民主主義が崩壊するタイプ，②民主主義が侵食されるタイプ，③弱い権威主義が強化されるタイプ，④民主主義と権威主義が共存するタイプ，である。このうち①と②は文字どおり民主主義が後退するタイプであるが，③は民主主義ではなかったものが民主主義と誤認され，それが権威主義としての性格をあらわにするタイプであり，④は，民主化が不完全だったタイプと考えてよい。すなわち，後者の2つは，民主化の「第三の波」を過大に評価したことに起因するものといってよい。

　本書では，それぞれの類型に当てはまる事例として，①のタイプではタイとバングラデシュ，②のタイプではトルコと南アフリカ，③のタイプではロシア，そして④のタイプではメキシコを取り上げた。各章を読んでいただければわかるように，各事例は必ずしもそれぞれのタイプの純粋なパターンを示しているわけではない。しかし，因果メカニズムに注目すると，一定程度，共通性を持った事例であることをご理解いただけるのではないかと思う。

　それぞれの類型が生まれる因果メカニズムについては，第1章および各章で検討してきたが，その過程で民主主義の安定全体に影響を与える共通した要因がいくつか明らかになってきたと思われる。大きくいえば，3つの変数が重要な意味を持っているといえるのではないだろうか。ひとつは政府の権力，より具体的には執政権を確保したときに行使できる権力の大きさと集中の度合い，もうひとつは社会の亀裂の変化，そして最後に国家の統治能力である。

権力の大きさと水平的アカウンタビリティ

　大統領や内閣に属する執政権を掌握した場合に行使できる権力の拡大は，対外的なショックや国内での利益調整の煩雑さに対応するために，「決められる政治」を求める価値観が生まれてきたことと関わっている。近年，経済ショックやテロの脅威など内外の危機的な状況を乗り越えるためには，強いリーダー

が政策を迅速に決定し，その政策をそのまますばやく実施する必要がある，という議論が多くの国でみられるようになっている。複数の政治勢力の間で利益を調整しながら政策を決めていくやり方は，決定のスピードを低下させ，さらには，結局何も決められない政治を生み出すとみられがちである。そうした場合，民主主義を権力者の選出過程だけに限定し，その後の政策決定について権力者にフリーハンドを与えて，迅速に決定を進めたほうが効率的だという主張が支持を得ることになる。

　しかし，こうした執政権の強化は，民主主義の後退の２つのパターンと関わっている。ひとつは，民主主義の崩壊，つまり，民主主義制度からの逸脱の可能性を高めることである。執政権が強化されれば，執政権を掌握することで得られる利益を増加させ，執政権をめぐる競争を激化させる。もし執政権を獲得することで大きな権力を獲得できるのであれば，民主主義制度から逸脱して，すなわち選挙不正や暴力的な手段などを用いて，権力を獲得しようとすることが，試みる価値のあるものと認識されやすくなる。それは，たとえそうした試みが失敗したときに自らが被るコスト（刑事罰）や社会に与えるコスト（社会の混乱）が大きいとしても，成功したときのうま味が大きければ大きいほど，民主主義制度からの逸脱のインセンティブを用意するのである。

　もうひとつは，民主主義の侵食というパターンを生み出す可能性である。執政権の強化は，立法権や司法権に対する執政権の優越的な立場を生み出す。有力な野党勢力が不在のまま，多数派に支持された権力者が登場した場合，執政権の強化は執政権に対する監視や統制を押さえ込み，執政権者の暴走を生む可能性を高める。こうした問題は，国政のみならず，地方政治においても同様の傾向を生み出す。地方分権化，政党の地方支部の自律化のなかで，地方の権力が強化され，かつ，それを地方において競合的に制限する仕組みがない場合，国政の民主主義と地方の権威主義が共存する可能性が生まれる。

　執政権の強化はアカウンタビリティの問題と密接に関係している。アカウンタビリティの中核には，執政権を握った権力者が有権者の得るべき利得を引き

下げる行為を行なった場合，その行為を無効にする，あるいはさらにそうした権力者を解任する手続きがある。そうしたアカウンタビリティのルールがない，あるいは実質的に無力な場合には，権力の拡大は止まらない。

　アカウンタビリティの具体的な内容としてよく議論されるのが，選挙のときにだけ有権者によって行使される垂直的アカウンタビリティと，立法や司法，そして独立した政府機関による執政権の監視と影響力行使によって構成される水平的なアカウンタビリティである。垂直的なアカウンタビリティは望ましくない権力者の解任を保障するものであるが，それだけでは執政権の拡大を生み出す可能性を排除できない。実際のところ，垂直的なアカウンタビリティの存在を過度に主張すること，すなわち選挙で多数派からの支持を得たことをお墨付きとして，権力の拡大を図る事例が多い。こうした問題に対し抑制を効かせるのが水平的アカウンタビリティである。水平的なアカウンタビリティの確保が権力の過度の競争を防止し，民主主義の制度を安定させるカギになる，あるいは権力の暴走，社会への統制などを防ぐ効果を持つ。

　さらにこうしたアカウンタビリティの基礎をなすのがメディアを中心とした言論の自由である。権力者が有権者の利益を侵害しているのか否かの情報を有権者が直接獲得することは難しく，また水平的なアカウンタビリティを担う機関にしてもそうした情報をすべて獲得するにはコストがかかる。こうした権力者と非権力者の情報の非対称性を解消する役割を担うのがメディアである。第8章で指摘されたように，言論の自由の低下傾向は，水平的なアカウンタビリティの問題とあいまって，民主主義の機能を損なう危険性をはらんでいる。

社会の亀裂

　2つめの社会の亀裂の問題は，前段の権力の集中と関係しながら，民主主義のあり方に影響を与えている。社会の亀裂は実際に亀裂があるか否かという以上に，どのような亀裂が重要と認識されるのかということのほうが重要である。社会の亀裂が強く意識されればされるほど異なる社会集団間の利益調整は難し

くなる。そして，政治家・政治集団は自ら多数の支持を獲得するのに有利な社会の亀裂を選択して強調しようとする。こうした意図的な亀裂の強調が民主主義の安定を損なうことになる。

　たとえば，所得格差の拡大とともに，多数派を占める社会階層（多くの場合，低所得者層）から支持を受ける政治家・政治集団は，社会階層間の相違を強く認識させようとし，それによって社会階層間の対立がますます深くなる。同様に，エスニックな亀裂やナショナリズムを主張することが多数派形成に有利と考えれば，そうした亀裂を強調する。こうしたなかで，前段で触れた権力の集中が進めば進むほど，多数派はその権力に固執する傾向を強め，多数派の支配と少数派の排除が固定化されていく。

　ここで，少数派が十分な政治資源（資金の豊富さや居住地域が特定の地域に集中しているなどの地理的優位性）を持っている場合には，少数派が多数派に支配された政治体制から離脱しようとして，制度そのものが破綻することもある。しかし，もちろんそれは民主主義のもとでの競争とは異なった力による競争となる。あるいは，少数派（社会経済エリート）によって支配されてきた多数派（大衆）という意識が強調され，ポピュリストと呼ばれる権力者が登場して，民主主義の侵食が進むということもある。

　権力の強化と社会の亀裂の深化があいまってこうした効果を生み出す。近年では，社会の亀裂の深化は，グローバル化と結びつけられることも多い。グローバル化の恩恵を被る集団とそこから排除された集団の亀裂，あるいはグローバル化によって移動する人々を受け入れるか否かといった立場の違いをめぐる亀裂などである。

国家の統治能力

　最後に，民主主義の不安定化，さらには権威主義の強化をも含めて重要な意味を持つのが，国家の統治能力である。国家の統治能力は，決定された政策を社会の隅々まで浸透させて実施していく能力であるといってよい。こうした統

治能力を支えるのは，合理的で効率的，そして効果的な官僚機構である。定められたとおり税を徴収し，国家財政を安定させる一方で，必要な社会政策，経済政策を実施していくことができることがそのカギとなる。官僚機構が十分な能力を持っていない場合には，税は徴収できず，政策の実施も不十分なものになる。さらに官僚機構が深刻な汚職・腐敗の問題を抱えていれば，ますます国家が機能を果たすことが困難となる。

ただし，国家の統治能力が向上することがそのまま民主化するということを意味するわけではない。民主主義，権威主義いずれにとっても国家の統治能力は安定化，強化のための必要な条件である。民主主義体制において国家の統治能力が低下すれば，その政治体制に対する不信を生み出す。民主主義に対する不信が，権威主義的な傾向を促進させていく可能性を高める。一方，権威主義体制においては，国家の統治能力が高まることが，強固な権威主義支配を確立することにつながる。本書が取り上げる弱い権威主義体制が強化されていく過程は，まさにそうした特徴を示している。

国家の統治能力の低さはもう一方で，地方の権威主義体制を生むこともある。国家の統治の行き届かない領域に権威主義的な権力が温存され，あるいはそうした権力と協力することが国家の存続条件となる，といった状況によって，地方の権威主義体制が生み出される。

民主主義の行方

こうしてみてくると，その程度の違いはあるとはいえ，先進民主主義国においても発展途上国において民主主義の後退として語られる現象と同様の問題が存在することに気づかされる。なかでも，社会の亀裂，とくに所得格差を中心とした社会階層の亀裂の深化は，先進民主主義国の政治的不安定のもととなっている。そして，この亀裂を背景にした政治家の台頭は，欧米において新しい政治状況を生み出している。また，国際的な政治的，経済的ショックを経験するなかで，大胆な政策，決められる政治を希求する声も高まっている。執政権

者の強力なリーダーシップが危機的な状況から脱出するうえで重要であり，細かな利益調整を重視する政治は停滞を引き起こすとみなされる傾向が強い。

　かつて，1960年代の民主主義の崩壊，権威主義体制の勃興は，主に発展途上国，独立まもない新興国の制度破綻として認識されてきた。しかし，現在においては，民主主義の不安定化，後退の問題は，先進民主主義国においても現実的なものとなっている。

　私にとって個人的になじみのあるフィリピンでも1986年に民主化が起こった。人々が大挙して首都マニラの大通りに押しかけ，独裁者フェルディナンド・マルコスは国外に逃げ出した。これでハッピーエンドを迎えたはずだった。しかし，その後度重なるクーデタ未遂を経験し，経済成長は阻害され，汚職は後を絶たない。地方では権力を独占する家族支配も続いている。ポピュリスト的な大統領の誕生と街頭での抗議行動を通じたその政権の崩壊も経験した。民主化から30年以上を経て，人々の利害対立は民主主義制度によって解消されてはいない。

　これに類似した出来事は，フィリピン以外の国々でも起こっている。フィリピンの事例に触発されながらも，しかし，その事例を超えて，一般的な問題として，新興民主主義の弱さ，不安定さが，つねに私の研究関心の中心にあった。

　そのようななか，2014年のある日，アジア経済研究所のカフェテリアでの雑談で，本書の執筆者の一人でタイに詳しい重冨真一氏が私と同じような関心を持っていることを知った。軍政と民主化を繰り返してきたタイは，1997年憲法の制定を経て，もう民主主義体制が揺らぐことがないだろうと見られていた。にもかかわらず，クーデタによって再び軍政に転換した。これをどう考えたら良いのか。タイ固有の論理で説明するのではなく，より普遍的な説明の仕方があるのではないか。この雑談が本書の執筆に取りかかるきっかけとなった。

　アジア経済研究所の研究事業として研究会を組織し，民主主義が重大な問題に直面している国を，自ら考えていた類型にそって，東南アジア，南アジア，中東，アフリカ，ヨーロッパ，ラテン・アメリカ各地域から探した。そのうえで，そうした国に詳しい研究者に声をかけ，現在進行している新興民主主義の

問題を一緒に考えることにした。必ずしもすべての重要な事例を網羅すること
ができたわけではないが，少なくとも本書で取り扱った事例は重要な示唆を与
えるものばかりだと考える。

　同僚たちと研究会を開始してから，本書が対象とする国々だけでなく，先進
国を含め世界的なレベルで民主主義の意味を問う出来事が起きている。本書の
示す事例と議論が発展途上国という枠を超え，現代の民主主義が抱える問題を
考えるうえで意味のある材料となってくれればと願うばかりである。

　本書は，2015〜2016年度に実施した独立行政法人日本貿易振興機構アジア経
済研究所の研究事業「発展途上国における民主主義の危機」研究会（主査：川
中豪）の研究成果である。本書を刊行するにあたって，ミネルヴァ書房の堀川
健太郎氏とアジア経済研究所編集・出版アドバイザーの勝康裕氏に大変お世話
になった。経験豊かな二人の編集者には教えられることばかりで，非常に贅沢
な環境のなかで仕事をさせていただいたと感じている。執筆者の一人でもある
湊一樹氏には研究会幹事として細かい作業を丁寧にこなしてもらった。アジア
経済研究所の研究者，職員の方々には，研究会を実施し，出版にこぎつける過
程で様々な形で助けていただいた。こうした方々のご協力に深く感謝する。

　　　2018年6月

川 中　　豪

人名索引

事 項 索 引

執筆者紹介（所属，執筆分担，執筆順，＊印は編著者）

＊川中　　豪（アジア経済研究所地域研究センター長，序章・第1章・終章・あとがき）

重冨真一（明治学院大学国際学部国際学科教授，第2章）

湊　　一樹（アジア経済研究所地域研究センター　南アジア研究グループ，第3章）

間　　　寧（アジア経済研究所地域研究センター　中東研究グループ長，第4章）

牧野久美子（アジア経済研究所新領域研究センター　ジェンダー・社会開発研究グループ，第5章）

大串　敦（慶應義塾大学法学部政治学科准教授，第6章）

馬場香織（北海道大学大学院公共政策学連携研究部准教授，第7章）

菊池啓一（アジア経済研究所地域研究センター　ラテンアメリカ研究グループ，第8章）

《編著者紹介》

川中　豪（かわなか・たけし）

1989年　早稲田大学法学部卒業。
　　　　博士（政治学・神戸大学）。
現　在　アジア経済研究所地域研究センター長。
専　門　比較政治学，新興民主主義研究，政治制度論，東南アジア政治。
主　著　「東南アジア諸国の選挙管理」大西裕編著『選挙ガバナンスの実態　世界編』ミネルヴァ書房，2017年。
　　　　『選挙管理の政治学——日本の選挙管理と「韓国モデル」の比較研究』（共著）有斐閣，2013年。
　　　　『東南アジアの比較政治学』（共著）アジア経済研究所，2012年。
　　　　「フィリピンの大統領制」粕谷祐子編著『アジアにおける大統領の比較政治学』ミネルヴァ書房，2010年。

MINERVA人文・社会科学叢書⑳

後退する民主主義、強化される権威主義
——最良の政治制度とは何か——

2018年7月30日　初版第1刷発行　　　　　　　　　〈検印省略〉

定価はカバーに
表示しています

編著者　　川　中　　　　豪
発行者　　杉　田　啓　三
印刷者　　田　中　雅　博

発行所　　株式会社　ミネルヴァ書房

607-8494　京都市山科区日ノ岡堤谷町1
電話代表　（075）581-5191
振替口座　01020-0-8076

©独立行政法人日本貿易振興機構　　　創栄図書印刷・新生製本
アジア経済研究所，2018

ISBN978-4-623-08358-9
Printed in Japan

── ミネルヴァ書房 ──
http://www.minervashobo.co.jp/